教育部人文社会科学研究青年基金项目“司法程序公正视野下的庭审话语立场研究”（编号：15YJC740053）成果

中南林业科技大学人文社会科学学术专著出版基金资助

庭审话语立场研究

Stance-taking in Courtroom Discourse

罗桂花 著

全国百佳图书出版单位
时代出版传媒股份有限公司
黄山书社

图书在版编目（CIP）数据

庭审话语立场研究 / 罗桂花著. — 合肥：黄山书社，2019.7
ISBN 978-7-5461-8328-2

Ⅰ. ①庭… Ⅱ. ①罗… Ⅲ. ①审判—法律语言学—研究
Ⅳ. ① D90-055

中国版本图书馆 CIP 数据核字（2019）第 144917 号

庭审话语立场研究 **罗桂花 著**

出品人 王晓光
责任编辑 徐娟娟
装帧设计 罗 雯
出版发行 时代出版传媒股份有限公司 (http://www.press-mart.com)
黄山书社（http://www.hspress.cn）
地址邮编 安徽省合肥市蜀山区翡翠路 1118 号出版传媒广场 7 层
230071
印 刷 天津雅泽印刷有限公司
版 次 2019 年 8 月第 1 版
印 次 2019 年 8 月第 1 次印刷
开 本 710mm × 1000mm 1/16
字 数 260 千
印 张 15.5
书 号 ISBN 978-7-5461-8328-2
定 价 62.00 元

服务热线 0551-63533706
销售热线 0551-63533788
官方直营书店 (https://hsss.tmall.com)

摘　要

随着语言学研究人文主义倾向的复苏，近年来话语立场已成为国内外研究的热点议题，备受学界重视。但无论国内还是国外，对于法庭互动这一重要功能语域中的话语立场，目前尚未有专门、系统的研究。法庭互动中，无论是对法律事实的调查与阐述，还是对法律法规的解释与适用，都蕴含着参与者的主观认识、价值判断与个人情感，都离不开话语立场的建构和话语立场之间的互动。

本书以真实、自然的法庭审判话语为语料，以目的导向的话语立场分析模式为分析框架，系统探索法庭互动中的立场言语行为。目的导向的立场分析模式以互动语言学理论和目的原则为理论基础，提出话语立场是互动参与双方共同协作进行的一种目的性、建构性和策略性的行为，是立场主体追求特定目的的结果。法庭互动中的目的导向立场分析模式包括评价立场、情感立场、认识立场和离合立场四个次类。本书重点分析法庭互动中评价立场、情感立场、认识立场和离合立场的表达手段、语用功能、互动机制以及角色分布，揭示法庭互动中各方诉讼主体如何在交际目的导向下，充分运用各种话语资源，表达各自的内在情感、对事实的评价、对命题的认识，以及彼此之间的相合与相离定位。

本书研究发现：①法庭互动中的评价立场以形容词、动词和副词等显性表达为主，也包括转述这种重要的隐性表达手段，呈现出预设性、强化性、归他/归己性，以及对话性特征；在不同诉讼目的导向下，各诉讼主体的评价立场呈现出显著差异，法官的评价立场频率最低，具有中立性；公诉人的评价立场频率最高，对当事人的预设性评价非常突出；辩护人的评价立场以对当事人的肯定评价和对公诉方及其证据的否定评价为主，具有较强的策略性；当事人的评价立场则以对公诉方及其证据的否定评价为主，具有强化性甚至是侮辱性。②法庭互动中的情感立场包括爱、同情、感激等正面情感，以及悲、惧、悔、愧、愤等负面情感，具有情感描述、情感表达、情感唤起三个重叠性的情感元功能，以情感唤起为最终目的。因此，公诉方通过负面情感描述、正面情感表达以唤起法庭对当事人的负面情感；辩护人通过负面情感描述、正面情感表达以唤起法庭对当事人的正面情感；当事人以负面情感描述、负面情感表达以唤起法庭对他们的正面情感；而法官则仅在出于教育当事人目的考虑下，选择为数极少的情感表达。③法庭互动中的认识立场包括信息来源类和命题评价类两个方面，前者又可分为感官型、转述型、引证型和推断型四种类型，形成“引证型＞感官型＞推断型＞转述型”的信度连续统，间接反映立场主体对于命题可靠性和确定性的认识。后者的表达手段主要包括情态词、语气词、心理动词等。转述言语行为兼具表达信息来源类和命题评价类两种认识立场的功能，是一种非常重要的认识立场手段。命题评价类认识立场标记的使用直接反映立场主体对命题信息确定性和可靠性的认识，可区分为高、中、低三种量值。在诉讼主体的分布上，当事人的认识立场行为最频繁，大量使用转述型据素和低量值标记，呈“无力型”话语风格；询问笔录的举证方式使得公诉人话语中包含大量转述型和嵌套型言据，极大影响公诉人话语的可靠性；辩护人的认识立场行为较少，以引证型据素为主；法官很少使用认识立场标记，频率最低。④法庭互动中的离合立场表达具有丰富的语言表达手段，包括语用标记语、动词、副词、话语重叠、话语打断、话语重复、话语修正、回声问、反问等。相合话语立场包括同意型、增进型和推衍型三种；相离话语立场则可概括为否定型、搁置型和挑战型三种，并构成法庭互动中离合立场的相合连续统。在目的和目的关系的导向下，辩护人与当事人之间以相合立场为主；公诉人对当事人多为相离立场表达，而由于公诉人对案情等的掌握，当事人对公诉人的立场表达中存在一定量的相合话语立场，但相合程度偏低；当事人对法官多相合立场表达，法官对当事人多相离立场表达，总体较少。

本书研究展现了法庭互动中话语立场建构的整体面貌，不仅有利于深化我们对法庭语言的认识，同时有助于拓展话语立场的研究领域，相关结论对司法实践也具有一定的启示作用。

关键词：法庭；互动；立场；主体性；交互主体性

目　　录

第 1 章　导论

本书旨在对法庭互动中的话语立场表达这一类言语行为进行系统的研究。我们以真实自然的法庭审判话语为语料，在互动语言学的理论背景下，将立场置于互动 / 社会的矩阵中进行描写、分析，并引入“目的原则”中的“目的”作为立场行为的主导因素，对法庭互动中各诉讼主体的立场行为做出一定的解释。

1.1　研究意义与目标

1.1.1　研究意义

21 世纪初期以来，立场研究越来越受到语言学及其相关学科的关注和重视，逐渐成为语言学领域的一个热点议题。如 Du Bois（2007）所提出的，“我们运用语言所做的最重要的事情就是建构特定的立场”。法庭互动作为以言语活动为主的话语活动，无论是法律事实的阐述与调查还是法律事实的认定与解释，都蕴含着会话参与者的主观认识、价值判断与个人情感。审判过程中，诉讼各方往往基于各自不同的立场，运用不同的语言手段对同一法律事实、法律依据和裁判结论等做出不同的事实陈述和法律论证。此外，法律条款抽象、概括的特点以及司法推理的原则使得法庭在寻求案件解决方法的法律推理过程中需要有个人立场的参与。可以说，法律的性质及法庭互动的特点为诉讼主体表现其主观立场提供了客观上的可能，而诉讼各方为了维护己方的利益，也有表达自己话语立场的主观诉求。

法庭互动作为重要而特殊的会话领域，言语参与者在庭审中表达了何种话语立场？如何建构其立场？立场表达有何具体语用功能？各方参与主体的立场表达及其构建手段具有哪些重要差异？影响立场表达的交际目的与社会因素有哪些？

等等诸如此类的问题都具有重要的研究价值。但迄今为止，尚未见到直接研究法庭互动的立场表达的文献，只有一些零星的研究（王振华 2004，Zhang 2011，Tracy 2011，Shi 2012）与此议题有所相关。本书的选题尝试回答这一系列重要的问题，对法庭话语这样一种重要语域中的立场研究作系统探索。

本书力求把理论探索与社会的实际应用紧密结合起来，尝试在语言问题研究与需要解决的社会问题之间找到一个接口，在跨学科的背景下，探讨“法庭互动”这一极富现实意义的会话领域。通过对庭审互动中各参与者立场表达的观察、描写与解释，勾勒出这一特定会话领域中立场表达的基本面貌，提炼出其立场构建的普遍规律。整个研究既具有语言学上的理论意义，又具有一定的社会应用价值。具体表现在：

1.1.1.1 语言理论上的意义

本书拟在前人关于立场研究成果的基础上，结合互动语言学的相关思想和语用学中的“目的原则”，探讨立场在法庭互动中的语言表达手段、基本功能、分布特征，并尝试从交际目的这一主导性因素对诉讼各方立场表达的差异做出合理的解释。因此，本书关于立场表达研究的相关数据、材料、观点和结论不仅可以验证国外关于立场研究已有的共性结论，还能依据前人尚未涉及的法庭互动这一会话领域所得到的语言事实与研究结论对已有的研究观点和结论做出进一步的完善、补充或修正。另外，由于本书是在互动语言学的理论背景下展开的立场研究，因此，本书还可对一般话语研究，特别是对互动语言学研究提供了有益的启示，从而丰富和完善互动语言学的理论研究。

1.1.1.2 研究方法上的价值

本书使用法庭审判活动中的真实自然发生的语料，采取功能—互动立场研究途径，对法庭互动中的立场进行全方位、多角度的立体考察。具体研究中，我们以“互动语言学”为理论背景，在“互动语言学”关于语言和互动基本思想的启发下，将立场看成是互动浮现的结果，是互动参与者的主动建构与相互协商，是一种行为，而不是语言本身所固有的属性，并引入“目的”作为立场建构的主导因素，以“目的原则”来解释互动参与者立场建构的根本原因与动力，最终试图提出“目的导向的立场分析模式”来探索法庭互动中的立场言语行为，并为研究其他话语活动的立场言语行为提供借鉴和参考。

1.1.1.3 学术观点上的价值

通过对法庭互动中立场建构的语言手段、功能类型和制约因素进行探索，发掘并归纳有价值的立场建构模式和组织规律，提出关于立场话语行为的“动态浮现”“主体间互动”和“目的导向”等学术观点，从而拓展并深化对立场话语行为的认识。

1.1.1.4 司法启示

本研究成果可对司法实践提供启示，具有较高的实际应用价值。法庭互动中，由于不同的诉讼目的、不同的法庭角色以及不同的权力关系，审、控、辩三方具有不同的立场，法官中立执行裁判诉讼职能，也就是说，法官应该尽可能建构中立的立场；控诉和辩护双方属于对抗关系，在立场构建中应参照、介入对方的话语立场，从而形成对话和互动，增强控辩双方的对抗性，而辩护人的立场应该是在法律允许范围内，最大限度地维护自己当事人利益。

1.1.2 研究目标

总的来说，本书研究目标有三：

其一，揭示法庭互动中立场建构的基本面貌。拟通过对 100 万字的法庭互动语料库的调查，描写庭审互动过程中立场表达的各种语言资源，发掘法庭互动中立场表达手段在词汇、语法和序列结构各方面的特征，分析不同立场功能类型及其在不同诉讼主体之间的分布差异，从整体上勾勒出法庭互动中立场表达的基本面貌。

其二，构建法庭互动中立场行为的基本表达模式。通过对法庭互动中立场建构手段与形式、立场互动机制、立场功能类型与立场建构制约因素等全方位、多角度的分析，建构法庭中参与主体立场建构行为的一般模式。

其三，为司法实践中诉讼主体建构适切立场提供直接的理论依据。法庭审判主要涉及审、控、辩三方。由于三方有不同的诉讼目的和利益关系，因此所持话语立场必然有别。本书利用大量的语言事实提炼出庭审活动中立场表达的基本规律，为现实中诉讼各方在法庭审判中建构适切立场提供直接的理论依据。

1.2 研究内容与篇章结构

本书在法庭审判语料的基础上，尝试对法庭互动中各种立场表达手段进行细致的描写，整理出各种立场类型及其分布特征，分析法庭中诉讼主体在互动过程中立场表达的基本特点及其互动机制。我们将结合法庭互动机构性话语的特点和司法文化的核心理念，探求不同诉讼主体的立场表达手段、立场建构类型和互动机制等方面的差异，并拟从目的、身份和权力等角度对法庭互动中立场表达模式与运作机制做出合理的解释，从而揭示法庭互动立场建构背后的语言机理和深层原因。本书主要阐述了如下几个方面的内容：

1. 法庭互动参与者怎样利用各种语言手段来表达自己的立场。拟在深入调查语料的基础上，从词汇、语法、会话结构等语言层面对立场表达的各类语言手段进行详尽细致地描写，归纳整理出法庭互动中立场表达的基本类型及其特点，勾勒出法庭互动中立场表达的概貌。

2. 互动参与者通过各种语言手段构建了何种立场。立场建构主体通过各种语法手段和会话结构不仅表达他们对事实和法理的看法和观点，也传递了个人的情感和认识状态，同时还表明与其他诉讼参与者的关系。因此，庭审中的立场建构不是孤立的、个人主观表达的产物，而是主体间互动的结果。本书试图挖掘立场如何在互动主体间相互联系、彼此互动，从而揭示不同诉讼方在立场表达中的协调与对抗。

3. 庭审互动中的参与主体立场表达的差异性及其原因分析。作为一种言语行为，话语立场的建构是一种有目的的话语活动，目的和目的关系影响和制约话语立场的建构。因此，法庭互动中，立场建构语言手段和功能类型的选择都与法庭的特殊语境有关，诉讼各方的诉讼目的和诉讼角色对立场的建构起着重要的导向和制约作用。我们将对法庭互动中的立场表达作一定量化分析，揭示不同类型的立场表达在诉讼各方的分布倾向性，然后结合“目的”因素来探析立场言语行为背后的原因。

本书共由八章组成。

第 1 章，导论。主要介绍本书的研究意义、研究目标、研究方法、研究内容和语料等。

第 2 章，文献综述。梳理和回顾国内外对法庭话语和话语立场的研究，以及法庭话语立场的相关研究，并结合本书研究对这三方面的研究现状做出评价。

第 3 章，理论框架。本书整合互动语言学和目的原则两个理论资源，提出了目的导向的立场分析模式。在这一分析模式中，话语立场是互动参与双方共同协商建构的一种目的性、策略性言语行为。话语立场进一步细分为评价、认识、情感和离合四个功能类型，并引入“目的”因素解释话语立场在法庭互动中的表达特征、语用功能和分布特征。

第 4 章，分析法庭互动中的评价立场。将评价立场定义为评价主体根据一定价值标准对评价客体做出肯定或否定判断的言语行为，并区分为肯定、中性、否定三种类型。本章分析法庭话语互动中评价立场的语言表达手段、归纳评价立场表达的特征，并根据目的原则，对不同诉讼主体的评价立场差异做出了解释。

第 5 章，探讨法庭互动中的情感立场。情感立场指的是表达情绪和感情的言语行为，包括正面情感和负面情感两种情感类型，前者包括爱、同情、感激等，后者包括悲、悔、愧、惧等。在法庭互动中，情感立场行为具有三种元功能，即情感描述、情感表达和情感唤起，三者有所重叠，以情感唤起为最终目的。不同诉讼主体中的情感立场无论是在情感类型还是在情感元功能上都呈现出显著的差异，本章结合目的和目的关系对这一分布差异做出解释。

第 6 章，讨论法庭互动中的认识立场。认识立场是说话者表达他们的认识状态的行为，为信息来源类和命题评价类两种认识立场，其中前者包括感官型、转述型、引证型和推断型四种类型，后者分为高、中、低量值三个等级，并构成认识立场的“可靠—不可靠”信度连续统。本章描述知识来源类认识立场和命题评价类认识立场的表达手段、统计分析认识立场在不同诉讼角色中的分布差异，并对认识立场的表达特征和分布特征做出解释。

第 7 章，考察法庭互动中的离合立场。相合立场指的是言语交际中当前说话人相对于他人前一话语中的目的、观点、评价、认识、行为投射等采取趋同的、顺应的立场的言语行为；而相离则是采取与他人话语相异的、拒绝的立场的言语行为。本章着重分析离合的表达手段、类型以及相合连续统，并对不同主体间的离合立场进行目的分析和解释。

第 8 章，总结。对本书内容进行总结，简要归纳了本书在语言研究方面的创新之处，对司法实践方面的参考价值，以及本书的不足之处，并对未来研究做出展望。

1.3 研究方法与语料

1.3.1 研究方法

本书在研究方法和思路上将采取和贯彻“三个结合”：

1. 静态和动态相结合。本书侧重从静态的角度描述法庭互动中立场表达的语言手段和功能类型，侧重从动态的角度分析立场主体间的立场互动与协商过程。通过静态描写与动态分析相结合的办法，实现对法庭互动中立场表达的立体研究，深入揭示庭审立场表达的基本规律与总体特征。

2. “本”和“用”相结合。本书立足语言研究之本，对法庭互动中的立场表达的语言手段、基本类型、建构规律等进行充分描写与深入分析，将对立场研究与法律语言研究做出直接的贡献。同时，本书还致力于法庭实践之用，对诉讼各方立场表达的倾向性作对比分析，并对其做出合理的解释，使法庭立场研究的分析与结论能服务于司法实践和司法教育。

3. 定量和定性相结合。本书以定性分析为主，以定量分析为辅，拟对法庭互动中立场表达的手段和法庭互动中不同诉讼主体的立场类型做量化统计和分析，为定性分析提供大量的数据和语言事实。试图通过定量和定性分析相结合的方法，使得我们的观察、分析更加准确，解释更加合理。

1.3.2 语料及其转写

本书采集 10 场法庭审判话语的录音或录像，总时长达 80 多个小时，转写成约为 100 万字的语料，加工成一个法庭话语语料库。语料转写涉及以下转写符号与规则：

1. “---”表示拖音；
2. “‖ ‖”表示重叠；
3. “⊥”表示修正；
4. “（---）”表示含糊不清，（---N）表示含糊不清的音节数；
5. “▲ ▼”表示打断；
6. “▌▐ ”表示话轮转换无停顿；
7. “→”表示需要注意的话轮；

8. “（Ns）” 表示停顿的秒数；

9. “□” 表示强调；

10. “？。” 表示回声问；

11. “……” 表示话轮中话语的省略；

12. “┆” 表示话轮的省略；

13. “←” 表示话语成分间关系颠倒或后补充说明；

14. “公”代表公诉人；“审”代表审判长；“法”代表法官；“被”代表被告人，多个被告用“被 1，被 2”标示；“上”代表上诉人；“辩”代表辩护人；“原”代表刑事附带民事诉讼的原告人；“陪”代表人民陪审员；“证”代表证人；“鉴”代表鉴定人。

第 2 章　文献综述

本章对“法庭话语研究”与“立场研究”作简单回顾与总结，以求对与本书密切相关的这两个方面的研究现状形成简明而清晰的认识，并对以往的研究成果进行简要评述，对今后的研究趋势进行分析与展望，梳理出本研究所需和所能借鉴之处。

2.1　法庭话语研究

20 世纪 70 年代，随着社会法学者将法律语言纳入研究范围以及语言学者开始关注法律领域的语言问题，法律与语言作为一门新的学科诞生了，语言学和法学相结合孕育了法律语言学这一新兴交叉学科。几十年来，法律语言学取得了长足的发展和瞩目的成绩，学者们从不同的角度探索了法律语言的多个方面。大致归纳为三大方面：法律的语言（the language of the law），司法语言（the language of judicial process）以及语言证据（language as evidence）（Coulthard & Johnson 2007）。其中，法庭话语属于司法语言的一个重要分支，是法律语言学研究的重要组成部分。它是在特定地点、按照特定规则和程序，由具有不同交际目的的话语参与者主动或被动参加，各自为取得一个符合自己目的和利益的结果、以互相说服的方式而进行的活动（廖美珍 2003）。法庭互动话语为语言学、社会学、法学、人类学和其他相关学科研究提供了丰富的、独特的语言资源，这既反映了法庭互动研究的广泛学科基础，也是该研究领域长盛不衰、焕发出勃勃生机的根本原因之一。

从法庭话语的研究历程来看，一如 Bhatia 等所说“法律语言早已成为法哲学家和社会学家关注的焦点，吸引到语言学家和话语分析者的注意只是近来的事”（Bhatia et al. 2008：3）。首先对法庭话语进行研究的是社会学家，尔后随着话语分析的发展，法庭话语成为话语分析的主要分析领域和焦点。语言学与社会学领域研究法庭互动话语的侧重点有所不同。总体看来，语言学研究将法庭话语作为客体（language-as-object）或过程（language-as-process），从语言的各个层面来考察法庭话语，着眼点主要是法庭语言的特征、话语策略、言语风格和互动结构。社会学研究者则将法庭互动视为一种社会现象，法庭话语不仅仅是“言词而已”，而是权力运动的中介。他们主要通过法庭语言分析来揭示法的权力，研究其社会特征以及既定社会秩序的意义，也就是说，这些学者把法庭语言作为一种工具来研究（language-as-instrument），权力是他们研究中的一个重要变量（参看廖美珍 2004）。当然，作为交叉学科，很多研究同时涉及两个方面，语言学家从社会语境、权力关系来解释法庭互动的话语特征，而社会学研究则从法庭话语中“发现法律权力是如何在日常法律场域中运作的”（Conley & O'Barr 1998）。不管如何，法庭互动的话语特征和法庭话语与权力的关系是法庭互动研究的两大主题。

2.1.1　法庭话语特征的研究

20 世纪 70 年代之前，法律语言学研究主要是对立法语言和法律文本感兴趣，着眼点是法律语言的用词、句法结构等语言特征。70 年代以后，法庭话语或法律活动的口头互动成为法律语言学研究的焦点，法庭言语的话语风格、话语策略和话语结构成为研究的着眼点。

法庭话语特征研究中，证人证言是一个重要的研究议题。其中，20 世纪 70 年代，标志和代表法律语言学研究转向口语互动研究的杜克大学语言和法律项目的研究成果里，Conley et al.（1978）和 O'Barr（1982）等发现，证人常常以一种“无力型（powerless）”风格说话，具体表现为：①大量使用不确定的语言，如遁词等（I think; sort of 等）；②表犹豫之词（如 uh，well）；③疑问语调（回答问题时用升调，显得不肯定）；④使用强化语（very，surely 等）。Levi & Walker（1990）主编的《司法过程中的语言》一书也是法庭话语研究的代表之作。此书共收集了 12 位颇具影响的法律语言学者的力作。其中 Drew（1990：39）“律师和证人在交叉询问中较量的策略”一文揭示了律师询问和证人回答的策略：律师多用“对比法”和“三步询问法”，以削弱证人证词的力度和可信度；而证人则尽量不做“自我修正”，而是“他人修正”，以维护自己证词的可靠性。对法庭中证人话语进行研究的重要成果还有 Luchjenbroers（1997），该研究通过对澳大利亚墨尔本高等法院进行的一场持续 6 天的审判案件的语料分析指出，证人在法庭上的证言在法庭话语的总量中占很小的比例，对律师推理的影响微小，并且证人在法庭上不能受到同等对待。Luchjenbroers 还归纳出四种证人答话类型：最少量答话、解释性答话、背景性答话和无答话（如 I can't recall.），解释性答话之中包括回避型答话。

问答是法庭话语研究的一个中心议题。法庭审判的核心部分就是通过询问证人和被告人提取证据，长期以来研究者对法庭中的问话形式和问话功能进行了各种研究。Harris（1984）认为，法庭中问话的主要功能是寻求信息或提出指控，并且两种功能之间具有重叠性。其中，引导型（conductive）问话（如反义疑问句）通常提出对一个完整命题进行确认的要求，是掌控互动的有力手段，因此，法官和法律人员都充分利用这一点来掌控法庭互动。Woodbury（1984）提出，法庭中说话者对问话形式的选择取决于问话本身的语用性质、审判不同阶段的话语规则、活动目的，以及参与者的关系，他还具体提出了几类问话类型与话语功能之间的关系：①索引故事版本：宽式 Wh 问句；②提供叙述方向：窄式 Wh 问句；③参与故事讲述：语调（prosodic）问句；④说明证据：是非问句；⑤确认一致性：窄式 Wh 问句；⑥控制可能回应的数量：是非问句；⑦向陪审团表达隐性评价：语调问句、反义问句、窄式 Wh 问句，否定是非问句；⑧将新信息处理成已知信息：语调问句和反义问句；⑨逼问证人：确认型反义问句。孙懿华、周广然（1997）分析了法庭中问话人根据案件性质、诉讼阶段、提问对象和目的差异所采取的不同的问话策略。王洁（1999）将法庭询问的方法概括为五大类：利用预警因素组织提问的言语链；初审时的探索性发问；查清疑点的定向式发问；无定向探索发问转向具体发问；暗示性发问。而且她认为法庭询问具有说服性、解释性、感化性和激发功能。

法庭互动的问答研究中，问话的限制和控制性质是研究者们的研究兴趣重点所在（Philips 1987），如法律从业者的问话策略，或在交叉询问中问话序列的会话含义的修辞策略意义。Schiffrin（1994）指出，直接询问中问话的功能不是寻求信息，更多的是确认信息。询问证人是为了向法官和陪审团展示证人所知道的事实，证据只能以这种方式呈现才能被清楚地理解，并具有说服力。在庭审直接询问阶段，辩护人和证人之间共同构建证词，且由前者控制方向和进程，这种问话具有向陪审团提供故事的要点，同时构建具有说服力的解释的双重目的。

Stygall（1994：148）在对审判话语的研究中发现，升调陈述句是法庭互动中出现频率最高的问话形式，并指出升调陈述句、一般疑问句都是控制答话的问话形式。Conley & O'Barr（1998）对一起强奸案件的分析表明，辩护律师在交叉询问过程中通过设计问句，采用附加疑问句、话题管理和评论、质疑证人获取知识的能力等问话策略削弱证人陈述的真实性和可信性，并使其落入"圈套"。Boon（1999）提出交叉询问中，问话主要用于挑战证人的可信度和解构对方的叙述。廖美珍（2003）认为，法庭问话最主要的特色和最大的策略性体现在法庭问话大多是问话人已经知道答案的问话。尤其是律师的问话，在审判前的调查中，律师往往会有效地收集大量的证据以便于法庭问话，所以在审判阶段，他们的问话并不仅仅是为了寻求信息而是有其他的目的。

庭审话语研究的另一重要结构是法庭话语中的叙事结构。法庭审判过程就是叙述"故事"的过程。原告、被告、证人对案件这个"故事"都各有不同版本，由陪审团和法官确定哪一个版本是真实可信的。O'Barr & Conley（1985）通过对小额赔偿法庭中当事人陈述案件故事的言语风格进行观察和分析，指出小额赔偿法庭中当事人说话不受证据规则的限制，拥有较大的答话自由，往往采用日常的叙述风格。Maynard（1988）发现，诉辩谈判中的话语和审判话语中的事实呈现属于不同的类型：审判中的事实由问答序列索引，由直接参与者诉说，而诉辩谈判中事实的诉说往往不是由"原始事件参与者"进行，而且"更加自觉和不被打断"。在由问答序列共同构建的叙事过程中，律师和法官的认知框架可能将政治价值导入法庭叙述的元语言和语用结构中。Conley & O'barr（1998）区分了法庭申诉者使用的两种主要的叙述类型——规则导向型和关系型。规则导向型诉诸法律规则和法律权利，常常按照一定的顺序连续地、以一种直线性的方式组织和展开，落脚点在具体的行为人上。而关系型叙述则倾向于利用情景性内容和要素，假定听众一方也具有同样的背景信息。Philips（1998）通过对法庭有罪答辩中的语言结构进行分析，论证了法官的保守或自由意识如何影响对被告叙事的不同框定。Matoesian（2001）发现了法律框架如何歪曲法庭中的强奸叙事，揭露了故事话语结构所蕴含的家长制逻辑。Cotterill（2003）则描述了审判中故事讲述、框架、交叉询问和二次框架是如何组织的。Gibbons（2003）提出庭审叙事是第一现实程序语体中嵌入第二现实的复杂语体。Heffer（2005）也认为法庭叙事是一种嵌入式复杂语体，他还提出了法庭叙事语体的形成阶段性。Heffer（2010）则在此基础上对庭审不同阶段的叙事形式展开了研究。

关于法庭话语特征的研究中，研究者除了从法庭话语本身出发对其进行分析以外，一些研究者还通过与其他话语对比的方式和方法来研究法庭话语作为一种特殊语体的特点。Atkinson & Drew（1979）和 Lakoff（1989）对比了日常会话和法庭话语，突出法庭话语与日常话语不同的方面。Atkinson & Drew 运用常人方法研究法庭中的直接询问和交叉询问，展示了法庭话语与日常会话在话轮控制方面相同和不同的地方。Lakoff 列举了法庭话语和日常会话之间的 13 条共享特征和 9 对对比特征。Mead（1985）则将法庭话语与课堂话语对比，认为法庭话语是英语中一种高度受控的变体。他采用 Sinclair & Coulthard（1975）基于课堂话语所确立的“行为、行动、对应、交往和授课”等级模式研究了马来西亚地区法院审理程序和话语。Mead 认为，课堂话语和法庭话语都是由具有机构权威的一方参与者所控制，但是前者以传播已知知识为目的，后者与“新信息的收集和评价”有关。

2.1.2　法庭话语与权力的研究

法庭话语与权力的研究是法律语言学的一个重要研究议题，Conley & O'Barr（1998）就曾提出“法律语言中最重要的理论问题就是运用语言学方法来理解法律和法规权力的性质”。在这一研究视角中，语言被当作工具，被认为是社会控制和权力的主要媒介。就如廖美珍（2003）所强调的，法的问题，说到底是利益的问题，利益问题说到底是权力的问题，而权力是通过语言实施的。语言特有的制度功能使其无所不能地进入法律，参与社会权力的分配，进而控制着人们的生活（周少华 2006）。Conley & O'Barr（1998）也指出：

尽管正式的宪法条文和法律规定承诺保证人人平等，各种法律和政治改革也试图实现平等理念，但法律上的不平等现象在美国社会依然随处可见，这是因为法律借助语言这一中介完成其多数工作，而语言自身却是歧视、偏见、歪曲和权力的核心，并不是表达法律精神和原则的透明中介。压迫往往存在于法庭和法律办公室的日常法律话语逻辑结构中，语言是法律权力得以实现、运用、复制以及间或受到挑战和推翻的根本机制。法律话语使不同种族、阶级和性别之间存在的各种不平等的权力关系正常化、合法化、永恒。

正是通过语言，尤其是通过法律交谈的微观话语，实际上的不平等才得以产生和存续。在法庭中，一方面言语或非言语交际是法和权利互动的前提条件，另一方面，法律话语是执行和应用法律的基本工具，可以说法律推理首先是语义和语言解释的问题，而法庭话语是机构权力和控制的工具（Wagner & Cheng 2011）。

法庭话语中，话语权利的不对称性是研究者们的重要研究话题和研究发现。在不对称互动中，强势的一方控制话题，而弱势的一方只得进行不同程度的抵抗（Harris 1984）。Maley（1994）专门讨论了法庭审判所用语言的权力问题，将法庭描述为一个权力的等级体系。在该体系中，不平等的权利分配的层级性更多地从话语中表现出来。法庭中，法律从业人员和当事人之间的话语权力是不对称的，Stygall（1994）通过对法庭语境中各方话语权力的不对称现象的分析指出，审判中说话比重最少的是利益风险最高的当事人，法律从业人员——律师和法官占较高的说话比重。而语言在不对称性对抗互动中的使用与其在对称场合的使用具有不同的功能。Coulthard & Johnson（2007）运用会话分析的方法，通过对法庭中证人与律师互动的话轮转换与分配、话题控制、打断等的分析，揭示了法庭话语的机构性特征，即话语权力分配不平衡。廖美珍（2003）通过对中国法庭问答互动的研究也提出：法庭问答互动是不对称的互动，这种不对称性体现在言语行为的支配上，体现在文化行为的构成上，也体现在问答的转换结构上。吕万英（2011）的分析证明，法庭中权力高的参与者可以通过精心设计的问话形式、不断变换的话题以及利用机构语境和话语裸权力和有意识地打断、预设和控制性言语行为等手段控制和支配权力低的参与者。杜金榜（2008，2010）认为问者通过问话控制答者，从而控制信息，而过程控制是问话控制的重要方式。法官对信息流动的控制有一定规律。

在法庭互动中，法官一般被认为是权力至高者，是法庭的组织者和裁决者。Charrow & Charrow（1979）从语篇的角度讨论了法官对陪审团的指示。研究发现，专业术语并不是法律语言难以理解的唯一障碍，句法结构和话语设计也是法律语言难以理解的重要原因，而超句间的连贯、衔接等对陪审团对法官就案件有关法律问题所做出的指示性说明的理解有较大的帮助。Solan（1993）分析了法律解释中法官的语言使用，该研究阐释了法官是如何通过语言分析来掩盖他们由结果驱动的法律解释行为的，“法官们通常关心的是如何尽可能地做出最佳判决，并以一种使该判决看起来对当事人双方，甚至整个公众都公正的方式来宣布他们的判决，而语言学规则常常被用来证明其判决的正当性。”Philips（1998）通过对法庭案件的分析提出：行为，尤其是美国审判法官的语言行为，是以意识行为为本质特征的，换句话说，法官并不能独立于政治的影响之外，“认为审判中法官只是法律的执行者是错误的，是一种误解”。

普通法系审判的一个特征是陪审团在审判中发挥着重要作用。比如，在美国大多数民事和刑事案件中，陪审团的权利受宪法保护，组成陪审团的12名成员通常是从社区中随机选取的（参看黄萍 2011）。大量研究表明参与者的叙述风格对陪审团的裁断结果具有直接的影响。证人证词的说服力很大程度上决定于他的叙述风格。Conley et al.（1978）通过实验证明证人以有力型（powerful）方式叙述的证词的可信度更高，吸引力更大，更易于给陪审团留下好的印象，而以无力（powerless）方式述说的证人则相对不为陪审团所信任和接受。他们还发现女性倾向于使用无力型语言，这种频率高于男性，很大一部分原因是女性社会地位普遍较低。无力型说话方式被认为是女性言语的典型方式（Lakoff 1989）。Conley & O'Barr（1998）则认为这是法律话语背后暗含着的一种父权制，法律制度和诸多法律话语实践给予那种以一种强有力、断言的方式说话的男性话语以明显的偏爱和更多的信赖。

法庭互动中，证人和被告人往往处于弱势的一端，他们的弱势地位、形成原因以及产生的影响引起了法庭话语与权力研究的重视。O'Barr（1982）归纳区分了证人证词的4种对比言语风格：有力型言语风格 vs 无力型言语风格；过度矫正 vs 正式言语；完整叙述风格 vs 零碎片断叙述风格；打断 vs 话语重叠。O'Barr认为相对于性别，有力型话语和无力型话语与社会阶层、教育背景以及先前法庭经历联系更紧密。他提出法庭是否、多大程度上接受证言，证言的呈现方式对此具有巨大影响，远远超出了人们的想象。实验证明作证方式的微小变动对于证词的评价，如可信度、作证的能力、证人的理解力等方面具有重大影响，继而影响到整个判决。同时，他还指出证人的证言受到法律规则的支配，其言语风格受到询问律师问话的影响。Conley & O'Barr（1998）区分了法庭申诉者经常使用的两种主要叙述：规则导向型和关系型。法律强烈地倾向于规则导向型叙述，规则导向型叙述在法庭上对行为者更加有利，而男性比女性更有可能做出规则导向型叙述，女性则习惯于情境化的、关系导向型叙述，而这种叙述风格往往使他们处于不利地位。离婚调解案的分析表明女性比男性更适应、更喜欢协调性语言，更倾向于配合和聆听，积极地寻求一致，为了达成协议而达成协议，因此女性往往处于不利的地位。“调解人的偏见系统地不利于女性，去实现此类偏见的最重要的机制是语言机制”。

法庭中，女性一般被认为处于弱势的地位，特别是在强奸案中。Matoesian（1993），Conley & O'Barr（1998）等人对大量强奸案例的分析表明，解决受害女子在审判中“再遭强暴（revictimization）”的答案不仅在法庭审判的结构上，更在法庭审判的微观细节中，尤其是法庭互动的语言微观细节中。交叉询问中辩护律师各种语言策略的运用仿佛就是一种语言上的强奸行为，使受害女子在语言上受到另一男子的支配。因此，再次受害是真实的、真正的，其机制是语言的。

法庭中非母语者在诉讼中往往处于不利的地位。Bresnahan（1979）考察非母语被告自我作证的能力，以及法庭给这些被告提供“特别语言考虑”的必要性。她发现问话的强制性程度和非母语者回答的回应程度之间有直接、密切的联系，而这种情况在母语交际者中不一定存在。她还发现否定是非问句是非母语者回答问题的源头，容易因处理不当从而削弱答话可信度。Gumperz（1982a）研究了非母语者的语言与文化背景对法庭交际的影响。通过对一起伪证罪的观察，他发现非母语者容易被误解，而且因为语言的不同而遭受法庭不同的对待。Labov & Harris（1994）分析了一桩美国黑人钢铁工人的案子。由于语言差异导致的误解使得他们没能获得应该得到的收入补偿。Eades（1994）研究了涉及澳大利亚土著人的审判，发现土著人的文化和语言特征导致其在法庭上处于被动地位，没有享受到真正的平等待遇。Eades（2008）研究了澳大利亚布里斯班地区法院涉及澳大利亚土著居民的 Pinkenba 案件。从案中语言特征来看，被告人所说的土著英语属于“轻（light）”变体，与澳大利亚英语有很多的共同特征。但被告在双文化能力方面的缺陷比起语言形式差异来更能影响他们的答话，想要成功地参与法律互动，双文化能力更为关键。Eades 还分析了法庭话语的归化性和惩罚性，其中的证据规则所容许的语言机制形成一种语言意识，就是这种语言意识使得极端语言行为在 Pinkenba 案件中允许被使用，而且被作为司法系统本身的功能，从而导致了土著居民的不公平对待。

在美国、英国和中国香港地区，法庭上使用翻译的频率越来越高。为了确保法官和陪审团很好地理解被告、证人和其他参与者的证词以做出公正的裁决和决定，法庭翻译是非常必要的，有利于促进公平和正义。对于非母语法庭参与者（被告和证人）来说，法庭翻译很好地保证了他们的权利。但是，法庭翻译也产生了一系列问题。Lang（1976）界定了5种翻译问题：①翻译中的不敬话语；②疏忽造成的误译；③话语次序替换引起的误译；④随意的意译；⑤因未听清或听错而造成的误译。Berk-Seligson（1990）从译者如何改变证人的言语风格的角度进行了更加细致的研究。他认为译者系统地改变证人证言的长度从而削弱了其力度，使之变成无力型言语风格，并具体界定了6种言语风格的改变：①增加模糊语；②根据原话语的理解，增加其他话语；③矫正语法；④改述、重复；⑤将无礼的答语翻译成礼貌的（或过于礼貌）的话语；⑥省略或增加话语标记或犹豫形式。所以，译者并不是法庭交际中一个透明、完全中立的中介，而是扮演了一个入侵的角色，影响了证人的言语风格，从而影响法庭对证人证词的理解和评价。

当大量的批评研究致力于揭示法庭语言背后的社会—政治权力，认为“法律机构所采用的规则服务于社会统治利益集团”（Gordon & Nelson 1988：161），也有学者从机构语境的积极视角来研究法庭语言，认为法庭交际是合理、合法的。法庭话语的语言特征，如“法律语言的晦涩”是为了“保持法官的距离与客观性”（Tiersma 1999：194）。Topf（1992）研究了美国高等法院的意见，他所采取的思路类似Kuhn（1962）研究科学历史的演化和变革的动态互动，认为它们的合理性在于“相关社区的赞成”。Topf认为司法意见在以普通法对抗系统为特征的语言表达里，必须被认为是符合业已建立和接受的法律体系并得到话语社区的认可。Coulthard & Johnson（2007：37）同样也研究了法庭话语作为机构话语的双重性：一方面我们可以认为这种语言是难以理解的，所以排斥且不利于外行参与者，但是从另一功能视角来看这种模式的形成也是参与者在各种法律活动中所导向的结果。

法庭互动离不开语言，在法庭上，语言选择意味着不是成功就是失败。法律语言作为权力实现的载体，引起了众多学者特别是社会语言学者的广泛关注。他们将身份、性别、民族、文化等因素纳入法庭话语的研究中，探索语言与法律正义、平等及其与各种非正义、不平等现实之间的关系，揭示法律权力的运行轨迹和潜藏于法律原则之下的、微观层面上的不平等和偏见。

总的说来，法庭话语的研究近几十年来取得了引人注目的成绩，形成了一批稳定的研究队伍，涌现出一批高质量的研究成果。在研究的视角上也呈现出多样化的特点，有的学者聚焦于法庭话语本身，分析其话语特点、话语策略、互动结构和交际功能，有的学者则注重考察法庭话语与日常会话、课堂话语的区别性，通过与相关话语的对比探究法庭话语的特殊性，有的研究将权利、身份等社会因素纳入研究范畴，重视从语言角度揭示法律、语言与社会之间千丝万缕的关系。法庭话语互动研究涉及社会学、人类学、语言学、法学、心理学等多种学科。研究上的多学科性使得法庭话语研究能够充分吸取各学科的养分，体现出多学科交叉、融合的视野。这也是法庭话语研究取得全面与深入的发展，并将继续保持蓬勃生机与活力的主要原因。

当然，仔细考量法庭话语互动研究的现状，我们还是能够窥见一些明显的缺口。其中的缺口之一便是以往的研究强调法律语言的客观性，而忽视了其主观性。法庭语言研究将语言看作是对现象的“客观”描写和“事实”呈现，语言似乎是中性的表达工具，客观地反映物质世界和人类社会（董晓波 2006：208），而忽视了这样一个事实，即语言具有主观性这样一种特性（沈家煊 2001），说话者在说出一段话的同时往往表明了自己的态度、情感和立场。作为一种特定的语言功能变体，法庭互动话语同样蕴含了说话人的态度和立场等主观因素，说话人在庭审现场传递信息的同时也会有意识、有策略地表达自己的态度、情感和立场。因此，法庭话语互动中的立场是客观存在的，但是这一语言现象并没有得到应有的重视。

2.2　立场研究

话语中的立场（stance）是近年来的一个研究热点，备受学界的关注。立场研究大受学者青睐的原因与其自身在言语活动中的地位和作用有关，因为“我们使用语言最重要的事情就是选择一定的立场”（Du Bois 2007）。立场在言语交际中的重要性已吸引了越来越多学者的注意，语言学及相关学科的诸多学者纷纷加入到立场研究之列，逐渐形成了一个新兴的研究领域，学术成果颇丰。不仅出版了数本专著和论文集讨论立场问题，如 Gardner（2001）、Hunston & Thompson （2000）、Kärkkäinen（2003）、Mushin（2001）、Wu（2004）、Keisanen（2006）、Englebretson（2007）、Jaffe（2009）、Rauniomaa（2008）、Hunston（2011）。而且一些期刊也组织了专辑讨论该议题，如 *Text* 2003 年第 2 期，*Journal of Pragmatics* 2005 年第 2 期等均刊载了系列专题论文。关于立场的专题会议和小组讨论也在世界范围内如火如荼地举行，如 2003 年芬兰奥卢

（Oulu）大学举行了“立场、对话句法和互动——基于英语和芬兰语的语料”（Stance taking, dialogic syntax and interaction— with data from English and Finnish Conversation）国际会议。2004 年美国 Rice 大学举办的两年一次的第十届 Rice 语言学讨论会的议题为“话语中的立场：互动中的主观性”（Stancetaking in discourse: Subjectivity in interaction）。2006 年在芬兰 Helsinki 大学举行的国际会话分析会议上，其中的一个小组讨论主题为“确定互动中的立场和情感”（Locating stance and emotion in interaction）。2007 年欧洲语言学学会第 40 届年度会议的一个小组讨论主题为“言谈互动中的立场表达”（The expression of stance in talk-in-interaction）。2008 年在美国旧金山举办的美国人类学协会年度会议的一个重要议题便是“做与是：互动中的立场与身份”（Doing and being: Stance and identity in interaction）。2012 年在德国柏林 Freie 大学举行的第 19 届社会语言学大会的第一个议题便是“性别身份建构 / 协商中的立场和立场表达”（Stance and stance-taking in constructing /negotiating gender identities）。

重要学术著作的出版、期刊专题论文的组织，以及主题会议的召开，都表明立场研究在近年来受到关注和重视，成为语言学研究，尤其是话语分析的热门。下面结合本书的需要，从立场语言表达手段和立场研究语篇类型两个方面对立场研究现状作简要回顾与总结。

2.2.1　立场表达手段的研究

话语互动中，说话人（立场表达者）用何种具体的语言手段来表达自己的立场一直是立场研究者探讨的核心议题，也是立场研究的首要问题。这一点在许多学者对立场的定义中即可窥见一斑。例如 Biber & Finegan（1989：92）将立场定义为：关于命题内容或信息的态度、感觉、判断或评论的词汇和语法表达形式。该定义视立场为一种特定的表达形式，并明确地将词汇和语法形式作为立场的表达手段。Keisanen（2007：254）提出“语言中的一切言语手段或副语言特征，以及相关语言结构，均可用于立场表达”。按照 Keisanen 的观点，立场表达手段可以扩展到副语言特征。立场存在于形式里面，立场需要一个明确的形式 / 意义关系，比如在词汇和句法表达形式中。

立场研究的一个共识是词汇与句法形式是立场表达的重要手段。但具体到词汇与句法形式，它们在立场表达中的具体运作机制又各不相同。因此，考察词汇和句法形式两者如何编码并反映不同类型的立场也就成了立场研究者所追求的一个重要目标（Englebretson 2007）。早期立场研究中，语义学、系统功能语言学、语料库语言学等方向的学者致力于识别和描述立场的词汇和句法标记。现有研究表明：副词已被证明是表达不同类型的认识、态度和风格立场的丰富源泉（Biber & Finegan 1988，1989；Conrad & Biber 2000）；关涉立场的情态语法研究则极为详细、系统（参看 White 2003；Shiro 2004）；而评价性的形容词和名词也被证明具有特定立场表达功能（Thompson & Hunston 2000）；英语补语子句或补语谓词也具有重要的立场表达功能（Englebretson 2007）。近几年，以自然话语语料为基础的研究进一步深化和拓展了对话语立场的认识，立场被认为是一种行为。比如 Du Bois（2007：163）就将立场定义为：由社会行为者以对话的方式、通过外在的交际手段发出的公开行为，这种公开行为在社会文化领域中的任意显著维度上同时对客体进行评价，对主体进行定位，并与其他主体建立联系。

持这种观点的研究者认为：立场不再是个人行为的产物，像其他行为一样，立场也是浮现的产物，由互动的发展所塑造，同时又塑造着互动（Wu 2004）。在这个过程中，语言资源或其他具体言语行为不仅仅具有构成的作用，使得立场的意义得以呈现，同时这些资源或行为也具有反身作用，反身指示与它们的使用常常联系的立场意义，从而“保持或改变活动的意义和所发生的话语环境”（Heritage 1984a: 140）。从这个角度看，立场本质上是互动的，出现在互动序列的各个方面，在互动中通过互动序列的各个方面相互作用共同构建、协商和实现（Englebretson 2007）。纵观立场研究文献，就立场的表达手段而言，学者们重点探讨了词汇、句法、语音和序列位置四个方面。

2.2.1.1　词汇手段

词汇是立场表达手段的主要形式。Biber & Finegan（1988）考察了状语（副词、介词短语或者副词短语）的立场表达功能，并区分了 6 种语义类别：

a．“诚实地”类状语（honestly adverbials），如 truthfully（深信不疑地），frankly（坦诚地）【表达言说方式（manner of speaking）】；

b．“一般地（generally）”类状语，如 briefly（简洁地），broadly（概括地），roughly（粗略地）【表达近似，一般化，典型或惯常情况（approximation, generalization, typical or usual case）】；

c．“确实地（surely）”类状语，如确定地（certainly），确实地（surely）【表达确信（conviction）或确定（certainty）】；

d．“实际上（actually）”类状语，如实际上（actually），真正地（really）【表达现实性（actuality），强调（emphasis），超乎预料地确信 / 真实（greater certainty/truth than expected）】；

e．“可能（maybe）”类状语，如可能（maybe），或许（perhaps），也许（possibly）【表达可能性（possibility，likelihood），不确定的断言（questionable assertions），闪避（hedging）】；

f．“令人惊奇地（amazingly）”类状语，如奇怪地（curiously），恰当地（appropriately），悲哀地（sadly），古怪地（oddly），挖苦地（ironically）【表达与认识状态无关的对内容的态度（attitudes towards the content independent of its epistemological status）】。

（Biber & Finegan, 1988：7–8）

Biber & Finegan（1989）将立场研究扩展至词汇和语法标记的分析，包括了情态动词和表达“观点”或者“认识”的动词，并根据语义和语法规则将立场标记区分为 12 个类别：

a．情感标记，包括副词、动词和形容词。如 happily，enjoy，fortunate。

b．确定性副词。如 assuredly，indeed。

c．确定性动词。如 conclude，demonstrate。

d．确定性形容词。如 impossible，true。

e．质疑性副词。如 allegedly，perhaps。

f．质疑性动词。如 assume，indicate。

g．质疑性形容词。如 alleged，dubious。

h．闪避（hedges）。如 maybe，sort of。

i．强调（emphatics）。如 for sure，really。

j．可能性情态动词。如 might，could。

k．必要性情态动词。如 ought，should。

l．预测性情态动词。如 will，shall。

Biber & Finegan（1989：93）

在表达立场的词汇中，情态词（modals）是非常重要的一种。Keck & Biber（2004）

曾提出在英语各种不同表达立场的语言手段中，情态动词（modal verbs）是最常见的手段。Precht（2003）的研究表明在美国会话的立场标记中，情态词位于第四位，居实义动词、形容词和副词之后，而在英国会话中，情态词则是居于首位的立场标记。他另外还指出，作为立场标记，情态词“can”在美国会话和英国会话中均为出现频率最高的词，英国会话中出现频率并列第一的还有情态词“will”。Coates（1983）曾提出认识型情态词表达了“说话者对于可能性的假设或评价，大多数情况下，表示说话者对于命题真值有信心或没有信心”。Hoye（1997）则指出认识型情态词（如 may，could）是“命题的情态”，与说话者表达他们关于事态、事件或行为的判断所基于的知识或信念的问题有关。二者的观点虽然有所不同，但我们可以得出一个结论，即情态词主要是跟认识立场的表达有关。这一结论也充分体现在大量的关于情态与认识立场的研究成果中。如 Mushin（2001）将认识情态定义为说话者对事态可能性的评价，并认为它不仅仅是一个语言范畴，而与我们在所处的物理和社会世界中的理解、记忆和行为有直接的关系，是我们得以思考我们的知识和理论并元呈现它们的能力；Vold（2006）对比研究了英语、法语和挪威语中语言学和医学研究论文中的认识情态标记，并考察了性别因素对认识情态标记的选择的影响；Cornillie（2007）基于语料库系统而全面地研究了西班牙语中具有言据和认识情态意义的（半）助动词；Nordlinger & Traugott（1997）分析了英语中的情态词“ought to”。他提出道义情态词“ought to”，并不用于给主体分配义务，而是对命题做出一个断言，也就是说，作用认识立场标记；Tang（2010）研究了汉语中的言据性与情态词，具体分析了汉语中“可能 / 一定”和“但愿 / 恐怕”这两组情态词的认识立场功能。

另一种表示话语立场的重要词汇手段是评价性（evaluative）词语，其中使用最广泛的是形容词。在言语互动中，大量的形容词与立场行为相关。Goodwin（1986）发现通过选择传达暴力冲突的措词或者选择秽语，说话者不仅表达了对所述事件的明显的男性视角，同时还表示对该事件的某种（不）一致意见。Precht（2003）通过统计分析指出形容主要用来表达情感型立场，是使用频率最高的情感立场标记。在美国会话中，形容词“good”是使用频率最高的立场标记，而英国会话中，形容词“right”具有最高的使用频率。Swales & Burke（2003）通过对比研究学术口语讲座和学术写作中的评价形容词及其加强语，提出评价形容词在两种语域中具有重要的立场功能，而在口语语域中使用频率又高于学术写作。

各种话语标记的立场功能是话语立场研究中的最大热点，其研究成果也最为显著。Mori（1999）分析了五个日语连接词（datte，dakara, kara, demo, kedo）在三种不同语境，即表达同意，表达不同意和寻求同意中的使用。她发现在这些语境中连接词的不同选择表达了不同的评价立场，如连接词 datte 和 demo 通常表达了说话者对于所谈论事物的强烈的肯定立场，而 kara 和 kedo 暗示一种隐射的、部分相离的立场，有利于减弱不友好语力。一些研究分析了句末语气词在立场表达中的作用。如 Cook（1992）认为，日语句末语气词 ne 具有“感情指示符（affect specifier）”的功能，可用于指示与对方的“感情共同点（affective common ground）”。Luke（1990）分析了粤语句末语气词，研究表明对于这些语气词的选择体现了说话者的认识立场，特别是说话者是否认为当前所讨论的事件具有讨论价值这一态度。Wu（2004，2005）讨论了汉语中句末语气词 ou 和 a，她将 ou 区分为带标记的和不带标记的两种，带标记的用于强调事态的非同寻常性，而不带标记的常用于回应性话语中，以澄清所说话语或表示前话语含有已知信息；a 分为低音调和平音调或微高音调两种，前者用于问句中，表示疑问或存在问题，后者用于非疑问句，在不同的情境中表示不同的立场，如表示说话者不完全同意前话语信息等。

除了连接词和句末语气词之外，研究表明对于回应标记的选择也是说话者对所回应的话语表达某种特别立场的一种方式。对于标记使用者来说，这种立场表达与是否继续接收、倾听对方话语联系在一起。比如 Schegloff（1982）认为 uh-huh 的核心用法是表示“继续”。他提出 uh-huh 的使用表达的不仅仅是“我了解谈话的状态”这样一个意思，也不仅表示明白对方目前正处于一个话轮过程中，它的使用还表达了这样一种立场：当前说话者应该继续说，并在后续的谈话中继续当前的话题。Jefferson（1993）和 Drummond & Hopper（1993）也研究了回应标记的选择与听者立场的表达。两个研究都证明 uh-huh 的使用表示了说话者继续接收、倾听的态度，而 yeah 和 yes 通常表示听话者要求获得话轮或是转换话题。类似的，Gardner（2001）基于澳大利亚英语语料的研究表明回应标记 mm 的使用表示发出者试图发起一个与当前不同的话题。他认为 mm 的使用，与其他回应标记如 yeah 和 hm 相比，表现了说话者对当前谈话的低参与度。研究证明回应标记的使用在表达与互动参与对方关系的立场上具有重要作用。Jefferson（2002）在关于英语中的话语标记 no 用来回应否定结构言语的研究中，区分了友好型

（affiliative）和非友好型（non-affiliative）回应。她指出与仅仅表示“我理解你所说的（I understand what you said）”而不表示态度的回应标记（acknowledgement token）相比，友好型回应标记（如 no）可以理解为“我同样认为是这样”“我会做同样的事情”以及“我赞同你”等话语立场。Sorjonen（2001）基于芬兰语料的分析做了类似区分，她指出标记 niin 和 joo 之间的分工的一个重要标准就是它们所表达的离合立场不同，niin 通常表达“我赞成你；我明白你的意思，我支持你”等意义，而 joo 的使用仅仅表示接收了上一话语实际词语，同时，可以理解为间接地暗示了一种不友好的立场。Heritage（1998）在对英语标记 oh 的研究中指出，oh 所引导话轮通常与相离立场相联系。Oh 处于回应话轮之首时，往往表示质疑和挑战其所回应话语的相关性、恰当性以及它的预设。回应标记还可用于表达认识立场。其中一个重要研究就是 Heritage（1984b）对英语标记 oh 的考察。他指出“改变状态标记”oh 与其他回应标记如 yes 最大的不同在于发出者对于所讨论事情的了解状态不同。为了支持这一发现，他证明 oh 主要用于回应对于其发出者来说提供了新信息的话语，而回应标记如 yes 回避这种场合并且常常表示对刚刚发出的信息的先知。在后来的研究中，Heritage（2002b）分析了 oh 引导的回应话语在表达一致性意见的语境中的评价用法。他认为 oh 引导的同意或不同意话语都有一个基本意思就是“认识独立（epistemic independence）”，这种认识独立的看法是与 oh 发出者所反身表达的高于对方的认识权威联系在一起。

2.2.1.2　句法手段

立场表达还可通过句法手段来完成，这一观点已得到越来越多研究的证明。一些学者发现句序与说话者离合立场表达之间有紧密关系。Kim（1995）关于英语 Wh 分裂句和左置句（left dislocation）的研究是一个很好的例子。通过对这两种结构在英语实时会话互动中的功能分析，他提出这两种结构的一个普遍用法是表达说话者对先前话语的反对立场。Ono & Suzuki（1992）研究了日语中情感驱动的谓语后置结构，Guo（1999）分析了汉语中的右置结构，发现日语和汉语中的这两种结构都具有表达说话者强烈的相离立场的功能。

研究者们还讨论了一系列具有立场功能的句法结构和构式。如 Whalen & Zimmerman（1990）揭示了在市民报警电话中的构式“我们有（we have）”的使用如何发挥所谓的“现实认识论(practical epistemology)”的作用。他们认为选择“we have”来向警察叙述险情的发生（如 we have an unconscious diabetic），报警者通常表达了或被认为表达了这样一种立场：说话者是某一机构的代表，所做的事情是这一社会职位的人所被期待做的和有权利做的。Bergmann（1992）讨论了在心理咨询谈话中各种构式的使用，特别是提供了“反语法（litotes）”这种通过否定相反的，而不是以直接的方式来描述所谈论事情的修辞手段的运用，他认为“反语法”在心理咨询中可表示心理医生一种专业、谨慎和戒备的立场。Field（1997）列出了叙事性构式在标示认识立场中所起的作用。Hyland & Tse（2005）分析了学术论文中的“评价性 that 从句”，作者通过这一构式得以主题化态度意义，以及直接表达评价性断言。他们还发现这一结构广泛用于学位论文中，是提供作者评价和议论空间的重要手段。Charles（2007）讨论了各种不同学术论文中的“名词 +that 从句”结构的立场功能与分布，他发现这一结构在不同的学术论文中具有不同的立场功能和使用频率。

另外，一些主谓结构也被认为具有立场功能。例如 Thompson & Mulac（1991）将 I Think 视为一个认识片段语，同样 Kärkkäinen（2003）讨论了 I Think 的认识立场。Kärkkäinen 提出 I think 在第二序列话轮中具有“始发点”的功能，也就是说，它用于导入说话者的当前立场。更具体地说，I think 表示关于当前话题的略为不同的看法。Karlsson（2003），Keevallik（2003）以及 Rauniomaa（2007）分别讨论了瑞典语中 jag tycker 和 tycker jag，爱沙尼亚语 ma arvan 以及芬兰语 minusta 和 minun mielesta，这些大致都可以翻译为 I think，都具有立场功能。如 Rauniomaa（2007）提出芬兰语中的 minusta 和 minun mielesta 用于明确地表示评价（assessment）序列中的说话者立场。Rauniomaa 认为 minusta 和 minun mielesta 用于评价（assessment）话轮中投射相离立场，引入新的评价角度或者表示明确的评价过渡。

话语分析中的许多研究表明问句设计影响所表达的立场的强度和直接性。Clayman（1992）将电视采访中的问话的开启作为研究焦点，揭示了采访者在与嘉宾互动中怎样通过变换“脚本”来避免以他们自己的名义做出某一定位，从而构建中立立场。Clayman & Heritage（2002）分析了记者在新闻采访和记者招待会中对公众人物的问话，从记者的问话中分辨出四个方面的对抗性。他们的分析表明问话设计的方方面面，如问话开启的方式、构架的方式以及续接的方式等都与其所表达和蕴含的立场的对抗程度有直接的关系。Heritage（2002a），通过对新闻采访语料的研究分析了采访者所使用的否定框架问句以及否定反义疑问句，认为否定框架问句经常被用于、被认为用作肯定某一定位或观点，而否定反义疑问句却不是这样。Heritage认为这两种问句表达了采访者对于所讨论问题的不同的肯定程度。Koshik（2002）分析了另一种是非问句，她称之为“反极问句”（reversed polarity question, RPQ），是一种肯定形式的是非问句。她发现在一对一的写作讨论中，教师多使用这种问句来指出为什么学生作文的某部分有问题，且倾向于学生使用否定标记“no”来回答这类问句，这样答话就表达了否定的肯定（negative assertions）。Koshik（2005）进一步指出RPQ型问句所表达的否定立场来源于问句设计与这种问句所用于实施的行为，以及所表现的对于所提问题的了解状态或者说认识强度之间的复杂的相互作用关系。Koshik（2003）研究了Wh问句在互动中用于挑战先前话语，特别是挑战先前话语行为的基础或权利。Wh问句不是寻求新信息，而是表达说话者强烈的认识立场，属于否定的肯定。问话设计还进一步与“社会认识（social epistemology）”（Roth 2002）、和参与者的社会关系联系起来。相关研究表明参与者在通过选择问话类型来表达对于所讨论的问题谁具有直接或优先的了解途径，谁与所讨论问题的有关性相对较弱这样的立场。如Raymond（2000）在关于新闻采访的研究中指出，记者和主持人在直播报道最新事件时的一系列选择都截然不同：主持人通过问话驱动话语序列来开启对事件的报道，而记者则通过叙述来开启报道活动。Raymond认为记者和主持人之间不同的话语选择表达了互补的立场，主持人和记者以此来建构他们各自的角色和身份，相对于主持人，记者对于所报道的事件的认识具有权威性，有绝对的掌握和了解事实的优先途径。Roth（2002）也研究了问句设计如何表现新闻采访节目中采访者和被采访者关于知识的社会分布的立场。他还特别指出这种立场通过两类问句来表达：直接问句和认识框架问句（epistemic-framed questions）。直接问句将被采访者看成是“主体—行为者（subject-actors）”，将他们的回答设定为符合事实的或者是既成事实，而认识框架问句将被采访者视为“评论者（commentators）”，将他们的回答设定为对相关问题二手的、不确定的了解。他认为问话设计的这些方面严重影响了采访双方如何来协商被采访者“了解、评论和解释”有报道价值的问题和关于事件的权利和义务。

2.2.1.3 语音韵律手段

语言的韵律与立场表达之间具有密切的联系这一观点早已得到认可，但是直到近年这种联系，以及现实会话中的韵律才成为大量经验研究的主题。通过结合会话分析传统和近来所兴起的韵律互动研究途径（Couper-Kuhlen & Selting 1996），一些学者开始研究韵律是如何在互动进展的过程中，在说话者的立场表达中发挥作用的，以及韵律表达的立场如何被听者所接受等诸多问题。

大量研究分析了回应标记韵律与立场表达之间的关系，如 Müller（1996）将回应标记根据语音特征分为两类：变调（variation）与单调（monotony）。表示友好（affiliating）立场的标记多变化，不管是语调还是音长。友好型标记的语音与所回应话语的语音特征更相似，与语境中的音调和节奏更加相配，而非友好型标记的语音重复性高，变化少。Gardneer（1997，2001）在关于回应标记的研究中指出末尾降调的 mm 与降—升调 mm 之间的区别，前者通常表示同意或理解，而后者主要用于将话轮机会归还给前一说话者。Sorjonen（2001）对芬兰语标记 niin 的研究也得出了类似的结论。Niin 标记作为“继续”标记时末尾倾向于非降调，而表示认识状态时则通常是降调或者有两个峰。关于韵律与认识立场之间的关系，Local（1996）关于标记 oh 的 4 种情况的分析表明，oh 在不同的序列位置具有不同的语音特征从而具有不同的话语功能，如独立的标记 oh 用于回应 oh 发出者通过提问所引发的信息时，通常是单元音形式，后元音，开口或半开口，而用于回应信息持有人发起的信息时，oh 标记通常以双元音、下降的音高形式出现，前者表示对信息更高的满意度。而且前者语境中，oh 的缺失表示信息不够完整，暗示对方提供更多的信息。Wu（2004）区分了汉语句末语气词 ou 和 a 的两种不同语音形式，句末语气词的不同韵律表达不同的认识立场。高音调或动态音调的有标记 ou 表示关于信息的强烈的有报道价值的评价，而无标记 ou，常以平或低音高实现，表示对方所提供的是新信息这样一个认识立场，或投射确认为下一个相关话轮；低音高的 a 常用于表示问话或问话所提及的事情存在问题，而平或微高音的 a 常表达对立的立场，即对方所说的与说话者知道的相反或表示对方的认识存在问题。

另有一些研究考察了韵律是如何用来与非词汇化的回应标记和情绪呼喊一起表达立场的。Goodwins 的研究（Goodwin 1998；Goodwin et al. 2002）发现在孩童玩耍中，非裔美国人和双语（西班牙 / 英语）儿童通常在他们的对立话轮中以“回应呼喊（ response cries ）”（如 Ah, Ay, Eh, Oh, Uh, Oo ）或者是“OUT”或“No”的呼喊开头。且在这些呼喊的发出过程中，他们都使用音高跳跃，元音拉长和夸张音调来强调他们的对立立场。Goodwin. M & Goodwin. C（2000）通过对一个失语症男子的语言进行研究，发现了失语症男子如何通过以不同的语调重复他有限的词语（失语症男子仅会四个词语：yes, no, and 和 oh）来对正在进行的事件表达不同的评价立场。

立场与韵律关系研究还关注了其他语言手段和言语行为如何与韵律相结合来表达立场。Freese & Maynard（1998）发现参与者总是对所发布的信息进行评价，在这个过程中，韵律和词汇手段则经常被结合起来用于完成这一行为。同样，Couper-Kuhlen（1996）在英语电话猜谜语活动的研究中发现，主持人对电话者先前话语重复的韵律表达了他的立场。当节目主持人用一种绝对相同的，而不是相对相同的语调来重复电话者的话语时，也就是说，主持人模仿的不仅仅是电话者的词语还有他的音调时，通常是对电话者的间接的批评或者对他们的说话方式的批评。Selting（1996）比较了两种类型的“引发—修正”行为，这两种方式的不同仅在于他们的韵律不同。Selting 发现与无标记韵律的修正相比，有标记韵律的修正引发话语通常被理解成带有“惊讶”的情绪含义。Günthner（1996）研究了“真正（genuine）”的原因问句和表示责备的原因问句，发现责备意义的原因问句与真正的原因问句具有不一样的韵律特征。她认为这些韵律特征，与其他同现的句法和语义线索一起，用来将听者的注意力引向问话者对所谈论问题的负面立场。

以上回顾不仅解释了韵律在表达和建构立场中至关重要，而且更重要的是，这些研究是建立在经验基础之上，建立在互动参与者行为基础之上的关于立场和韵律的关系研究，这种韵律的互动研究将产生不同于基于分析者直觉所得出的结果。就如 Goodwin. M & Goodwin. C（2000）关于失语症男子互动行为的研究所告诉我们的，情绪词汇对于强大的情绪表达来说并不是必要条件，通过语调与身体行为以及时空的整合，失语症男子也可以找到合适方式来表达他对所经历的事情的立场。同样 Gardener（2001）与 Sorjonen（2001）也表明只有通过详细的对回应标记的结构和韵律的分析才能对先前不能区分的表达类型进行很好的基于立场表达的功能区分。

2.2.1.4 序列位置

与其他行为一样，立场的表达也是一个互动现象，与话轮和序列组织紧密相关。所以，在任何场合表达特定立场功能的不仅仅是话轮中的言语成分，它所发生的序列环境也具有重要的意义。这一点是先前所讨论的大部分研究的一个基础，也是许多研究明确表达的一个主旨。Schegloff（1993）在提出 uh huh 充当“继续信号（continuer）”的核心用法时强调 un huh 作为话轮继续信号的用法或者说作为注意信号的功能与其序列位置有很大的关系。当 uh huh 发生在他人的长话轮的过程中，或用来回应一个是非问话，或者发生在一个话轮完成之后，具有不同的互动立场，它可表示同意，或表示没有注意。Gardner（2001）和 Sorjonen（2001）都强调回应标记的特定功能是与这些回应标记所回应的话语的序列位置紧密联系在一起的。Koshik（2002）也认为一个问句被解读为反极问句（PRQ）还是“真正”问句与问句所实施的行为，它们的序列位置以及参与者的知识状态密切相关。

序列位置的重要性也体现在先前讨论的韵律与立场的研究中。大量研究主张韵律参数与立场研究相关是因为它与其他参数如词汇、句法和序列结构紧密地交织在一起。Local（1996）特别提出了对直接把“意义”分配给音高而不考虑它们所发生的序列环境这种做法的反对。Freese & Maynard（1998：199）也在新闻报道的韵律特征研究中表达了类似的观点：韵律手段是高度多功能的，它的意义通过与词汇、序列和情境信息互动而形成。所以，我们不能说韵律与意义之间有确定的关系，我们只能在特定的序列环境中发现特定韵律结构的作用。

上述文献关于序列位置与立场表达的观点主要是在对特定的语言单位进行分析时所阐述，也有一些研究将语言行为的序列位置作为分析的主题。其中 Schegloff（1996）关于重复的研究中，他不是将所有的重复例子作为互动现象的同一种类，而是首先区分了重复的三种序列位置：①重复出现在序列始发位置，用于引导修正序列；②重复出现在序列第二位置，用于回应问话；③重复出现在序列第三位置，可用于接受或注册回应。该文主要分析了出现在第二和第三位置的重复，认为这些重复不仅仅表示对第一话轮话语的确认，同时还表示被确认的内容已经在当前说话者，即重复者的先前话语中“暗示”过了。通过选择这种重复方式对对方先前话语表示同意，相比其他方式，说话者实际上表达了一种不同的认识立场。这种确认性重复不仅表达了离合立场，同时还说明了说话者的先前导向以及对所涉问题的了解。Schegloff 认为序列位置在确认型重复行为关于“是谁同意谁”这个问题的协商过程中扮演了重要的角色，它的策略性使用表明了对他人和谈话中所谈论的问题的一系列情感立场，比如满意、嘲笑、自辩等。Heritage & Raymond（2005）关于“同意用语”的研究，就是对于“谁同意谁”问题的权利和责任的操纵，这一研究也体现了序列位置在立场表达中的重要性。聚焦于参与者对当前问题的评价性序列，Heritage & Raymond（2005）认为，对当前事件的不同的评价权利是技巧性地编码在评价的序列位置之中的。特别是在第一位置提供评价，相对于在第二位置，通常表达了这样一种暗含意义：说话者具有评价当前事物的优先认识权利。所以，提供第一评价的人有时需要取消他们是在宣称对当前问题的认识权威这样一种暗含意义。而发出回应性评价的人有时会努力来取消他们仅仅拥有相对于第一说话者对于该问题的次级别的权利。Heritage 和 Raymond 认为在操控这种评价权利和认识立场的过程中，参与者可以通过评价话轮的设计，如通过传信标记、反义疑问句、否定框架问句，oh 引导、或者 [确认 + 同意] 话轮模式等来表达他们相对于其他参与者的第一或第二的评价权利。

上述研究中，无论序列位置在关于语言的立场表达研究中是否发挥核心作用，不同研究对此现象或许有不同的导向，但绝大部分的研究都赞成在分析话语形式与立场表达的复杂关系中序列位置是一个非常重要的资源。在一些研究中序列位置的重要性在于它可以在其他语言资源获得立场表达意义中扮演构成和界定的作用。如 Freese & Maynard（1998）就认为，高基频或者嘎裂音本身并不具有确定性的“意义”，也不表达任何确定的立场，除非与其他语言行为在情景中并置。另有一些研究认为序列位置是一种衡量某种语言行为指示某种立场意义的衡量器。如 Heritage（1984b, 1998, 2002b）在关于 oh 引导句的一系列研究中就从三个不同的序列环境来考察 oh 引导句的用法：①回应以信息传递为主的话轮；②回应问话；③回应评价话语。Heritage 认为当 oh 引导句处于三个不同语境中表示“状态的改变（change-of-state）”这样一种普遍意义的时候，“它的发出者的当前知识状态、信息、目的或者意识是不同的”（1984b：299），而具体立场意义则需要根据所发生的语境来确定和衡量。他认为在后两种语境中，说话者通过“改变状态”这一意义来暗示所回应的问话或者评价对于 oh 发出者来说是“注意力的带标记的转移”，进而暗示 oh 发出者对于问句或者评价的相关性、恰当性或者预设有理解上的问题。

本小节从立场表达语言手段的角度回顾了立场研究，特别是其在话语分析兴起之后涌现的大量文献。综上可见，立场得以表达的一个核心资源就是通过话轮设计。新近立场互动研究的话轮设计的四个主要方面有：①词汇选择；②句法设计；③韵律手段；④序列位置。从中我们从某种程度上也证实了 Ochs & Schieffelin（1989）所做的预言：立场有可能会浸淫整个语言学系统。而纵观文献可见，早期的立场研究聚焦于鉴定某种语言形式，主要是词汇（如情态动词）的立场意义。这种鉴定不考虑语境，仅限于其本身或是句子范围，形式与意义之间是配对的关系。发展到现在，立场研究已经置身于话语行为背景之中，并呈现出如下几种发展趋势：

a. 从脱离语境到结合话语语境和社会语境；

b. 研究单位从词汇扩展到话语序列；

c. 从个体的主观意义表达到主体间的立场互动；

d. 从书面语到日常会话及机构话语。

2.2.2 立场研究的语篇类型

立场作为一种话语行为，与所发生的特定场景和活动类型具有紧密联系。所以，近期关于话语立场的研究往往结合特定的社会语境和话语语境，将之置于特定的语域中进行研究，研究语篇类型从早期的书面语逐渐发展到日常会话，并扩展到机构话语语域。从语域的角度来看，话语立场研究文献主要集中于学术语篇、日常会话、课堂话语，以及新闻访谈。

2.2.2.1 学术语篇

学术语篇是表达作者观点的场所，在学术语篇中，作者不仅客观地呈现事实和发现，还对学术观点做出评价、表达对学术观点的认识，并与潜在的读者进行对话和互动，所以，立场在学术语篇中具有重要的意义。近些年关于学术语篇的立场研究如火如荼，著述颇丰。例如 Beach & Anson（1992）研究了书面语篇中的立场与互文性，特别突出了作者和读者立场中的内在文化因素。Silver（2003）考察了历史和经济研究论文中的立场表达，并对“evidently”一词进行了全面、深入分析。Hood（2004）对比分析了本科学生论文和期刊研究论文中的评价立场。

Hyland（2005a）分析了学术论文中立场标记在作者与读者互动方面的作用，即话语标记的主体间定位与介入功能。徐宏亮（2007）对博士论文和期刊论文中的作者立场标记语进行了研究。龙满英、许家金（2010）对大学生英汉同题议论文中的立场标记展开了调查。Chang & Schleppegrell（2011）通过分析论文中作者如何介入其他相关研究，试图为二语作者提供立场表达，尤其是介入表达的模式和方法。

2.2.2.2　新闻语篇

新闻访谈中的话语立场近年来也逐渐受到重视。Heritage 及其合作者数个与话语立场相关的研究都是以新闻访谈为语料。如 Heritage（2002a）对反极问句的研究；Heritage（2002c）关于新闻采访中问话涉及与话题控制的研究；Clayman & Heritage（2002）关于记者在新闻采访和记者招待会中对公众人物的问话的对抗性的分析。Roth（2002）研究了新闻采访节目中采访者和被采访者关于知识的社会分布的立场。Haddington（2004；2006a；2006b；2007）对新闻采访中的"相合（alignment）"立场进行了多方位的研究，不仅考察了主持人和嘉宾如何使用语言手段和互动结构来对自我和对方进行定位，还分析了副语言手段目光（gaze）在立场构建中的作用。Hsieh（2008）对新闻报纸中记者如何选择认识性立场标记以巧妙地表达他们对所报道事件的真实性的立场判断展开了研究。

2.2.2.3　课堂话语

课堂中，师生互动中的话语立场也成为研究者的研究兴趣和话题所在。Koshik（2002）分析了英语课堂会话中一种特殊是非问句 RPQs 所表达的否定立场。Herbel-Eisenmann et al.（2010）研究了课堂话语中一种特殊的词汇束，他们称之为"立场束（stance bundle）"，指的是与感觉、态度、价值判断等相关的词汇所组成的语篇。该文分析了初中数学课堂中大部分立场束的特点，并努力从人际定位的角度来解释这种立场束。Kirkham（2011）考察了大学课堂中的立场表达情况，主要分析了学生如何使用认识性短语"I don't know"和"I think"来表示他们在学术知识上的自我定位。Waring（2012）讨论了课堂教学中教师通过对问话和回应话语的设计，利用是非问句来表达对学习者表现、课本等的批评立场。

2.2.2.4 日常会话

20世纪60年代以来，会话分析者将日常会话作为语言研究和社会秩序研究的焦点，认为其他话语类型是日常会话对特定社会秩序适应的结果。近年来，日常会话中的话语立场也得到了学者们的广泛关注。Gardner（2001）探讨了会话中回应标记的立场功能。Heritage（2002b）分析了oh引导的回应话语在表达一致意见的语境中的评价用法。Kärkkäinen（2003）考察了英语会话中“I think”的立场标记功能。Heritage & Raymond（2005）研究了日常会话中互动参与者对于“谁同意谁”问题的权利和责任的操纵与优先认识权利。Damari（2010）考察了立场建构者在日常会话互动中不是回应即刻语境中先前立场，而是回应互动参与者之间先前建立和拥有的立场，从而建构一种特别的身份。

汉语日常会话的立场研究近年来也引起了海内外学者的关注。Wu（2004）分析了汉语会话中的句末标记词“ou”和“a”的立场功能。Chang（2009）研究了“LE（了）”在会话语篇中的立场功能，指示说话人的认识性或评价性立场。Lee（2010）对汉语中第一人称单数“wo（我）”在互动中的重复进行了研究，提出这种代词重复是组织和协商对所表达命题和会话对方的立场的一种方式。He（2011）研究了汉语话语中会话修正在确定情态意义如义务、可能性和许可性方面的作用。刘娅琼、陶红印（2011）通过对汉语“不、没”类反问句的考察，提出否定反问句通过已知或常识类知识表达说话人对听话人的不同程度上的负面事理立场。姚双云（2012）的专著中辟出专章论述了关联标记与话语立场的表达问题。

除了上述特定语域中话语立场的研究外，立场标记的跨文化、跨语言研究也是近年来话语立场领域的颇受重视的议题。Mushin（2001）发现了古马其顿语、日本语和英语中在复述他人的个人叙事活动中，言据性形式的策略选择在不同语言和话语中存在差异。Precht（2003）对比分析了英国和美国会话中立场标记的使用频率、词类频率和最常见立场标记，主要对比了情感、言据、闪避和强调以及情态四种范畴的立场标记，进而指出了立场表达的跨文化差异。Berman et al.（2002）和Berman（2005）提出了“话语立场”的概念，包括取向（orientation）、态度（attitude）和概指（generality）三个方面，并讨论了话语立场如何在相关变量中实现，其中包括4个变量：个人成长（4个年龄阶段和教育）、语类（个人经历叙述 VS 解释讨论）、情态（书面 VS 口语）和目的语（荷兰语、英语、法语、希伯来语、冰岛语、西班牙语和瑞典语）。Keisanen（2006）对芬兰语和英语会话中否定是非疑问句和反义疑问句的立场形式和立场功能进行了研究。Rauniomaa（2008）考察了美国英语与芬兰语中的重复现象，发现说话者通过重复自己先前话语中的内容以吸引接收者的注意从而表达自己对活动进程的立场，或改变接收者的注意力方向从而表达对接收者的回应立场。这些研究在跨语言、跨文化的背景下探求人类语言立场表达的共性和个性问题，进一步深化了我们对立场的认识。

总的来说，话语立场研究在过去的十几年里备受重视，从单个词语的静态研究过渡到倾向于使用自然真实性语料，动态地考察会话过程中的立场话语行为，成就显著。但同时我们也发现，汉语中的相关研究极其不足，有学者指出“目前国内缺少相关文献的介绍，也缺少个案研究”（姚双云 2011：148）。同时，不同语体中的立场研究是不平衡的，从上述文献可以看出，新闻语篇和日常会话中的立场研究得到了较多的关注，而法庭话语这样一种重要语域中的立场研究却没有得到应有的重视。只有零星的研究（王振华 2004，Zhang 2011，Tracy 2011，Shi 2012）与此议题相关。

2.3　与法庭话语立场相关的研究

“语言”具有主观性这样一种特性（沈家煊 2001）。作为语言的一种重要变体，法庭话语和互动结构必然也含有说话者“自我”的印记。Benveniste（1971：225）曾感叹和呼吁“语言带有如此强烈的主观性印记，以至于人们不禁怀疑，语言如果不是这样构造的话究竟还是不是具有语言的功能，能不能名副其实地叫做语言”。然而，从上述对法庭话语研究的回顾可见，法庭话语研究总体上注重法庭语言的“客观”描写和“事实”呈现，而忽略了语言中所蕴含的说话人态度和立场等主观因素。实际上，法庭互动中无论是法律事实的阐述与调查还是法律条文的适用与解释，都蕴含了说话人的主观性，都脱离不了说话人的立场表达与建构。而且，法律条款抽象和概括的特点和司法推理的原则使得法庭在寻求案件解决方法的过程中，需要有个人立场的参与，也就是说，法律给予了法庭参与个人表现其立场的空间和可能。因此，法庭互动这一语域中的话语立场亟待开发和考察。研究法庭审判话语互动中的立场问题无论是对法庭话语的研究，还是对话语立场的研究都是极其重要的。

迄今为止，法庭话语立场研究没有得到应有的关注，只有少数学者涉及了这一重要议题。王振华（2004）从系统功能语言学的“情态”视角分析了个别案例中法庭交叉询问中的人际关系。他提出客观、肯定的言语让说话者拥有优势；主观、含混的言语使说话者处于劣势。王振华从人际关系和情态表达的视角研究司法语言，拓宽了法律语言学研究的视野。Tracy（2011）通过分析美国高等法院三桩婚姻案件中律师和法官对同性恋当事人的称呼用语，提出称呼用语的选择和使用频率反映了律师和法官的立场。程微（2011）从语篇构建的视角，采用系统功能语言学的评价理论，分析了庭审中“态度”对法律事实的建构。程微提出，庭审中控方大量利用消极态度资源对被告进行负面评价；而辩方往往利用积极态度资源来削弱或消解这种负面评价，从而双方之间产生冲突，而控辩双方在庭审即将结束时又对相应的法律事实达成共识并在态度上产生契合，从而共同影响审判长的最终判决。程微从主观态度的角度来探讨法律事实的建构富有启发性意义，但她的分析仅基于单个案件。Zhang（2011）从互文性的角度分析法庭辩论中律师如何导向对方异己的意见和看法，Zhang 归纳了两种范式：①对抗独白式，即律师忽略对方的观点而坚持自己的逻辑；②理性对话式，律师在辩护中积极地介入不同文本、意见、定位，开放地与对方进行意义协商并鼓励以合作方式解决争端。Zhang 认为，律师的辩护方式对于法官的最终判决具有潜在影响，理性对话式更可能在合议庭的判决和法官的解释中得到反馈。Zhang 对律师立场表达方式做出了深入的研究，对于律师语言评价研究和律师法庭实际操作具有深刻意义。Shi（2012）从系统功能语言学的角度对中国法庭话语中的情态进行研究。他认为法庭参与者主要使用四种情态表达：情态动词、情态副词、人际隐语和人称代词，并提出强势的参与者在态度表达方面倾向于使用有力型言语，避免无力型言词，而弱势参与者多使用无力型表达，法官的情态表达不仅有利于他们向其他参与者明确权利和义务，还利于他们实现规定、许可、授权与禁止等多项话语功能，而弱势参与者所采用的情态表达对于他们陈述的可信度以及准确性具有消极影响。Shi 的研究从情态表达的角度反映了法庭中不同角色、地位参与者之间立场表达的差异性。上述与法庭话语立场相关的研究基本上都是基于系统功能语言学的研究（王振华 2004，Zhang 2011，程微 2011，Shi 2012）。系统功能语言学中，人际功能指的是说话者作为干预者的“意义潜势”，是语言的参与功能（胡壮麟 2005：115）。语言除了表达说话者的亲身经历和内心活动的功能外，还具有表达说话者身份、地位、态度、动机和对事物的推断、判断和评价功能。所以，从某种意义上可以说，立场是人际功能的一个重要部分。但 Halliday 的三大功都属于语法层（朱永生 严世清 2001：180），因此，如王振华（2004）在文章最后所指出的那样“情态理论整体上来说属于语法范畴。仅用语法范畴阐释言语者的优势是不够的，还需要结合语义和语境理论”。Zhang（2011）也在文中指出“分析仅聚焦于词法特征，而未考虑与律师、法官，以及案情相关的社会语境，有待进一步研究”。

从法庭话语主观性特征、法律和法庭对立场表达的需要和允许，到立场文献中法庭话语这一语域的研究严重不足，可以得出两点基本认识：第一，开展法庭互动中立场建构行为的研究是有价值的，也是非常必要的；第二，法庭互动参与者如何使用语言资源来表达自我的立场，表达何种立场，以及为何如此表达立场等，诸如此类的问题有待系统地探索和研究。

第 3 章　理论框架

作为一种话语行为的立场，本质上是互动的。它不再是个人行为的产物，与其他行为一样，是动态浮现的结果，由互动发展所塑造，同时又塑造着互动（Wu 2004）。鉴于此，本书关于法庭互动中的立场研究将以“互动语言学”（interactional linguistics）为基本的理论基础，在言语互动中考察立场表达的动态建构，将立场置于法庭审判这一互动性质的话语活动中进行充分的观察、描写与解释。本书研究的视野将超越句子层级的言语单位，置于情景的、语境的大背景中来考察庭审互动中立场表达的基本手段与运作机制。

Wu（2004）曾提出“立场是互动语境中动态建构的”，这一观点已得到越来越多学者的认同。但关于立场是如何在动态过程中建构这一议题学界则鲜有探讨。笔者以为，立场表达的根本驱动因素是交际中普遍存在的“目的”。正如著名哲学家柏拉图所言：“世界上事物之所以发生并且秩序井然，是因为作为创造主的神为宇宙指定了理性目的和方案”[1]。“目的性是人的言语行为的根本属性”（廖美珍 2009）。本书认为，言语交际中的立场建构是说话人有目的创造的结果。法庭互动话语是一种具有明确目的导向的话语，没有多少话语活动像法庭话语这样具有明确的目的性（廖美珍 2003）。所以，法庭话语互动中，立场的建构同样是以“目的”为导向，“目的”是立场建构行为的主导因素。鉴于此，本书在“互动语言学”的理论背景下，引入“目的原则”作为另一个重要的理论基础，并拟将提出“目的导向立场分析模式”，贯穿于法庭审判话语的立场分析与解释，以求对立场建构的动态过程有一个全面而深刻的认识。

[1] 北京大学哲学系编译 . 古希腊罗马哲学 . 北京：商务印书馆 1982 年版，第 167 页 .

3.1　理论基础

如上所述，本书将在互动语言学的框架中引入“目的原则”，对法庭互动中的各种立场表达语言手段进行细致观察、充分描写与合理解释，从而揭示法庭互动中的立场动态建构的基本方式、整体特征与普遍规律。下面分别对这两个理论作简要的介绍。

3.1.1　互动语言学

“互动”的概念源于社会学研究，Goffman、Garfinkel、Gumperz 、Sacks、Schegloff 以及 Jefferson 等社会学家都对语言互动研究做出了开创性的贡献。Gumperz（1982b）在《话语策略》（Discourse Strategy）一书中将“互动”这一术语引入了语言研究，并首次提出了“互动社会语言学”这一概念。尔后，以互动为视角的语言学研究迅猛发展，出版了一系列卓有影响的著作，如《会话中的韵律：互动研究》（*Prosody in Conversation: Interactional Studies*）、《互动中的语法：美国英语会话中的状语从句》（*Grammar in Interaction: Adverbial Clauses in American English Conversation*）、《互动中的语音模式》（*Sound Patterns in Interaction*）、《互动与语法》（*Interaction and Grammar*）等。Selting & Couper-Kuhlen（2001）组织编写的论文集《互动语言学研究》（*Studies in interactional Linguistics*）则明确提出了“互动语言学（interactional linguistics）”这一名称，标志着互动语言学逐步走向成熟。

互动语言学的形成与发展主要吸纳了会话分析、功能语言学和人类语言学的科学方法和理论精华。它高度融合了功能语言学的描写技巧、会话分析的分析方法和人类语言学的文化广度。Selting & Couper-Kuhlen(2001: 2)指出，功能语言学，或者说语法的话语—功能研究途径，使得研究者得以将语言行为看作是功能驱动的，并且为形式的描写提供了合适的工具和术语。而会话分析认为言谈互动是社会组织和行为的发生地，要求研究者的一切分析论证以来自于自然发生语料的经验证据为基础。功能语言学和会话分析的聚合使得语言结构与交际互动之间的相生相成、相互因应的观点得以形成和发展：语言结构被认为是可重复使用的片段，灵活地变换以满足互动需要，且通过周期性反复使用成为特定互动行为的常规资源（Ford, Fox & Thompson 2003：119-120）。人类语言学，作为形成互动语言学基础的第三个学科，为进一步扩展和深化跨文化和跨语言维度的语言资源和互动行为的描写与分析提供了可能。互动语言学研究不仅仅为语言，还为语言和社会互动作为普遍人类现象提供了有价值的信息。

20 世纪末之前，语言研究的对象主要是孤立的书面语，语言研究的材料多由研究者自己编造和杜撰。这种撇开活生生的现实语言而进行的内省式的语言研究往往具有较强的主观性和片面性，难以揭示语言和语言运用的真实面貌。随着语言研究的发展，许多学者将目光转向了真实、自然的言语。同时，科学技术的进步也为自然语料的获取提供了可能。于是，口语被纳入语言学研究的范畴。将口语作为语言研究对象，是互动语言学的发展所迈出的第一步。互动语言学发展的第二步则来自于功能导向的语言学研究的影响。功能语法强调语言形式和语言功能之间的辩证关系，认为自然语言是一个符号系统，对这个系统的研究包括它的结构、功能和使用目的等，并研究了形式与功能是如何相互联系的。例如，功能语言学者认为对语言的区分，如词类或体主要是受它们在话语中的角色所驱动（Hopper & Thompson 1984）。他们认为语言是社会交往的工具，语言系统的形成是人们在长期交往中为了实现各种不同的功能所决定的。功能语言学的这些观点对互动语言学将语言形式看成是在特定使用场景“做什么事情”、将功能驱动置于语法研究的中心等学术思想的形成起了关键作用。向互动语言学迈出的第三步来自会话分析的巨大影响。20 世纪 70 年代社会学者提倡将日常会话作为社会秩序研究的焦点，而其他话语类型被认为是基本会话秩序的适应结果（Sacks 1992）。会话分析研究互动中言谈的规律，提出“互动中的交谈”用于统摄一切实时交际过程中自然发生的言语活动，倡导通过人类言语交际的研究探讨隐藏其中的社会秩序。会话分析还开发了一系列方法论工具，以真实、自然发生的话语为语料，以互动者导向为基础重新构建分析语言范畴、归纳经验。在会话分析中，人不是语言文化的被动承受者，而是积极参与者，人们在遵守社会规约、原则或期待的基础上，在互动过程中通过不同的言语行为直接影响整个言语事件的构成、发展和结果。会话分析将言语交际视为社会互动的观点、会话分析的微观分析工具和参与者导向的证明程序均对互动语言学有着重要意义和影响。互动语言学发展的第四步，来自于人类语言学关于言语交际系统和话语策略的跨文化比较研究的影响。语言反映了一个民族的思维方式、文化模式和社会生活方式。在交际互动中，互动参与者不仅共同建构、协商了他们的话语和行为，还不断地共同构建或重构他们认识世界的方式和他们的社会身份。人类语言学认为语法携带着深刻的社会文化烙印，充分体现了人类是如何建构本身所处的世界的（Cole & Scribner 1974）。话语功能语言学提出语言在话语的产生过程中通过使用而形成，会话分析主张会话结构由语言使用而形成，人类语言学则认为社会秩序、会话行为方式和话语组织方式在文化上的差异对语言有着重大影响，而不同类型的语言行为对互动方式亦有重要影响。

互动语言学研究主要解决的问题是：①互动参与者利用何种语言手段来表达特定的会话结构并完成互动功能；②特定语言形式及其使用方式又产生何种会话结构与互动功能（Selting & Couper-Kuhlen 2001：3）它将语法和会话结构置于互动中，研究互动中的语法和会话结构，探讨语法和会话结构如何在互动参与者的协商与互动中浮现、变化，语言结构及其运用模式与互动交流是如何相互塑造、互相影响，探索互动参与者如何在互动过程中协商、建构他们的话语和行为，以及他们的社会身份。根据 Ford et al.（2002），互动语言学的基本观点可概括为：第一，语法是在互动中，从参与者主体间的理解中浮现出来的，并且在互动中为了满足不同的交际需要而经历连续的变化。互动语言学认为语法并不是抽象的、与实际使用分离的，它并非先天就存在于人脑之中。语言的结构和意义是话语参加者之间协作、互动的产物，而不是说话者个人的产物。第二，语法是可重复使用的片断、结构、模式或公式的集合。在社会生活中，同样的交际需要总是反复发生,为解决反复发生的需求而进行的语言运用逐渐沉淀成“语言常规的结晶集”，即语法。言语互动，是语法这种重复模式的发生地与发现地。第三，语言与互动之间属于辩证的关系，语言发生在社会互动当中，互动交际生成并塑造语言。同时，语言本身就是一种社会互动，特定的语言组织并塑造了社会互动。互动语言学的最终目标就是研究互动如何生成和塑造语言，而具体言语行为又是如何影响和塑造互动的。

互动语言学的观点与 20 世纪聚焦语言形式、以单个语言使用者的语言能力为研究对象的传统语言学研究，特别是以乔姆斯基为代表的生成句法迥然不同。传统形式语言学认为语言能力、语言结构的理想形式和语言结构的抽象知识为语言行为提供了必要手段，语言行为是语言能力在具体使用情景中的实现，所以语言能力是语言研究的对象。因此，发生在互动中的仅仅是语言结构在语境中的实时应用，语言形式与意义由语言系统在语境之外决定。如 Hymes 所指出的那样，转换生成句法研究的是“可能的东西”，是那些语言系统规则所允许的可能结构，即“系统的语言能力”[1]。这一研究取向的结果之一便是我们对语言在人类中的具体使用情况一无所知。互动语言学则认为，语言的意义产生于情景互动过程中，并随着互动的发展而不断变化，是说话者和接受者共同协商的产物。比如，形式语言学将句子这一语言单位作为单个说话者语言能力的产物，而在互动语言学中，句子的生成是说话者和接受者在交际过程中互动、协作的产物，它不仅与说话者有关，还关系到接受者，因为说话者在互动中往往需要根据接受者的反应调整话语。再比如，形式语言学中，从句是从属于主句的非独立结构，它依附于主句形成复杂的句子，而互动语言学关于日常英语会话中状语从句使用的研究表明，从句常常独自构成话轮，而不是与主句一起在互动中整体计划的，实际上它通常由先前的话轮所决定。可见，语言的互动视角使得重新思考语言能力和语言行为等概念及其之间的关系成为必要。语言不是抽象的，不是由事先确定的、离散的元素组成的平衡系统，不是由这些元素彼此连接构成句子在言语中实现。互动语言学的研究证明语言形式和功能必须从更加情景化的、语境化的角度加以考虑，言语是对当前互动需要的积极适应而产生的。我们应该研究互动中的语言，实际应用中的语言，鲜活的语言，研究参与者如何在具体情境中互动、交谈、共同产生每一个言语单位。

近年来，互动语言学研究考察了一系列言语互动现象，并且借助于自然发生的互动语料重新分析了一系列传统语法和语义范畴。研究表明语言结构与使用的各个方面——音系、语音、形态、句法、词汇、语义、语用、语言变体、语言习得和语言障碍等都可以从互动语言学途径来加以分析和研究。互动语言学中，语言不但发生于社会交际互动之中，语言本身就是一种社会互动形式。话语互动是建构世界的方式，也是塑造互动参与者个人和社会身份的方式。总之，如果我们认为语言是社会生活和人类行为组织广阔系统的一部分的话，那么，语言的研究就必须置于社会 / 互动的矩阵中，必须关注语言是如何在会话互动的意义产生和意义协商的过程中发挥重要作用的。

互动语言学充分汲取了功能语言学、会话分析和人类语言学的研究成果，将受到越来越多、来自不同学科背景的研究者的关注（林大津 谢朝群 2003）。它

[1] 转引自祝畹瑾 . 社会语言学译文集 . 北京：北京大学出版社，1985.

研究互动中语法资源和特定言语在序列语境的使用，为法庭互动中话语立场的研究提供了很好的理论背景和分析思路。法庭话语作为一种机构性话语，是一种典型的互动性言语活动。法庭互动中的话语立场作为一种言语行为和活动也是在多方参与者的话语互动中协商、建构起来的。在话语互动中，言语互动不仅组织了法律事实，也塑造了诉讼参与者的身份，而无论是叙述事实还是构建身份，都是在一定话语立场的参与下发生、发展的，这反过来又维护和建构了话语立场。互动导向的话语立场研究关注立场表达行为在情景化、语境化的交际场中的表现，关注话语序列环境中各个语言层面的表达形式和话语功能，将立场视为互动者参与的行为和活动的一部分，并且参与者之间彼此介入、协商、互动。互动语言学框架下的话语立场不仅仅是个人主观的产物，更是主体间互动的结果。

3.1.2　目的与目的原则

关于“目的”（goal）的内涵，学者们从不同的角度做过探讨。夏甄陶（1982）从哲学范畴将之定义为“主体在认识客体的过程中按照自己的需要和对象本身固有的属性预先设计、并以观念形态存在于主体头脑中的某种结果，它体现了对自身的需求与客观对象之间的内在联系”。从法学研究的角度，宋英辉（1995）提出，目的是“以观念形式表达的国家进行刑事诉讼所要期望达到的目标，是统治者按照自己的需要和基于对刑事诉讼及其对象固有属性的认识预先设计的关于刑事诉讼结果的理想模式”。李祖军（2000）则将目的定义为“根据自己的需要和基于对象的属性的认识而实施设计的一种理想结果的模式”。Parisi & Castelfranchi（1981）从语言研究的角度指出目的是“控制个体（在更广泛的意义上说是系统）行为的一种状态”。廖美珍（2003）从语用学的角度将目的定义为“目的是生成于人脑或者意识、支配人的行为又表达于行为的一种理想状态。该定义中的“支配”强调的是目的与行为之间的关系。可见，人的一切行为都具有目的性，目的是人的一切社会实践活动的动力源泉。其实，人的存在本身就是一种具有目的性的生命活动。同时，人类行为又实现或者表达目的。主体依照自己的现实需要认识和利用客观规律，自觉地从事有意识的对象性活动，以此来实现目的。所以人类的目的性行为是能动的，人们自觉地活动和努力，从而区别于一般动物。目的不是一种纯观念意识的东西，也不仅仅是一种行动结果的物化。

言语行为作为人类行为的一种，也受到目的的支配。Bunt（1981）曾明确提出“言语是一种有目的、受规约支配的行为”。他还认为信息交换是一系列交际行动，旨在通过合作实现交际的目的。顾曰国（1989）认为言语行为是有目的的，他将目的视为话语分析的一个重要参数，并区分了“修辞目的”和“超语言目的”。Gu（1996）指出医生与病人之间的互动是目的导向话语，是互动参与者指向共同目标的有目的的动态社会过程。该文还提出了话语的“三维分析法”，其中重要的一维便是对双方追求目的行为的分析。“三维分析法”不仅仅考虑交换信息这一Grice意义上的共同目标，还注重对互动双方各自超语言目的的追求的分析（Gu 1997），主要分析内容包括目的识别、目的选择、目的结构、目的实现方式、目的实现策略和目的协商（Gu 1999），其中，目的结构包括“共同型”“合作型”“不相干型”和“冲突型”；目的实现策略取决四方面的因素：①引发目的的性质；②关系类型；③目的实现所引起的代价与受益；④目的结构（Gu 2002）。Parisi & Casterfranchi（1981）将目的区分为“无意识的”“有意识的”“随时确定的”“行为常规性的”“生物功能性的”和“结构的”。

廖美珍（2005a, 2005b）在梳理总结前人研究成果的基础上，根据大量的语料调查和分析把人的社会行为的目的性抽象为“目的原则”，应用于言语行为的研究，是一种解释言语行为和言语活动的语用新原则。之后他在系列著述中陆续讨论了目的原则与合作原则、目的原则与语篇连贯、目的原则与语境动态性、目的原则与交际模式、目的原则与言语互动之间的关系。言语行为目的原则的描述性表述是：“任何理性（正常）的人的理性（正常）言语行为都是有目的的，或者说，任何理性（正常）的人的理性（正常）行为都带有目的保证——交际目的。说话就是表达目的，说话就是实践（实行）目的，说话就是实现目的”（廖美珍 2005a）。目的是言语生成的原因，是言语发展的动力，这既是一个哲学命题，也是一个语用原则。目的原则下的话语分析和语用分析重视人的主观能动性，重视人的创造性，重视话语行为的策略性，重视话语行为的选择性。法庭审判活动中，诉讼参与人都有各自的目的。在刑事案件中，公诉人的目的主要是证明被告人有罪或罪重，从而使其受到相应的惩处；被告人及其辩护人的目的是要证明被告人无罪或者罪轻，或是有从轻情节，从而免受惩罚或是减轻惩罚；法官的目的主要是依照程序，查清事实真相，从而做出相应的合法的、公正的判决。

言语交际互动中，互动参与者在实施话语行为的过程中受到各种关系的约束和支配，同时又不断地制造生成各种关系。互动者之间的各种关系归根结底都不可避免地进入一种目的关系。目的关系是人际关系的本质，是人际功能的本质。目的关系也是目的原则的核心部分。廖美珍（2005a）把目的关系概括为三类：目的一致、目的冲突（包括目的竞争）和目的中性。目的一致关系指的是双方的目的一致，或者相同，或者相似。目的冲突关系中，互动双方的目的是不兼容的，或者说一方的目的对另一方是有害的，是不能接受的。目的中性的关系中，说话人的目的对于听话人来说，无益也无害，处于中性状态中。这三种目的关系可能是事先确定的，也可能是现场即席发生、形成并处于动态变化发展中。在刑事案件审判活动中，辩护人和被告人的目的通常是一致的，公诉人与被告人的目的关系往往是冲突的。在直接询问中，问话人与答话人之间常为目的一致关系，否则问话人不会让答话人他们作证；在交叉询问中，问话人和答话人之间常常为目的冲突关系。目的关系为我们探讨法庭互动中话语立场的主体间性提供了有效的框架和导向。互动参与者之间的话语立场建构受制于彼此之间的目的关系，同时又反映、构成、弱化或是强化彼此之间的目的关系。

另外，目的原则视域下的互动研究认为，互动的本质是目的，语言符号只是形式和载体，导致互相作用和产生影响的是目的，真正的互动是目的互动。目的关系影响互动的趋向和结构。同样，话语立场不是一个静态的概念，而是一个动态的过程，是一种互动性的行为和活动。这种互动也是目的追求和目的实现的结果，围绕着目的而展开、互动。

总而言之，立场是由语言实施的一个社会行为，也就是言语行为。作为一种言语行为，话语立场建构是有目的的话语活动。话语立场的建构受制于所在话语事件和活动的目的。目的关系影响和制约话语立场的建构。法庭互动中，审判方通过案件审理以确定被告人是否犯有被指控的罪行和应否处以刑罚以及处以何种刑罚，也就是对案件事实的认定和法律的适用做出正确裁决。检察机关以公诉人的身份代表国家对被告人提出控诉，追究其因犯罪行为所应承担的刑事责任。辩护人和被告人针对控方的指控，进行反驳和申辩，并要求宣布被告人无罪、罪轻或者从轻、减轻、免除刑罚处罚（参看宋英辉 1995）。所以，法庭互动中，由于不同的诉讼目的、不同的法庭角色以及不同的权利关系，审、控、辩三方具有不同的立场，法官中立执行裁判诉讼职能，也就是说，法官应该尽可能建构中立的立场；控诉和辩护双方属于对抗关系，在立场构建中应参照、介入对方的话语立场，从而形成对话和互动，增强控辩双方的对抗性，而辩护人的立场应该是在法律允许的范围内，最大限度地维护自己当事人利益。

语用目的原则从其性质来看，不是一种规约性的准则，而是一种解释性规则。它道出了人类交际行为的本质，是一种解释和分析人类语言使用或者说交际行为的原则。就如廖美珍（2005a）所强调的，“从本质上来说，人类的交际是目的驱使下的交际，是追求特定目的的交际，交际过程是交际双方追求目的的过程,交际的成功或者失败的一个关键性的判断指标是交际双方的目的是否被正确、有效地理解和成功地实现。目的原则把交际看作交际双方共同进行的一种创造努力和活动”。可见，从目的原则的角度来探讨法庭互动中立场的建构，有利于把握法庭审判活动中话语立场建构的本质，它是目的导向下目的关系制约下的互动产物。

3.2 理论建构：目的导向立场分析模式

本书研究的对象是法庭互动中的话语立场，其落脚点是“立场”这一重要的语言学范畴。关于立场在语言学中的重要性，不少学者都做过阐述。Ochs & Schieffelin（1989）指出，立场浸淫整个语言学系统。Du Bois（2007）认为，我们运用语言最重要的事情就是采取一定的立场。与立场有着密切联系的术语有主观性、评价、情态、元话语等。近年来随着语言学研究人文主义倾向的复苏，它们成为语言学及相关学科研究中关注的热点词眼。关于立场的研究成果颇丰，但现有的研究存在这样两个问题：第一，不同学者对“立场”有不同的认识，对立场的内涵有不同的界定。每个学者倾向于用自己的研究来阐释对立场的理解。因而，两位作者可能用“立场”来描述不同类型的现象；第二，研究相同或类似问题的学者可能使用不同的术语来指称相同类型的现象。一学者用“立场”来表达另一学者的“主观性”，而另一学者可能倾向于使用“评价”。基于此，本节首先厘定立场概念的内涵，然后梳理与立场相关概念之间的联系与差异，进而提出本书的分析框架——目的导向立场分析模式。

3.2.1 立场的概念

Biber & Finegan（1988：1）将立场定义为“说话者或作者对信息的态度、感觉、判断或者承诺的显性表达”。他们认为立场的广义范畴包括确定性（certainty）、一般性（generalization）和实际性（actuality）的表达，这些都表达了说话者（作者）对于信息的态度的某些方面，要么是对信息的指涉框架，要么是对内容的判断或态度，要么是对真实性的承诺程度的指示（Biber & Finegan 1988：2）。从这个定义可以看出，Biber 和 Finegan 所言的立场其实质是关于信息命题的态度，而不涉及对于其他实体的态度。

Biber & Finegan（1989：93）对立场提出了一个更为精确的定义，指出立场是“对于信息命题内容的态度、感觉、判断或承诺的词汇或语法表达”。该定义中，他们进一步明确了立场的对象为“信息命题内容”，立场的实现手段是“词汇或语法表达”。为了方便立场的判断，他们又区分了“言据性（evidentiality）”和“情感（affect）”两种立场类型。其中，言据性表示说话者对知识的态度，包括可靠性、认知方式和语言表达的充分性等；情感包括一系列的个人态度，如情绪、感觉、心境和一般性意向等。

Biber et al.（1999）提出，除了交流命题内容，说话者和作者通常还表达个人感觉、态度、价值判断或者评估。他们将此作为立场的定义，并提出立场标记可以用来表示一系列的人际意义，主要包括三大语义范畴：认识（epistemic）、态度（attitudinal）和言说风格（style of speaking）（Biber et al. 1999：972）。其中，认识立场标记主要用于表示说话者对于命题中信息状态的评论，如确定性或质疑性、现实性、准确性或局限性等的标记；以及知识的来源或者信息给予的角度。态度立场指表达个人态度或感觉，包括各种评价和情绪。言说风格立场表现说话者 / 作者对于交际本身的评论，如副词“诚实地（honestly）”“简洁地（briefly）”和“逐字地（literally）”表达信息呈现的方式。

Conrad & Biber（2000）进一步明确了立场的三个范畴：①认识立场，指对命题确定性、质疑性、可靠性、局限性的评论，以及对信息来源的评论，如 probably，according to the President；②态度立场，表达说话者对于所说或所写的感觉和判断，如 surprisingly，unfortunately；③风格立场（style stance），表示如何说或者写，如 honestly，briefly。

在 Biber 及其合作者的几个文献中，立场的内涵略有变化，呈现出如下的变化轨迹：

Biber & Finegan（1988）立场：对命题信息的态度

↓

Biber & Finegan（1989）立场：对信息命题的态度 + 个人态度

↓

Biber et al.（1999）立场：对信息命题的态度 + 个人感觉 + 价值判断

↓

Conrad & Biber（2000）立场：认识立场 + 态度立场 + 风格立场

Biber及其合作者对于立场的定义都是基于语义，特别是词汇语义，也就是说，立场是词汇在脱离特定语境的情况下所表达的主观意义。

Ochs（1996）把立场作为语言和文化关系的四个维度之一，将之定义为“社会公认的处置”，并区分了认识立场和感情立场，其中，认识立场是“社会公认的了解命题的方式，如直接（经历）和间接（二手）知识，确定性和具体性的程度”，感情立场是“社会公认的感觉、态度、心情或者感情强度的程度”。

Berman et al.（2002）将“话语立场”区分为取向（orientation）、态度（attitude）和概括性（generality）三个维度。取向主要包括三个在文本产生和解读过程中的参与元素：发送者（sender）、文本（text）和接收者（recipient）。态度进一步区分为认识（epistemic）态度、道义（deontic）态度和情感（affective）态度。概括性包括指称（reference）和量化（quantification），并区分为具体的（specific）和一般的（general），主要形成三个表达层面：个人或具体化指称（personal or specific in reference）、类指（generic）和非人称（impersonal）。这些功能维度贯穿整个文本，所以与“命题态度”不同，后者的范围只是命题或句子。Berman等认为，所有三个维度或三个中的某一两个可能交替出现在某一话语中。某一文本可能首先以“发送者”取向作为指示中心而开始，然后转换到以文本甚至是以接收者为指称中心，并有可能再次回到以说话者 / 作者为中心的视点。同样，一文本可以包含三个维度中的某一个或多个维度，可以在对人、地、时的指称上兼具具体性和一般性。Berman 等的相关研究主要是以书面语中的立场为研究对象。他们的研究范式是形式 / 功能路径，考察语言形式如何被用来满足既定的话语功能。

以书面语为研究对象，以形式 / 功能为研究路径的还有 Hyland（2008a;

2008b）。Hyland将立场定义为作者的语篇“声音”或者社区公认的个性。在他看来，立场是一种态度的、作者导向的功能，是作者展现自己和表达判断、意见和承诺的方式，包括作者对特定信息的态度、作者对信息真实性的确定程度、作者获取信息的方式以及作者对待信息和读者的视角。立场与介入（engagement）相对，介入是读者导向的功能，是作者承认读者在场，并积极地将他们拉入讨论的方式，包括将读者视为话语参与者，和引导读者理解。立场与介入都是作者在语篇中表达自己以及预测读者可能的反对意见和其他可能性意见的方式，体现了作者的自我意识和读者意识。Hyland（2008a；2008b）将立场分为三类：言据性、感情和出场（presence）。言据性指的是作者对他所展示的观点的可信度和他们对读者所具有的潜在影响的承诺表达；感情包括一系列对所说话语的个人的和职业的态度，包括情绪、视角和信念；出场指作者选择在文本中投射自我的程度。Hyland对立场的研究突出了书面语篇中作者的在场，不管是作者的自我表达，还是对潜在读者的考虑与互动，都是以“作者”为核心。虽然Hyland强调书面语篇的互动性，但因为书面语篇本身的特性，立场归根结底是作者的行为，是说话者意义，而并不是互动的意义和结果。

真正以互动为取向的立场研究，尤其是宏观理论层面的研究，要数 Du Bois 的研究。Du Bois（2007）通过对日常会话中互动者如何建构立场进行研究，将立场定义为：由社会行为者以对话的方式、通过外在的交际手段发出的公开行为，这种公开行为在社会文化领域中的任意显著维度上同时对客体进行评价，对主体进行定位，并与其他主体建立联系。在此基础上，Du Bois（2007）将立场建构理解为一个三角行为（见图 3-1）。立场建构活动含有三个元素：立场主体 1、立场主体 2 和立场客体。前二者通常是互动双方，立场客体指的是互动者所谈论的话题或焦点（人物、事件、问题等）。值得注意的是在立场建构活动中立场客体可能是一样的，也可能在不打断活动连贯性下发生改变。

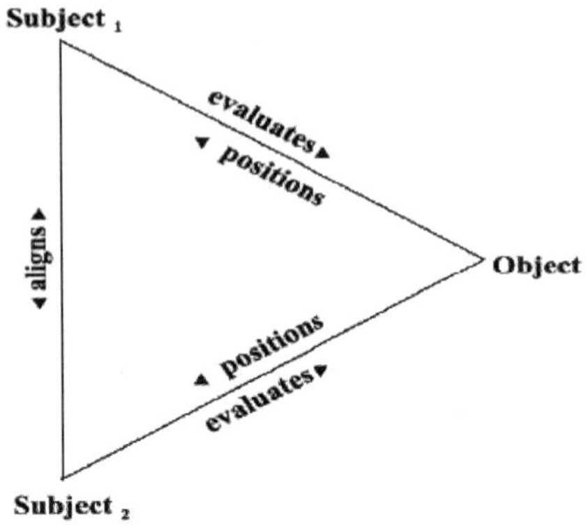

图 3–1　立场三角（Du Bois 2007）

由图可见，立场建构行为含有三个子范畴——评价、定位和离合。评价指的是立场主体导向立场客体，并认为客体具有某些具体的性质或价值的过程。定位立场范畴又包括情感立场和认识立场两个次范畴。情感立场指的是说话者在情感阶上选定一个位置，如高兴或悲伤等。另外，说话者不仅在情感阶上定位自己，还在认识阶上定位自己，建构认识立场行为。所以，定位主要是指社会行为者在责任上的定位，并唤起社会价值的行为。离合立场是衡量两个立场之间，以及两个立场主体之间关系的行为。在 Du Bois（2007）看来，某一立场话语行为实施的不是某一种立场功能次类，三大功能次类评价、定位和离合并不是分离的立场范畴，而是说话者立场行为的不同方面，也就是说互动参与者同时实施评价、定位和离合三个立场次功能。

按照 Du Bois 的观点，立场的表达是一个言语互动过程，互动参与者利用各种语言手段（形态句法、语音、词法）在互动的过程中建构立场，主张“立场通常成对地由两个人来建构”（Du Bois 2007）。实际上，Du Bois 关于立场的定义和研究方法完全与互动语言学的研究路径不谋而合。虽然 Du Bois 并未明确提出他的立场研究以互动语言学为研究背景和框架，但是他的观点和方法中，可以明显地分辨出立场被认为是一种行为，而不是一种语义，立场被看作是主体间的协商、合作、共同构建的，是言语互动活动过程中浮现的产物。在立场建构中两个主体根据彼此先前话语和社会语境共同构建和协商他们的立场。所以，Du Bois

的研究被认为是对广泛持有的认为立场是特定语言（句法或词法）形式编码或表达说话者的内在和主观态度这一观点的回应。

Du Bois 对立场的定义和立场三角的研究方法得到了广泛的支持和认可。其中芬兰奥卢（Oulu）大学立场研究团队就采取 Du Bois 研究路径对互动中的立场现象做出了一系列的重要研究。其中包括 Haddington（2004；2006a；2006b；2007）对新闻采访中的立场构建活动的研究；Keisanen（2006；2007）对否定性是非问句和反义疑问句，以及三类极性疑问句的立场表达功能的研究。Raunionmaa（2007；2008）对芬兰口语的立场标记 minun mielesta 和 minusta 的研究，和芬兰语和英语中重复话语的立场功能的研究。Kärkkäinen（2003；2007）对英语中 I think 和 I guess 在会话立场表达中的功能展开了分析。这些研究一致表明立场是交互主体间性的行为，词汇等语言手段的立场功能并非现成的，而是在会话连续建构的交互主体的网络中“浮现”出来的。

另外值得一提的是 Englebretson（2007）关于立场性质的界定。他基于语料库，结合“立场”一词所处的上下文语境对其作定量分析，揭示了立场的五个关键性质：①立场建构发生在三个层面——身体行为、个人的态度 / 信仰 / 评价、社会道德；②立场是公开的、可以察觉的、可以解释的，并能为他人发现的；③立场本质上是互动的，由参与者合作而构建；④立场本质上是索引的，能唤起广阔的社会文化框架的背景或者其所发生的物理背景；⑤立场选择产生结果，对参与的个人或团体导致一定的结果。Englebretson 的研究为立场的互动研究鉴定了理论基础，五大原则阐释了立场作为一种社会行为的性质和特征。

从上述对立场的定义来看，早期传统语言学中的立场主要是词语、短语或语法的语义编码，是单个语言形式和结构在脱离语境情况下的语义范畴。这一研究途径将言语意义的考察限制在句子内部，立场是一个静态语义概念（参看 Thompson & Hunston 2000）。之后基于书面语篇的立场研究试图弥补这一缺陷，将研究单位扩展到语篇，将功能和互动因素纳入了考察范围，比如考虑了潜在读者的存在。这较之早期的立场研究来说是一大进步，但由于书面语篇的特殊性，它缺少作者和读者之间协商和制约的外显形式，始终难以反映真正意义上的互动。与前两类研究不同的是，近几年来基于口语互动中的立场研究，特别强调话语立场作为一种交互性言语行为的性质，注重话语立场建构的言语互动和动态浮现的特点。这类研究是本书参考的重要对象和理论基础。

3.2.2 立场与其他相关概念

已有研究表明，立场与“主观性”“评价”“情态”和“元话语”等概念有密切的联系。因此，要正确认识话语立场的内涵，对这几个相关概念进行梳理和区分是非常有必要的。

3.2.2.1 主观性

主观性是语言的一种特性。Lyons（1994：13）认为主观性是话语施事者（写作者或说话人）在说话时表达自己。沈家煊（2001：268）提出，在话语中多多少少总是含有说话人“自我”的表现成分。说话人在说出一段话的同时表明自己对这段话的立场、态度和感情，从而在话语中留下自我的印记。Finegan（1995）也指出，主观性是话语中的自我表达和说话者视角或观点的呈现，也就是说话者的印记。语言具主观性是不争的事实，世界上几乎所有的语言都具有这样一种特性。正如 Benveniste（1971）所言：“语言带有如此强烈的主观性印记，以至于人们不禁怀疑，语言如果不是这样构造的话究竟还是不是具有语言的功能，能不能名副其实地叫做语言。”当然，具体到不同的语言，其表现形式可能会有一些差异。有的语言表现“主观性”的方式很明显，如日语等。有的语言的主观性表现方式则比较隐晦，如英语、汉语等。

立场与主观性是密切联系的。在语义层面上，表达立场的话语作为传情达意的各级语言实体的一部分，必然包含“自我”的表现成分，具有语义上的主观性。在语用层面，表达立场的话语作为凸显人际功能的重要手段，必然烙下说话人如何表达自我的言语痕迹，具有高度的语用主观性。而且作为一种社会交际互动中的言语行为，话语立场还具有交互主观性的特征。

3.2.2.2 评价（evaluation）

“评价（evaluation）”最早用作经济术语，指对货物价格的评定。之后，这一术语在学术和日常生活中分别形成了较为严谨和相对宽松的用法。作为非专业术语，“评价”在日常生活中是动词“评价（evaluate）”的名词形式，表示经过仔细考虑后对某物的数量、质量或者价值形成观点[1]。在哲学中，评价专指评

[1] 牛津高阶英汉双解词典（第 6 版），商务印书馆、牛津出版社，2004：582.

价者对某一对象的价值判断（胡文辉 2010：8）。语言学上，用作专业术语，“评价”首先是被用于叙事结构中。Labov（1972）界定了口语叙事中所包含的 6 个要素：摘要（abstract）、导向（orientation）、并发行动（complicating action）、评价（evaluation）、结果（result）和尾声（code），其中，评价被定义为“叙事者用于指示叙事的论点、理由和目的：为什么要讲述，叙事所要达到的目的”，包括如下语法和非语法表现手段：①强化语，如富于表情的语音、重复、手势等；②比较语，如祈使语气、问句、否定、情态等；③关联语，如动词进行时态等；④解释语，如条件句。

Thompson & Hunston（2000：5）提出评价是对某一实体或某一命题采取某一定位，并将之定义为：一个表达说话者或者作者对于他所谈论的某一个实体或命题的看法、感觉、态度或立场的宽泛概念。这种态度可以与确定性、义务、愿望或其他任何的价值有关。

从上述关于评价的不同定义可以看出，学界对评价的认识与理解是有差异的。评价与立场等术语也有一些纠葛，有时甚至难以截然分开。Thompson & Hunston（2000）明确指出：

“评价”这一概念与这一领域的其他概念一样都是棘手的。在话语分析中，它被用来指称语篇模式的成分，有时也用于分析词汇表达的说话者或作者的情绪态度。它大体上等于 Martin 的评价（appraisal），或者说 Conrad & Biber 的立场（stance）的概念。在认识到这种潜在的困惑的同时，我们选用“评价”这一概念的强烈的、实际的原因是它具有句法上和形态上的灵活性，它不仅体现了使用者导向，还具有同根的不同形式让我们谈论被评价的（evaluated）实体与命题的价值（value）。

由此可见，Thompson & Hunston（2000）选用“评价”一词作为情感、价值判断、认识等的上位概念，更多的是出于形态的考虑，而不是其他。而就在这一论文集中，不同的作者也采用了不同的术语来指称这一语言现象，如 Conrad & Biber 采用的是“stance”；Martin 采用的是“appraisal”。

Thompson & Hunston（2000）根据评价对象的不同，区分出了评价的两大类型，一类与实体相关，称为情感（affect），另一类与命题相关，称为情态（modality）。同时，她提出评价行为具有多个不同的参数，第一个是“好—坏”参数，或者说积极—消极参数；第二个是“确定性”参数，与 Hyland 的“闪避（hedge）”概念类似，表现了作者的谨慎；第三个是“期待性”参数，体现了信息对于读者来说多大程度上是显性的、是可以预测的；第四个参数是“重要性或相关性”。根据各个参数在不同语类中使用的频率高低，他们提出确定性和好—坏评价更多地体现“真实世界导向”的功能，它们表达了作者 / 说话者对于命题和实体的地位的看法，也即 Halliday 系统功能语言学意义上的“经验导向”；重要性和期待性评价具有“文本导向”的功能，主要用于引导读者或听者理解所读或所听的话语的内在连贯。

Hood（2010）认为评价与对实体和命题的评估（valuing）和定位有关。关于评估实体和评估命题的这一基本区分在这一领域的研究中常有出现，如上文提及的 Thompson & Hunston（2000）。又如，Bybee & Fleischman（1995）和 Fairclough（2003）二者都将“对实体的评估”称作“评价”，而将对命题的评估称作“情态”。Fairclough（2003：164）提出情态表示作者对“什么是正确的和什么是必要”的承诺与责任，而评价是作者对“什么是可取的或不可取的，什么是好的或坏的”的承诺。

Hunston（2011）对“评价”的概念重新进行了定义：评价语言指的是标识评价行为或表明立场行为的语言。在这一定义中，评价既是一种语言次类，也是一种行为，体现了作者对 Du Bois（2007）关于立场是一种行为这一观点的支持。从学者们对评价和立场的定义来看，这两个概念有部分重叠的关系，拥有不少共同的内涵，在很多时候指涉类似的语言现象和语言行为。

3.2.2.3 评价（appraisal）[1]

“评价（appraisal）”是在系统功能语言学基础上提出和发展而来的一个概念。评价，指的是所有语言的评价性使用，包括说话者或作者所采取的特定价值定位或者立场，以及他们与现实或潜在回应者的立场协商（Martin & White 2005）。作为一个上位概念，它指语言被用来评价、采取立场、建构语篇人际以及管理人际定位和关系的发掘、描述和解释方式。“评价理论”是一个话语语义层面的人际意义功能模式，包括三个子系统：态度（attitude）、介入（engagement）和级

[1] 鉴于国内学者将“evaluation”和“appraisal”都翻译成“评价”，为了保证术语使用的一致性，本书也将二者均处理为“评价”，且在指涉“appraisal”时采用“评价理论”的名称。

差（graduation）系统。该系统中，态度系统为核心，介入和级差为两翼，三者之间是合取关系。其中，态度子系统又分为情感（affect）、判断（judgement）和鉴赏（appreciation）。介入子系统又分为自言（monogloss）和借言（heterogloss）。级差子系统又分为语势（force）和聚焦（focus），且语势和聚焦又再次系统化，前者再分为强势（raise）和弱势（lower）；后者再分为明显（sharpen）和模糊（soften）（Martin & White 2005）。详见图 3-2：

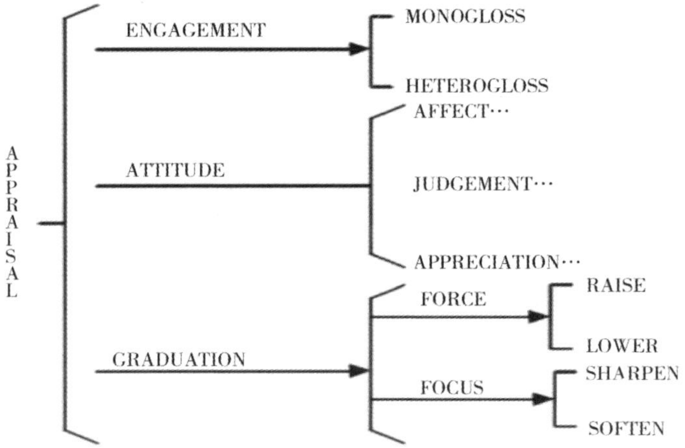

图 3-2　评价系统（Martin & White 2005）

评价理论的发展开创了系统功能语言学中相对忽视的人际意义研究领域。系统功能语言学的基本观点是语言是社会符号，意义构成话语（Halliday 1994）。它的意义理论上来说是元功能的，如概念功能、人际功能和语篇功能，它注重的是元功能如何在语言系统中得到体现、语篇中的各个语言成分发挥哪些具体的语义功能（朱永生 严世清 2001）。同样，评价理论中的评价也是语言系统中的意义元功能，是语篇中的语言成分的语义功能，是语言系统所内在固有的，不是语言所“做”（doing）的，而是语言所“是”（being）的。所以，评价不同于立场，立场是一种言语行为，是一种社会行为，是在社会交际互动中浮现产生的，而不是语言所固有的，而评价理论中的评价只是一个语义系统。当然，评价与立场也有相同点，二者都与语言的人际意义有关。

3.2.2.4 元话语（meta-discourse）

与立场密切相关的另一个概念是元话语。它被定义为“写作的写作，任何与谈论对象无关而被言说的内容”（Williams 1981：212）。Crismore（1984）认为元话语的功能是在信息层面引导读者理解作者的目的和意图以及内容，在态度层面引导读者理解作者的立场，或者语篇的结构和内容。Kopple（1985）将元话语定义为“不增加命题内容而是帮助读者组织、辨别、解读、评价和回应内容”的词语和短语。通过帮助读者“组织、辨别、解读、评价和回应”命题内容，作者使得自己的出场被感觉。Kopple 区分了七个类别的元话语，包括：①语篇连接；②语码注解；③言外标记；④效力标记；⑤叙述者；⑥态度标记；⑦评注。Hyland（1998）将元话语分为两类，语篇的和人际的。语篇元话语包括：①逻辑连接词；②框架标记；③照应标记；④言据性；⑤语码注解。人际元话语包括：①闪避；②强调；③态度标记；④关系标记；⑤人称标记。Hyland（2005b）又将元话语定义为关于作者和想象的读者的参与性的自我反身的语言表达。对作者而言，元话语表达一种社会介入（involvement），在学术语境中反映作者在语篇中投射自己的态度和承诺。

元话语和立场之间有重叠之处，特别是人际元话语与话语立场多有重合。从本书第 2 章关于话语立场表达的词汇手段的回顾和总结中可以看出，元话语是话语立场表达的重要手段（详见 2.2.1）。表达人际意义的元话语又被称为立场标记，作为人际资源用于展示作者对内容和读者的承诺（Hyland 2005b）。它们包括了作者用来形成目标读者所需要和期待的观点的语言手段。在元话语的讨论体系中，立场是一个下位的概念，包括了一系列异质特征来帮助读者以作者所偏好的方式来解读材料以及特定话语社区的价值和理解。立场标记被看作是作者在文本中的人际和互动意义语言和修辞，以谨慎地、精准地和谦逊的方式来呈现观点。而立场研究的学者则将元话语作为立场标记的下位概念，是表达立场的手段之一，如 Biber et al.（1999）。本书认为元话语研究和立场研究的着眼点和目的不同，元话语研究的立足点是一种语言手段，这种语言用于写作者组织话语、标示语篇的结构和表明作者对话语观点，研究目的是探讨这一语言的形式和功能等（参看李佐文 2001）；而话语立场是一种语言行为，研究目的是探讨交际互动过程中，互动参与者的自我表达，及其与其他互动参与者自我表达的主体间互动。元话语虽然也使用自然语料，探讨互动环境中的话语，但是元话语研究以作者功能为导向，终究属于说话者意义。元话语研究中的立场概念只考虑具有立场功能的元话语单位，而不涉及其他的语言成分和手段。

3.2.2.5　情态（modality）

情态与立场也具有密切的联系。情态（modality）是语义范畴，指人类思维的某种概念类型，而表述这种语义概念的词类称为情态词（modal）（谢佳玲 2006：1）。关于情态的西方文献主要有如下两种：第一，情态被界定为附加于命题之上的某种语义限定成分，例如早期 Rescher（1968：24）就曾提出“当一个命题经过进一步的限定，使得它本身与它的限定成分结合成另一个命题时，这个限定成分就是添加在原命题之上的情态”。所以，Recher 将情态划分为认识、义务、意愿、评价、时间、因果等类型。Bybee & Fleischman（1995：2）也认为情态的范围很广，包括愿望、命令、意图、义务、假定、潜力、怀疑、劝告、感叹等概念，这些都是语义最中立的命题，即事实句与直述句的命题之外所增添的额外意义。谢佳玲（2006）指出此定义属于跨越语言界限的通则，囊括了所有范畴及于整个命题的意义。上述定义中的部分概念，如时间、否定、疑问等在许多语言中（如汉语和英语）是通过其他成套的形式系统表达的，与情态的范畴分开处理比较合理；第二，Lyons（1977：452）提出，情态指说话者“对句子传达的命题或命题描述的情况所持的观点或态度”，同时涉及可能性和必要性的概念。Lyons 将情态划分为两类，认识情态（epistemic modality）和道义情态（deontic modality），前者指说话者知道或相信的命题，道义情态表示负有道义责任的主体可能或必须完成的事件，与行为的必要性和可能性有关。Palmer（1990：36）根据英语中 can 和 will 两个词语的特殊性质，提出除了认识情态和道义情态，还有第三种情态——动态情态（dynamic modality），它以说话人为主导，表示句子主语的能力或意愿，不表示说话人和听话人的意见或态度，所以与认识情态和道义情态不同。Palmer（2001：22）从类型学的角度总结了情态的主要类型学范畴及其分类，他的分类系统中首先区分了命题情态和事件（event）情态；然后再把命题情态分为认识（epistemic）情态和言据（evidential）情态，事件情态之下再区分道义与动态情态。具体分类系统如图 3-3：

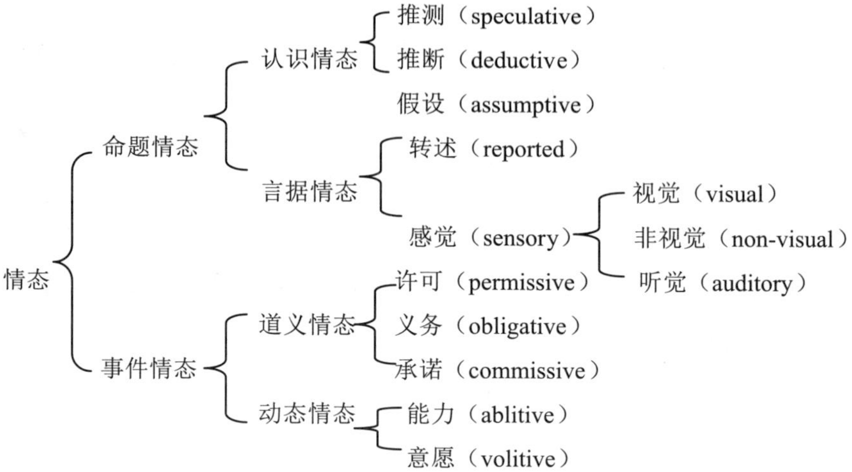

图 3–3　情态系统图（Palmer 2001）

系统功能语法中，情态是人际元功能的重要组成部分，表示说话者 / 作者对事物认识的评价和不确定性。Halliday（1994：88–96）提出，情态是“yes”与“no”两极之间的意义领域，是肯定意义与否定意义之间的意义区间。他认为，可能性不仅仅是“是”与“非”之间的选择，“是”与“非”之间还存在程度更接近的各种不确定性，比如“偶尔（sometimes）”或“也许（maybe）”等，这些不确定性程度就是所谓的情态。中介情态范畴又分为两类，一类是概然程度（degrees of probability），如“可能—或许—必然”，相当于“既是也非”，即“也许是，也许非”；另一类为通常程度（degrees of usuality），如“有时—通常—总是”，也就是“有时是，有时非”。根据言语交流涉及命题或提议，Halliday 又将情态系统区分为情态（modalization）和意态（modulation）。

语言学界普遍接受的是情态系统的三分法，即认识情态、道义情态和动态情态。认识情态指说话者对或然性的假设或评价，大多数情况下指示了说话者对于所表达的命题的真实性是否有信心，由“可能”到“逻辑必然”这样一个承诺连续统构成（Coates 1983）。Lyons（1977）将认识情态定义为：任何言语作者所明确表明的他对于他所说的句子所表达命题真实性所承担的责任，不管这种表达是直白地由语词表达出来，还是由韵律或副语言成分表达，都是认识情态或情态言语。道义情态指“行为的可能性和必须性，作者以此来给未来某个时间某个地点的行为的实施颁布许可或义务”（Hoye 1997：43）。换句话来说，道义情态关涉说话者对于某些行为或事件的需求，是从“许可”到“义务”到“要求”的连续统。第三种情态是动态情态，关乎主体的能力和意愿以及各种客观可能性，形成从“不能”到“可能”、到“主体的必备特性”这样一个连续统（参看 Hoye 1997）。

由此可见，道义情态和动态情态表达描述事态的属性特征，并不指示认识框架，并不表示说话者对事态呈现的态度。而认识情态则与认识立场有关。总的来说，情态的概念是语义层面的概念，研究的对象主要是情态词。

3.2.2.6　小结

综上可见，对立场这一语言现象的研究，因为各派学者其研究主旨或视角的不同，采用相同、相似或不同的术语进行了或同或异的探讨。总的看来，主观性、评价、情态、元话语等概念都与立场有着密切的联系，都与说话者的自我表达有关，但是它们又与立场有明显的区别。主观性是语言的一种特性，而立场是一种言语行为，它不仅表现语言的主观性，而且还表现语言的交互主观性。情态是一个语义学概念，主要指情态系统，特别是情态词的意义。评价理论源于系统功能语言学，用于构建人际意义，是人际意义模型中内在固有的，是语言的元功能。元话语所注重的是元话语这种语言手段的形式和功能。总的说来，话语立场作为一种言语行为，从学术背景来说属于语用学范畴，在语境化、情境化的话语互动中考察社会行为者对实体、命题的评价与判断，或是情感的表达，并且将互动参与者之间的主体间联系纳入考虑的范围，展现了互动参与者的自我表达和主体间的联系，对于正确认识话语中的“说话人”以及“说话人之间”具有重要的意义。

3.2.3　目的导向立场分析模式

本书采取 Du Bois 等的立场言语行为研究途径，认为立场是互动参与者在社会交际活动中积极参与的活动，是参与者所“做”的事情。我们将立场建构研究建立在真实的言语交际互动基础之上，结合互动语言学和目的原则的理论和观点，主张立场建构是说话者在特定交际环境中根据特定的交际目的而运用语言资源进行主体间协作和互动的产物。

Du Bois（2007）关于立场的分类中包括评价、情感、认识和离合四个类别，这一分类法条例清晰，且能够涵盖话语立场的方方面面。因此，本书支持这一基本的分类。此前，一些学者也试图对话语立场进行细致的分类，但有些次级类别并未凸显话语立场的本质特性。比如 Biber et al.（1999）的研究有“言说风格”这一话语立场的次级类别。Du Bois（2007）摒弃了这一次类。虽然 Du Bois 没有给出删除“言说风格”次类的理由，但事实证明这一做法是有道理的。因为言说风格并非话语立场的突出特性，而且言说风格可以纳入认识立场范畴。以本书所研究法庭审判语料为例，一方面表示言说方式的表达出现的频率很低；另一方面有些表示言说方式的话语标记其实质属于认识立场的表达。如：

（1）上：……啊，这个，讲实话，我搞这个生产自救，我原来不肯搞，搞了以后我是非常后悔的。

按照 Biber et al.（1999）的观点“讲实话”相当于英语中的“honestly”，属于一种言说方式。其实，短语“讲实话”与其说是对后续信息表达的方式和风格的说明，不如说是对后续命题真值的评价和肯定。后续话语命题是作者的内在想法，作者为了强调这一命题的真实性，使用了话语标记“讲实话”来表达自己的肯定态度。

由于是以互动为取向的立场研究框架，Du Bois 的立场三角较之于 Biber 等的分类明显多了一个离合（〈dis〉alignmen）这一次类，用于考虑互动参与者之间的立场主体间性。Du Bois（2007）关于立场类型的划分对本书极具借鉴价值，我们将采纳这一分类体系来研究法庭互动中的话语立场。我们将法庭立场行为系统化为四个范畴：评价、情感、认识和离合。

在 Du Bois（2007）的立场三角框架中，立场的三大次范畴评价、定位和离合并不是独立的立场行为，而是同一立场行为的三个不同方面，也就是立场主体同时实施评价、定位和离合三个立场次功能。Du Bois 的立场三角框架是一种理想状态下的立场理论，而在实际的交际互动中，立场主体很少在一个立场言语行为中同时实施这三个次言语行为。如果一个言语行为同时能够实施三个次言语行为，那么又为什么需要这三个次言语行为呢？关于立场言语行为是否同时具有三个次言语功能的观点，有学者也对此提出了质疑中，如 Haddington（2007）、Raunionmaa（2008）。

本书将评价、认识、情感和离合处理为独立的立场言语行为次类。另外，本书通过语料发现在表达评价和认识立场的同时有可能表达了与互动对方的相合或相离立场，而情感立场在法庭互动中没有用于表达离合立场。同时，离合立场表达更多的不是采用表示评价和认识立场言语行为的方式去实施，它本身具有独特的表达手段和资源（详见第 7 章）。另外，如前文 3.1.2 所讨论的，本书认为，话语立场的建构和表达是目的导向下的有意识的言语行为。因此，会话参与者各方所持的目的和各方之间的目的关系决定了话语立场的本质特点和根本取向，影响到立场建构的动态进程和最终实现。

目的导向下的立场分析把话语立场看作是交际互动双方共同进行的一种目的性、建构型和策略性的创造努力和活动。话语立场是人类交际过程中的言语行为之一。这种行为受到交际目的的驱使，是立场主体追求特定目的的结果，同时，这种行为也是立场主体为了追求特定交际目的的语言手段和语言策略。立场建构的过程既是立场主体实现目的的过程，也是交际双方追求目的、目的互动的过程，话语立场是否被正确地、有效地理解、采纳和成功的实现是交际的成功或者失败的一个关键性的判断指标。立场主体所实施的任何立场行为都受到了特定交际目的的驱动。这种分析框架下的立场研究，不仅有利于探寻立场主体如何在交际的“目的”主导下表达、建构立场，同时目的导向的立场分析模式将有效地回答“为什么立场主体如此建构立场以及建构什么样的立场”的问题。

总而言之，“目的导向的话语立场分析模式”有助于认清法庭中话语立场建构的本质，有助于认识话语立场的生成机制与运作特点，也有助于更好地观察和分析互动参与主体之间话语立场的差异，有利于从“怎么样(How)”“什么(What)”和“为什么（Why）”三个方面来全面、深入地探索法庭互动中的立场建构行为。

第 4 章　法庭互动中的评价立场

评价是人们把握客体的意义与价值的一种主观性活动，它已渗透到人类社会行为的各个方面。人们无时无刻不在评价自然、社会、他人或自己，又无时无刻不在被他人评价。法庭审判活动中，无论是对事件事实与案情证据的认定，还是对法律条文与审判原则的适用，均离不开评价立场。评价立场行为贯穿于庭审活动的始终，成为司法审判的主旋律。

4.1　评价立场的界定

因研究目的与方法等的不同，国内外语言学界对评价的定义仍然是各执一词，莫衷一是。由于定义上的分歧，学界对评价的本质特征也缺乏清晰、统一的认识，正如刘世铸（2007）指出的：话语评价的研究中，评价本质是所有研究者不能回避且必须解决的关键问题。但是很多研究者一直回避这个问题，其主要原因在于评价是一个极其复杂的语言现象。仅以一个普通的语言使用者的视角来看，评价是人们在日常交际中对人、物、人的行为、作品等所表达的观点和态度。但这样的定义显然没有完全反映评价的本质。因为，评价是一个复杂的认识过程，观点和态度是评价的重要部分，但不是评价的全部。

那么，什么是评价的本质呢？既然语言学的评价研究回避了这个问题，我们不妨将眼光转向其他学科以得到一些启发和线索。在哲学价值论和心理学中，评价属于价值认识范畴。王玉梁（1993：296）提出，价值是客体对主体的作用和影响，是客体对主体的效应。评价是关于客体对主体有无价值、价值大小的判定，是客体价值与主体价值关系的分析评定，是评价主体根据一定的价值标准对客体价值做出的判断。也就是说，评价是通过判断来表达的，是评价者以价值的认知和取向为基础的、对被评价者的价值属性的认定和判断。李德顺（1987）在

《价值论》一书中也提出，“价值关系是人与自然、人与社会、人与人这些物质存在之间的客观关系”，而评价“正是这种价值关系的反映”。由此可见，价值判断是评价行为的本质与核心。而从语言学关于评价研究的代表性成果来看，Thompson（1996）、Hunston & Thompson（2000）、Hood（2010）、Hunston（2011）等，对于评价的界定较为宽松[1]，不仅包括价值判断，还包括非价值判断。如 Thompson & Hunston（2000）区分了关于实体（entities）的观点和关于命题（proposition）的观点，其中，关于实体的观点包括感情（affect）。本书认为，感情与情绪和感觉的表达有关，而与观点的表达及对事物的价值评价无直接关系。因此，言者所表达的评价与他们“真正”的关于所涉事物的感觉无关，与言者在话语中的情绪介入程度也无直接联系。按照这种观点，评价立场是主体对客体价值的主观判断，因此，它不包括表达或唤起情绪的言语行为，而是根据一定标准而进行价值判断的立场言语行为。

Martin & White（2005）评价理论分析框架中，“态度”一项中包含了情绪、道德和美学三方面的评价，分别是情感（affect）、判断（judgment）和鉴赏（appreciation）。其中，判断是指根据伦理道德标准来评价行为，鉴赏系统指根据美学价值对文本和自然现象的评价。他们进一步指出，二者均可看作是机构化的判断，判断是关于行为的建议，我们应该怎么行动或不应该怎么行动，这些建议中有些逐渐固化，形成文字，通过教堂和政府的执行成为规则和规章制度；而鉴赏是关于事物价值的主张，它们值什么价值或不值什么价值，这些评价中有些通过奖励系统（价格、等级、津贴、奖赏等）逐渐成为正式的标准（Martin & White 2005）。可见，评价理论中感情与判断、鉴赏之间实际上具有截然不同的区别，一个是向内的个体情绪的表达，而另一个是向外的价值标准的判断。本书中的评价，作为立场言语行为的下位概念，只与评价理论系统中的判断和鉴赏有关。

根据 Martin & White（2005），评价理论的判断系统包括两部分：社会评判（social esteem）和社会约束（social sanction）。社会评判与行为常规性（normality）、能力（capacity）和坚韧性（tenacity）有关，而社会约束与诚实性（veracity）、正当性（propriety）有关。社会评判是评判主体根据一定的社会规范和价值系统

[1] 关于这些学者对评价的定义，详见第 3 章 3.2.2.2。

对个人或团体的行为、能力等进行肯定或否定评价。它们往往通过各种日常交谈、闲聊、玩笑和故事在口头文化中执行。这一领域中的共享价值对于社会网络，如家庭、朋友、同事等的形成是非常关键的。社会约束更多的则是以书面的形式作为法令、判决、规则、规章和法律等来监督行为，含有道德和法律意义，属于道德和法律范畴。对法规或教条的违反行为将受到处罚和惩罚，具有规范性、制度性。这一领域的共享价值构成公民责任和宗教教规。

从系统功能语言学的评价理论看来，法庭审判主要是与社会约束有关，即根据法律、法规等对行为的正当性和真实性进行评价。如：

（1）公：……陈某某具有利用职务之便挪用公款的行为。陈某某是原公司经理刑某某要其负责协议的，及具体的经办事宜。这些事宜包括进货、预付货款和收款。陈某某自己也承诺负责协议的具体事宜。故陈某某作为公司的会计兼出纳，出于合同事宜的具体经办人，具有这二十万公款经手管理的职责。

此例中，公诉人在其话语中使用了“挪用公款”的表达对被告的行为进行定性，这是公诉人根据我国有关的法律、法规对当事人行为的评价，属于社会约束范畴。

（2）公：被告人陈某作为 W 市 TC 公司负责人，伙同他人使用伪造的单据骗取信用证，数额特别巨大，其行为触犯《中华人民共和国刑法》第一百九十五条第 9 条第 3 项第 200 条，犯罪事实清楚，证据确实充分，应当以信用证诈骗罪追究其刑事责任。

此例中，公诉人首先使用了“伙同”“骗取”“触犯”“犯罪”等系列动词来评价被告的具体行为。然后，说话人在话轮即将结束时，依据相关的法律法规，运用法律专门术语“信用证诈骗罪”对被告人的系列行为进行总体上的评价、定性。公诉人对被告人的评价都源于一定的法律标准，属于社会约束范畴。

同时，我们在法庭互动中也发现属于社会评判范畴的评价行为。如：

（3）辩：从刚才的数据，可以表明 6 月份的生产是正常的生产，因为从它统计的数据，7 月份是 123390，8 月份是 82596，9 月份是 86914，也就是说 7 月份的，它的电力分配量和电力是 12 万，而 8、9 月份只有 8 万多，充分说明了 7 月份包括了 6 月份的生产所产生的成本。

此例中，辩护人根据当庭出示的数据，“将 6 月份的生产”认定为“正常”

的生产。这里的“正常”其含义是“符合一般规律或情况”[1]，说话人使用该形容词对当事人所在企业的行为做出常规性的评价，属于社会评判范畴。

评价系统中另一与本书的评价立场密切相关的是鉴赏系统。鉴赏是根据美学价值或社会价值对符号和自然现象等客观实体的评判，包括反应（reaction）、构成（composition）和价值（valuation）三个方面。反应指的是文本 / 过程吸引注意力的程度；构成包括评估客体的均衡性和复杂性的感知；价值则包括创新性、权威性和时效性等的估定。法庭互动中，也存在鉴赏意义上的评价。例如：

（4）公：而这个所谓 77 号文件，呃，解释当时仓库没有这个钨，没有产品，这个说法是极为不负责任的。

此例中，公诉人将 77 号文件的解释和说法鉴定为“极为不负责任的”，是对文本的真实性和权威性的评价，属于鉴赏系统。

如本书第 3 章所述，评价理论中的“评价”是语言系统的元功能。这种元功能是语言成分本身所具有的语义功能。也正是由于这一根本原因，评价理论认为可以参照在各个评价子系统中列出的态度词汇来区分态度中的情感、判定和鉴赏。也就是说，对于评价子系统及其次级子系统的界定与区分是根据语言成分，尤其是词汇的语义来进行的。而词汇及其组合的交际信息并不一定是词典释义的直接编码，或者原形范畴内的常规意义，更多的是一种语境化的信息（冉永平 2008: 1）。很多词汇在不同的语境中具有不同的交际功能，而评价系统所列态度词汇只是它实现评价功能的一般情形。更何况在进行话语分析的时候，往往无法根据词汇意义来确定立场类型，而需要结合具体语境和话语行为等来加以判断。例如，根据评价理论，“好（good）”被划分为鉴赏系统的构成范畴，表示对事物或自然现象的构成的肯定评定，如：

（5）上：因为我们的效益比较好，交的税收也比较高，为了这个目的，我们把这个资本公积转成股本金。

形容词“好”在句中作谓语，是对事物性质的描述，表示对公司的经济效益的构成的积极鉴定，属于鉴赏系统。

（6）被：我只是把毒品藏好，等到夏某某把钱还来了，我就把毒品给他。

[1] 关于“正常”的释义，请参看中国社会科学院语言研究所词典编辑室编 . 现代汉语词典（第 5 版）. 北京：商务印书馆，2005：1738. 本书多次参考，以下仅标明页码。

形容词“好”在句中作补语，表示动作的完成，是对行为“藏”的能力范畴的判断，属于判断系统。

另外值得注意的是，评价理论关于判断和鉴赏的划分本身也是矛盾和不一致的，“鉴赏”系统首先被界定为对“文本和自然现象的评价”，而后又提出“关于鉴赏，我们关注的是构成我们对‘事物（things）的评价的意义’，尤其是我们制造的事物（things we make）和我们给出的行为（performance we give），同时也包括自然现象，什么样的事情是值得的”（Martin & White 2005：56）。这说明，关于鉴赏、判断的区分是非常困难的，无论是从判断标准来说，还是从判断客体来说，从词汇语义的角度都难以对二者进行切分。而二者本质上具有高度的一致性，即都是对人和事物等实体的价值判断。总而言之，评价理论基于语义将评价划分为“情感”“判断”和“鉴赏”三个子系统的分类不能适应法庭审判实时话语的分析需要。

为了保证分析的完整性和一致性，本书的评价立场作为话语立场行为的一个次言语行为不再从其构成上作进一步的细分。同时，Brentano（1969）曾提出评价作为一种价值判断，是“二价的（bivalent）”，含有肯定与否定的对立。评价的这一种特点在 Thompson & Hunston（2000）中也得到了认证和应用，他们认为对事物的评价首先应该是好—坏，或者消极—积极。因此，本书中，评价立场言语行为是指：评价主体根据一定价值标准对评价客体做出肯定或否定的判断与界定的言语行为。

4.2 法庭互动中的评价立场类型

评价立场，简单说来就是标明说话人认为某人、某物、某事是好是坏，是消极还是积极的一种主观态度与行为。任何评价都可置于“好—坏”“肯定—否定”的尺度上。也就是说，肯定与否定并不是事物的截然对立的两个方面，而是一个连续统的两端，包含有一定的中间地带。鉴于评价立场的这一特点，本书根据研究的需要与语料的实际情况，将评价立场划分为肯定、中性和否定三个基本类型。

既然“好”与“坏”“肯定”与“否定”是相对的，它们形成一个连续统，那么评价类型该如何鉴定与区别呢？关于评价行为的鉴定，不少学者做过一些探讨。如李发根（2006）提出可以从概念和语言两方面进行，其中概念上可以从“比较、主观和社会价值”三大因素考虑，这一观点对于本书中评价行为的识别具有一定的参考价值。肯定和否定之分其实质就是比较的结果，这也是为什么 Labov（1972）曾提出评价的本质就是比较，评价是由与常规相比较、相对照而形成。“主观”，可界定为评价行为是评价主体对评价客体做出的主观判断与反应。至于“社会价值”，联系 Thompson & Hunston（2000）指出的“什么是好，什么是坏应以达到目标为尺度，有助于达到目标即是好，阻止或妨碍目标的实现则是坏”，Thompson & Hunston所言的“以目标为尺度”其本质就是评价的标准，指的是评价主体做出评价行为时的判断标准，也就是社会价值。冯平（1995）就认为评价的标准其实质而言就是评价主体所把握的、所理解的价值主体的需要，也即目标与目的。可见，需要、目的是评价行为的核心，是制约评价结果的主导因素。所以，对于评价行为的判断必须置于语境中，而不能仅仅从词汇的语义层面判断，更重要的是从语用层面来界定，并联系评价主体的目的意图。下面以几个例子作简要说明：

（7）公：杨某为首的黑社会性质组织通过实施违法犯罪活动违规作恶、称霸一方，在 H 市 Z 区境内形成了一定的非法控制和重大影响，严重破坏了当地的经济秩序和社会生活秩序。

此例中，“黑社会性质组织”“违法犯罪活动”“违规作恶”“称霸一方”“非法控制”以及“严重破坏”这些短语都具有明显的贬义色彩，都是公诉人根据法律准则以及指控目的对当事人行为做出的否定评价。

（8）公：被告人周某、曹某某、李某某等人大多带有小弟，并在多起犯罪中为组织冲锋陷阵，为该组织的中坚力量，骨干分子，骨干成员。

《现代汉语词典》（2005：187）中，“冲锋陷阵”有两个义项：①向敌人冲锋，深入敌人阵地，形容作战英勇；②泛指为正义事业英勇斗争。两个义项都是褒义，但在上例特定的语境中，它用于评价主体公诉人对评价客体黑社会行为的判断，属于对评价客体的否定评价。“中坚力量”“骨干分子”“骨干成员”也是类似的用法，公诉人使用这些具有褒义色彩的词语来评价黑社会团体中的主要成员，表达的是否定的评价立场。

从上两例可以看出，否定的评价不仅仅需要考虑语义层面，还需要结合语境考虑语用层面。但是，法庭互动中，肯定评价一般都由具有积极语义的词语来表达。例如：

（9）被：第三，我把何某叫出来，跟张某某认识一下，其实只不过是做样子。但张某某走以后，我马上跟何某说，我这是做样子，你实事求是，依法去办。我也相信当时何某他不会违法去办。第四，何某他本人很正直，他来自农村，他的法律意识也比较强。

此例中，“正直”一词是被告人对案件所涉的另一被告人的评价。根据《现代汉语词典》（2005：1740），“正直”一词的意思是“公正坦率”，是一个具有积极意义的形容词，表达了说话人对评价客体的肯定评价。

肯定评价和否定评价都是带有一定程度倾向性的评价行为，相对而言，中性评价是不具倾向性的言语行为。如：

（10）公：你那里是叫公司吗？（3s）可以叫公司吗？

被：不可以叫公司。

公：那叫什么呢？你们那里，你们那一伙人叫啥？

被：我也不知道叫什么东西，反正我们也就是在一起耍。

此例，被告人将他自己一伙人的一些涉嫌犯罪的行为评价为“耍”。根据《现代汉语词典》（2005：1272），“耍”主要有如下几个义项：①玩，玩耍；②表演；③施展；④耍弄。被告人话语中的“耍”指的是义项①“玩耍”，不带有评价上的倾向性。

（11）公：从资料上面反映哦，最后你们三个月生产自救结束以后，有遗留下来三十多吨黑钨，到了YJ公司去了，那么你怎么遗留这个数字，也不是更多也不是更少？你这个是依据什么？

上：这个是剩下的产品，严格起来这个没有什么依据，这个剩下来的产品剩下这么多就是在那里嘛。

此例中，“遗留”“剩下”都是对生产自救结束后有三十多吨黑钨到YJ公司这一事件的中性评价。在公诉人的其他话语中，他更多的是将这一事件评价为否定的“隐瞒”。又如：

（12）公：N县检察院（2s）以及N县人民法院一审判决书认定的隐瞒的C矿钨砂、黑钨三十二吨多，白钨二十二点八吨是不是事实？

上：胡某某安排人转移了70包的产品，也就是三吨左右，发生于清查评估人员对清算场看了以后。

（13）上：检方在检察期间讲我和张某指使胡某某隐藏68万元的产成品黑

钨放到通风口中，后来的起诉书上又说，我和张某指使胡某某隐藏 30 多吨在产品放到通焙烧炉的通风口中。

对于胡某某的同一行为，检方将其界定了“隐瞒”，而上诉人则将之表述为“安排人转移”。通过对比可以看出，“隐瞒”是对叙述对象胡某某的行为的否定评价，而“安排人转移”则是中性评价。

4.3　法庭互动中评价立场的表达手段

法庭互动中，参与者运用各种语言手段来表达对某人、某事或某物的判断和评定，其中既有显性的语言手段，也有隐性的语言手段。

4.3.1　显性评价手段

显性的评价手段主要体现在词汇层面。汉语中某些词汇和短语在其所处的互动语境中具有非常明显和清晰的评价性，主要有形容词、名词、动词与副词等。

4.3.1.1　形容词及形容词组

形容词是表示性质状态的词，主要用于表示事物的性质与状态（邢福义 1997：174）。评价是形容词和形容词短语的主要功能和意义，刘月华等（2001）就曾提出评价义是形容词的基本语义特点。朱德熙（1956）根据短语结合功能划分了“性质形容词”和“状态形容词”，前者通常表示事物的性质，后者表示事物的状态。表性质的形容词很多具有评价义，如“愚蠢、残忍、激动、友好”等。表状态的形容词被认为所表属性跟一种量的观念或者说话人对于这种属性的主观估价作用发生联系，比如，形容词重叠式“老老实实”“干干净净”等和带后加成分的形容词“乱哄哄”“热腾腾”等都是带有主观估价作用的格式，包含了说话人的感情色彩在内（朱德熙 1980）。由此看来，无论“性质形容词”还是“状态形容词”都具有显著的评价功能。对语料的分析表明，形容词在法庭互动中使用频率相当高，它们是表示评价立场的重要手段。如：

（14）辩：你说你在办理胡某某专案的时候，发现了与二张相关的一些违法犯罪的线索，那么你是否采取了相关的措施，具体采取了哪些措施？

被：采取了非常必要，非常及时，也是非常有效的措施。具体是，第一

个，后来呢，接到了省公安厅刑警总队给的一个函，说J煤矿圈标的事情还没有被查处。当时，我就安排了，第一个这样的事情▲

被告人在其话语中连续使用了三个性质形容词“必要”“及时”“有效”来修饰中心语“措施”，这三个形容词均是表示积极意义的词语，而且说话人在三个性质形容词前面分别使用程度副词“非常”进行修饰，表达了他对其行为强烈的肯定评价。

（15）辩：我想提请法庭注意的是本案的关键证人，也就是今天出庭的唐某某和胡某某两位证人，他们面对庄严的法庭，面对我们控辩双方的质问，面对电视台的直播，面对我们部分人大代表及400多名旁听观众，做出的证词应当予以认定。

辩护人在名词“法庭”前面使用了“庄严”作为其修饰语。“庄严”是一个性质形容词，其含义是“庄重而严肃”（《现代汉语词典》2005：1792），是一个典型的褒义词，不仅表示了“法庭”的“单纯的属性”（朱德熙1980），在这里，更突出了说话人对这种属性的主观评价，反映了说话人对评价客体“法庭”的肯定评价。

（16）公：第四个问题，06年的8月，你是否安排廖某某为张某某建立假的特勤工作关系？

被：这不是假，而是真！

此例中，“假”与“真”均属于“绝对性质形容词”，即在意念上无程度区别的形容词（朱德熙1980）。绝对性质形容词是性质形容词的次类，在这里用来表示对“特勤工作关系”的不同的评价，公诉人将之定性为“假”，被告人则肯定其为“真”。

法庭互动中，对评价客体进行评价的形容词基本上为性质形容词，或以性质形容词为中心构成的形容词组。而状态形容词则很少出现，仅有几例。如：

（17）被：第二天，我马上就被换到了十一监，当即被打得伤痕累累，折磨得死去活来。

（18）公：被告人张某弘、张某新表面上是M市的风云人物，但他们的累累罪行却被人民群众看在眼里，记在心里，只是迫于其恶势淫威，大家敢怒不敢言。

例（17）、（18）中都包含有状态形容词“累累”，属于AA式状态形容词（张斌2010：123）。分别在例（17）中作补语，在例（18）中作定语，表示“不是一种轻微的程度”（朱德熙 1980），而是加重的、强调的否定评价。

（19）辩：……综上所述，当事人张某某作为 M 市一个开矿的业主，就挖矿和产供销过程而言，本来就涉及方方面面巨大利益，民间纠纷纷繁多样，极易酿成刑事案件，我们从当事人张某某走上犯罪道路上不难看出，他是因为某些特定的纠纷和个人的恩怨才致斗殴走向犯罪，他在本案中客观上的一系列行为的特征与黑社会，与黑社会组织犯罪有明确的界限和显著的差别，因此指控当事人张某某涉嫌组织领导、参加黑社会性质组织罪俱与事实不符，也与法律相悖……

“方方面面”属于基式为双音节名词的 AABB 格式状态形容词（张斌 2010：123）。说话人在话轮中将之与性质形容词“巨大”并列起来，共同修饰名词“利益”，这两个形容词都是表示否定评价立场。

法庭互动中，表示评价功能的形容词在词类上以性质形容词占绝对优势。从所处位置来看，它们多处于定语的位置。如例（14）中“非常必要，非常及时，也是非常有效的措施”、例（15）中“庄严的法庭”、例（16）中“假的特勤工作关系”，以及例（18）中“累累罪行”，形容词均处于定语位置。只有少数处于补语位置，如例（17）。

性质形容词作为定语或状语属于限制性的，尤其是双音节性质形容词作为修饰语的限制作用特别明显，往往有强调的意味（朱德熙 1980）。尤为重要的是，具有评价意义的形容词作为定语往往背景化为共享的、已知的信息，如例（16）中公诉人的问话中，信息“特勤工作关系的性质”或“特勤工作关系是真还是假”经由短语“假的特勤工作关系”被预设为共享的、已知的，要求对方回答的是“你是否安排”，若对方严格按照问话所要求和所期待的进行回答，那么他只能否定或肯定句中的信息“安排”，而不能否定或肯定“特勤工作关系”的“假”或“真”这一属性。所以，性质形容词所表现的人或事物的性质在定语位置能够被预设为共享的、已知的信息，这是其占有很高的使用频率的重要原因，也是法庭问话预设性的主要根源。

4.3.1.2　名词

名词是表示人物时地的词（邢福义 2001：159），它们“在汉语中数量最多，句法地位也最重要”（王钰 2000：3），在评价立场表达中也具有重要的作用和地位。张谊生（1996）曾提出现代汉语中一部分名词和名词短语的语义中包含着一定幅度的量度义，或者在一定的语言环境中临时获得量度义，量度义即评价义。如：

（20）你说你的生母是当时一位非常新派的女性……（张谊生 1996：68）

名词“新派”的前一构成语素“新”是含有度量义基础的形容语素，所以名词“新派”含有一定的度量义，能够被副词“非常”修饰。

马庆株（1998）则区分了“指称义”和“陈述义”。汉语的名词一般充当主语或宾语，表示指称义，但在某些情况下也可以充当谓语表示陈述义，如名词“港”在动宾短语“赴港”中表现为指称义，指称“香港”这一地方，但在述补结构“穿着很港”中表现为陈述义，表示对“穿着”的一种评价。

王珏（2000：21）指出名词的语义结构包含有概念义层、特征义层、语用义层三个层次，其中“特征义”是名词词义所指本身所含有的性质，而“语用义”包括语体义和评价义，如“农民”一词，具有“朴实、憨厚、勤劳、节俭、土气、保守、粗鲁、不大讲卫生”等特征义，在具体语境中，往往表示说话人的一种主观评价，相对于“乡巴佬、泥腿子”等，其语用义为“褒义”的评价义。

总之，名词用以指称人和事物，而任何事物的特征是多方面的，不同的特征在具体语境中激发人们多方面的联想和想象，使得名词得以在客观的命题意义基础上产生主观的内涵，具有评价功能。正如张谊生（1996）所说名词除了具有直接反映客观事物本质的理性义之外，还有一系列附加于理性义的意义和色彩，其中就包括说话人对所指对象的委婉含蓄的主观认识，对事物特征的主观态度和评价。法庭互动中，名词的评价立场功能不如形容词的评价功能突出和明显，更多地需要根据具体的语境来判断。如：

（21）公：那么到06年的时候，多长时间了，你自己算得清楚啊。作为--名老公安，你是否知道将这样一个重大的案情、机密泄露给当事人，是犯罪行为？

名词“老公安”由尊敬义语素“老”+职业名词构成，属于敬称名词（参看王珏 2000：98），含有熟悉业务等特征义，是评价义为“褒义”的语用义。公诉人先扬后抑，先通过名词“老公安”对被告人做出肯定的评价，然后以此为基础，对被告人的行为做出否定的评价——“犯罪行为”。

（22）上：我们转让的价格比较高，这跟炒股有点类似，你说转让价格这么高，人家看重的是我们YJ钨业原来的盈利能力。

名词“能力”属于性状义名词，这类名词之前常加“有/没（有）”，表示对事物所代表的性状程度上的评价与判断，即某事物或性质是否达到了说话人认定或期待的程度（社会平均值[1]）（参看温锁林 2010：46）。比如“有能力”是说能力很强，“没能力”是说能力不强。“有能力”还能再被程度副词修饰，如“很有能力”“非常有能力”，体现说话人利用认知标准时所融入的主观态度和评判立场，因此“能力”属于强性状义名词次类，它们在没有任何程度副词时，也常常含有程度高的意思（温锁林 2010：47），也就是说，该类名词所指的属性在显著程度上高于社会平均值。具体到此例中，名词短语“盈利能力”相当于“很有盈利能力”，表示说话人对 YJ 公司盈利能力这种属性的高于社会平均值，行业平均值的肯定评价。此处，说话人省去了“有 / 没有”语义算子，而将这种“领有、存在”的意义预设为背景信息、共享信息，使之客观化。

性状义名词都是人们对客观事物进行高度抽象而形成的，属于抽象的属性名词，尤其是强性状义名词，其抽象的对象是事物内在的属性，其性状义的计量平均值极富主观评判性，所以是互动中常见的评价手段。类似情况还有：

（23）辩：嗯，好。刚才上诉人张某问这个是否合法流入 YJ 钨业这个问题的时候，你要求委托单位、委托人进一步提供有关资料，做合法性鉴定，但是，这个 YS 总公司给中共 H 市政法委的文件里面已经讲到了它的合法性。

名词“合法性”属于高性状义名词，由形容词“合法”后加后缀“性”构成，抽象程度高（参看温锁林 2010：48）。在此例中，“合法性”这一名词短语出现了两次，其中，第一个“合法性”不具有评价性，属于无价值的（value-free）、单纯的描述性标记（Thompson & Hunston 2000:15），而第二个“合法性”含有评价意义，具有很高的主观性和社会价值负载。

又如：

（24）辩：一审判决，创造性地提出，在国有企业隐瞒国有资产，在民营企业私分国有资产，以及对《刑法》第三百九十六条所规定的主体资格作任意扩大行解释的做法严重违背了以事实为依据，以法律为准绳的法律基本法律原则。

名词“创造性”属于高性状义名词，由动词“创造”加后缀“性”构成，表示“属于创新性质”[2]。例中用作状语，修饰动词“提出”。“创造性”本是一个具有积极评价义的名词，但在这里，辩护人运用了反语的修辞手法，正话反说，

---

[1] 社会平均值，指的是在某个社会、生活环境或者具体交际的语境中，绝大部分成员所拥有的某一属性的一般程度（温锁林 2010：46）。

[2] 关于“创造性”释义，请参看《现代汉语词典》（第 5 版）第 215 页。

表示对一审判决的否定评价。

由上可见，性状名词并不一定要“出现在‘有/没（有）’”之后才具有性状义（温锁林 2010：44），但也不是任何时候都具有性状义，有时仅表示抽象的事物或实体，如例（23）中的第一个“合法性”。初步观察显示，当形状义名词之前含有或可添加“有/没（有）”或“程度副词+有”时，性状义名词都表性状义。

用于表示评价的名词，绝大多数属于抽象名词，或普通名词表示的抽象概念，如“合法性”。抽象名词的所指不是人或事物等可见可察的东西，而是看不见摸不着的概念，是人们对客观世界认识的过程或结果在头脑中的反映（王钰 2000：140）。这种抽象的事物和概念其空间性和实体性很弱，给人们的联想和想象提出了很大的空间，所以往往可以表示说话人的立场，在话语中留下“自我”的烙印。

4.3.1.3　动词

动词是表示动作或行为的一类词，它们在句法结构中活动能力最强，是一般句子里最重要的部分（胡裕树 范晓 1995：1）。实际上，汉语中的一些动词除了表动作和行为以外，同时还负载有部分评价意义，具有表评价立场的功能。如：

（25）公：上诉人张某，本检察员现在有几个问题问你。希望你在法庭上如实回答。听清楚没有？（3s）你原来在侦查阶段所作的供述是不是事实？

上：很多供述都是办案人员诱供和逼供的结果。（---）▲

从词汇意义来看，“诱供”是一个典型的贬义词，表示“用不正当的方法诱使犯罪嫌疑人、刑事被告人按侦查、审判人员的主观意图或推断进行陈述”（《现代汉语词典》2005：215）。这一释义中本身包含了不少评价义，如“用不正当的方法”中的“不正当”具有典型的评价功能。根据《现代汉语词典》（2005：68）“逼供”也是一个贬义词，表示“用酷刑或威胁手段强迫受审人招供”，释义中包含了表贬义的名词“酷刑”与表贬义的动词“威胁”“强迫”等。说话人使用动作动词“诱供”和“逼供”不仅描述了办案人员询问、审讯的行为和过程，更重要的是对他们的行为和过程做出了主观性的评价，属于对办案人员的否定评价。

类似情况还有：

（26）公：二零零零年三月三日三时许，被告人张某祥与其兄张某刚（男，三十五岁，已死亡），预谋后携带汽油、撬棍等作案工具，窜至张某华家院外。

动词“预谋”表示“做坏事之前有所谋划，特指做犯法的事之前有所谋划”[1]，动词“窜”表示乱跑、乱逃，常用于匪徒、敌军、兽类等，二者均体现了公诉人对被告人行为的否定评价。

（27）公：那么你在这个时候已经知道了张某某团伙是涉黑犯罪是吧？你是否跟这个吕某某以及廖某某在一起密谋要探听省厅秘密侦查这个 ‖ 团伙的犯罪事实。

根据《现代汉语词典》，动词“密谋”的解释是：秘密地计划（多指坏的）。动词“探听”，“多指方式比较秘密、措辞比较含蓄的探问”[2]。二者均体现了公诉人对被告人的否定评价。同时，这种评价意义在是非问句中背景化为共享的、已知的信息，对是非问句的直接回答无法否定这种评价意义。

从上述例证可见，动作动词是评价功能的主要手段。另外，言说动词也是非常重要的评价手段。如：

（28）公：周某的供述，还有这个周某父亲周某某的证言，都已经证实了这个周某的 X 店是一直处于亏损状态的。

言说动词“证实”表示“证明其确实”（《现代汉语词典》2005：1741），体现了公诉人对被告人的供述和证人的证言的肯定评价。

4.3.1.4　副词

副词是主要充当状语，也可充当句首修饰语或补语，且在一定条件下还可充当高层谓语或准定语的具有限制、描摹、评注、连接等功能的半开放类词（张谊生 2000：10）。张谊生结合副词的句法功能、意义和共现顺序，将副词划分为描摹性副词、限制性副词和评注性副词三大类。描摹性副词在句法上可以充当动词的准定语，主要用来对相关行为、状态进行描述和刻画。限制性副词句法上只能充当状语或句首修饰语，主要用来对动作、行为、性质、状态加以区别和限制。评注性副词则在句法上可以充当高层谓语，主要用来表示说话人对事件、命题的

[1] 关于“预谋”释义，请参看《现代汉语词典》（第 5 版）第 1669 页。

[2] 关于“探听”释义，请参看《现代汉语词典》（第 5 版）第 1325 页。

主观评价和态度。由此看来，副词的各次类中，评注性副词应该是表达评价的重要和主要手段。但是，评注性副词的主观评价功能，主要是关于命题真实性的态度，和命题的确性程度（参看张谊生 2000：56），所以大部分属于认识立场范畴（详见第 6 章）。只有小部分评注性副词与评价，即对事件和事物的价值判断相关，然而，它们中的多数都只能用来强化主观评价（详见本章 4.4.2 节），只有极少数评注性副词本身能够表达评价意义。例如：

（29）被：我说左科长，你太会写材料了，我说我以前也看过材料，你这样写，无非就是说为以后帮我换监子打下一个埋伏而已，是吧？

小句“你太会写材料了”有两个层次：“你会写材料”是中性的客观陈述，是第一个层次；在“会写材料”之前再加一个“太”，使得客观陈述“你会写材料”变成了一个主观评价，又是一个层次。副词“太”属于评注性副词（参看张谊生 2000），在句中充当高层谓语，表示对“会写材料”这一行为和状态的否定评价。

（30）公：……04 年 7、8 月份，M 阳市国土局出面调解，在调解过程中，张某某在国土局的会议室竟当众打了资某某一记耳光。国土局重新规划红线后，被告人张某某仍安排其煤矿工人强行在资某某煤矿红线范围内挖煤一个星期，才准许资某某煤矿开工……

公诉人在陈述“张某某在国土局的会议室当众打了资某某一记耳光”这一客观事件的同时，表达了个人的主观评价。这一评价立场通过评注副词“竟”体现出来。根据《现代汉语词典》（2005：726）副词“竟”的意思是“表示出乎意料之外”。该评注性副词的使用意在说明被告人张文新当众打他人耳光的行为是超出常人意料的，表达了一种否定评价立场。

法庭互动中，具有显著评价意义的副词不是评注性副词，而是描摹性副词，它们不仅仅对相关行为、状态进行描述和刻画，还具有评价立场功能。请看：

（31）公：2003 年的 7 月，被告人张某某安排其经营的 M 市 HS 煤矿的工人越界开采煤炭，不久便与 YT 煤矿打穿。HS 煤矿工人将 YT 煤矿井下的电缆、风机、煤钻等生产设备强行拖走，使 YT 煤矿停工。

副词“强行”属于描摹性副词，意思是“用强制的方式进行”[1]。该副词的使用一方面将 HS 煤矿工人拖走生产设备的情状和方式形象地描述摹写出来，另

[1] 关于“强行”的释义，请参看《现代汉语词典》（第 5 版），第 1096 页。

一方面也体现了公诉人对被告人张某某行为的否定评价。

又例如：

（32）辩：不难看出，司法鉴定书故意地挑取了对三上诉人不利的证言，主观上推衍出了对三上诉人不利的鉴定结论。

辩护人使用描摹性副词“故意”来修饰谓语动词“挑取”。《现代汉语词典》对该词的释义为：法律上指行为人明知自己行为会造成侵害他人或危害社会的后果，而仍然希望或放任结果发生的心理[1]，具有明显的否定评价功能。

4.3.1.5　小结

词汇是法庭互动中重要的、最基本的评价手段。从词类来看不仅有形容词，还包括名词、动词和副词等。为了突出某个词类的评价立场功能，上述小节对这些词语进行了单独的分析，实际上，说话人在互动过程中往往同时运用多种词汇手段来表达评价立场。如：

（33）公：在与以余某某为首的团伙多次持械斗殴中，被告人周某一伙不但没有受到法律的追究，而且还由于被告人张某某找关系而被保释出来，这一件事，犹如给张某某一伙打了一针强心剂，更加助长了他们为非作恶的嚣张气焰。

小句“更加助长了它们为非作恶的嚣张气焰”是明显的表示否定评价立场的话语。这一评价立场综合使用了动词“助长”、形容词“嚣张”和名词“气焰”等词汇手段。其否定评价立场可从它们的词汇义中看出。查检《现代汉语词典》（2005），“助长”的释义是：帮助增长（多指坏的方面），“嚣张”的释义为：（恶势力、邪气）上涨、放肆；“气焰”的释义为：比喻人的威风气势（多含贬义）。这三个词的共现与连用充分表达了公诉人对被告人的否定评价立场。此外动词性短语“为非作恶”也表示一种否定评价立场。

4.3.2　隐性评价手段

上节阐述的评价手段都属于显性评价手段，主要是利用词汇本身所具有的意义和功能来表达。法庭互动中，除了这种显性的评价手段，说话人还运用隐性手段来表达评价立场，这种评价功能不是命题本身所含有的，属于言外之意

[1] 关于“故意”的释义，请参看《现代汉语词典》（第 5 版），第 493 页。

（implicature），需要进一步推理和加工。法庭互动中的隐性评价主要是借助转述言语行为[1]来表达。如：

（34）上：这个，检察官马上就提示说，那你是和王某一起安排的。

上诉人转述了检察官的话语，其中，转述动词“提示”的意思是“把对方没有想到或想不到的提出来，引起对方注意”，动词“提示”本身并不对所指的动作和行为表示评价，但是在具体语境中，检察官在审讯过程中向受讯的涉嫌犯罪人员提示案情，则含有“检察官在审讯过程中违背了秉公执法的原则”的言外之意，隐含了言者对检察官的否定评价。

转述言语行为作为隐性评价手段，除了通过转述动词的选择来进行评价以外，其评价立场更多的是通过转述语本身来表达。例如：

（35）辩：张某祥几次和我讲，说你和我们家人讲，积极赔偿，啊，积极赔偿，毁了人家东西对不起人家，不管我哥哥死不死，什么后果，不管那煤窑将来怎么开，不管张某华补不⊥补不补交这款，我们把这钱给补齐了。

辩护人转述了被告人的话语，转述话语的言外之意是：被告人对自己的过错有所悔改，对被害人所造成的损失积极进行补偿，体现了辩护人对被告人的肯定评价。

（36）被：他就说，哎，你是哪一个啊你？他就那样说……他说，你小子想找死还是想消失啊？

被告人通过直接引用“他”（被害人）的话语似乎仅仅是客观地重述，却投射了对被转述者的否定评价，表现了被害人的嚣张气焰，构建了被害人的消极形象。

法庭互动中，转述言语行为是非常重要的隐性评价手段。通过这种隐性评价手段，诉讼参与人，尤其是被告人能够突破法庭中对主观评价行为的限制。请看：

（37）被：交完了以后，这不 --- 那个我也不知道我哥怎么看见他买了一个别克车。他说他有钱开煤窑，有钱买车，没钱给咱们交利润，让咱们替他交。这不我哥 --- 就怀、怀恨在心了。他说呢哪天我非得给他烧了。我哥这么说过。我当时劝过我哥，我说别干，我说咱们现在，挣点钱不容易，别干傻事儿。

此例关于一起纵火烧车案件，被告人转述了案发前被告人和他哥哥（在案件

[1] 关于转述言语行为，详见本文第 6 章 6.4。

中已死亡）的言语活动，其中，转述言语“他说他有钱开煤窑⊥有钱买车，没钱给咱们交利润，让咱们替他交”和“他说呢不哪天我非得给他烧了”都是对被告人哥哥话语的引用，言外之意是：我哥曾提起烧车的犯罪意图，是因恨而起烧车的犯罪动机，属于对被转述者行为的否定评价。另外，转述言语“我说咱们现在，挣点钱不容易，别干傻事”是对被告人自己话语的引用，言外之意是：我曾努力劝说我哥终止犯罪，属于对被转述者（自己）的肯定评价。可见，被告人通过转述言语行为巧妙地对他人和自己的行为和事件做出了评价，这种评价如果以直接的方式在法庭中表达，势必会遭到拒绝，并引起法庭的反感。

4.4　法庭互动中评价立场的特征

4.4.1　预设性

前文在阐述形容词和形容词组以及名词，尤其是性状义名词的评价立场功能时，已经涉及了法庭互动中评价立场的预设性这一特点。可以说，预设性是法庭话语，尤其是法庭问话中的评价立场行为的突出特点。

预设是自然语言中的一种常见语言现象。英国语言哲学家 Strawson 曾指出，自然语言中任何有意义的语句都能推导出一个背景假设，即预设，且该预设可表现为一个语句[1]。交际言语活动中的预设共同被称为语用预设（pragmatic presupposition），指的是在具体的交际环境中交际双方所共同知晓的信息（何自然 1997）。交际互动中，说话人的话语或话语的某一成分和结构可以触发人们的一种预设性的语用推理，这些与预设相联系的特定成分被称作预设触发语（参看 Levinson 1986）。当某一评价立场表达手段为预设触发语时，这种评价立场便具有了预设的性质，如上文例（16）、例（22）、例（23）等。又如：

（38）公：你在这些合同诈骗当中总共骗取了多少钱？

被：呃，经我手的，就老百姓买房直接把钱交给我的大概是 110 余万元。

公诉人话语中，“合同诈骗”“诈骗”和“骗取”三个具有典型否定评价意义的词语被置于状语当中，成为问话中的背景信息和已知信息，也就是说，否定

[1] 转引自 Levinson. 语用学论题之一：预设 . 沈家煊，译 . 当代语言学，1986（1）：29-36。

评价立场被预设为说话者与听者共享的信息。

预设性的评价立场是一种很巧妙的话语策略，如上例中，公诉人不与被告人就“是否诈骗”进行询问，而是将“诈骗”当成既定事实。而被告人没有否定问话中的预设，也就是承认了公诉人所预设和指控的“诈骗”评价。这种预设性的评价立场在话语中往往都位于背景信息中，而不是焦点，听话人由于只注意焦点信息，而忽略了对方话语中的预设性评价，掉进了对方的“陷阱”中。

4.4.2 对话性与独白性

对话性与独白性是两个相对的概念，根据巴赫金（Bakhtin）（1981），对话性（dialogicality）指的是话语或语篇中存在两个或两个以上相互作用的声音，它们形成“同意和反对、肯定和补充、问和答的关系”，所以话语或语篇的对话性和独白性取决于说话人以何种方式、在多大程度上体现其他声音的存在。法庭互动中，当说话人通过各种显性或隐性的评价手段表达自己对某些事物、事件或人的意见、观点和判断时，同时以一种对话性的方式同其他已有或现有的声音与评价联系起来，则体现了评价立场的对话性。如：

（39）辩：通过几天来的庭审，我们已经看到被告人张某某并不是一个横行乡里、为非作恶、无事生非、欺压残害群众的劣迹斑斑的人，而是一个曾经做过许多造福乡里、扶贫助困的好事，在当地口碑较好的人，并且有重大立功表现。

此例为一辩护人在法庭互动中所发表的辩护词的一个片断。在这段话语中，辩护人表达了对被告人张某某的肯定评价。辩护人的这段辩护词紧密联系了己方先前的话语，与之呼应，高度介入控方的话语，具有明显的对话性。首先是与公诉人话语的对话。在公诉词中，公诉人说道：“这些证据充分证明本院的指控事实清楚，证据确实充分，足以认定。为了进一步揭露犯罪，证实犯罪，弘扬法治，教育公民，现发表如下公诉意见：根据《中华人民共和国刑法》和全国人大常委会《关于刑法第二百九十四条第一款的解释》的规定，黑社会性质组织是以暴力、威胁和其他手段，有组织地进行违法犯罪活动，称霸一方，为非作恶，欺压残害群众，严重破坏经济、社会、生活秩序的违法犯罪组织。”由此可见，辩护人话语中“横行乡里、为非作恶、无事生非、欺压残害群众的劣迹斑斑的人”是对公诉人声音和评价“黑社会性质组织是以暴力、威胁和其他手段，有组织地进行违法犯罪活动，称霸一方，为非作恶，欺压残害群众，严重破坏经济、社会、生活秩序的违法犯罪组织”的指涉、概括和引用，通过在贬义性评价词汇前添加评注性副词短语“并不”，从而以强调的形式否定了公诉人的评价立场。

后续话语中，辩护人建构了自己对被告人的评价立场。在构建评价立场的过程中，辩护人也不是简单地提出自己的主观观点，“造福乡里、扶贫助困的好事，在当地口碑较好的人”是与被告人张某某的另一辩护人话语的对话。另一辩护人在辩护词中讲述道：“张某弘、张某新两兄弟因为自己的义举行为得到了广大百姓的较好的评价。张某弘、张某新他们出资数百万为所在的村⊥泥湾村进行新农村建设；张某弘、张某新捐资上百万元为 D 乡等十多个村修建道路，改善村民的交通状况；他们自 2003 年以来，当时在国家每人每年只发两百元的补助费的情况下，他们为 D 乡十多个村的五保户、贫困户按每人每年发四百元补助费；他们捐助巨资建学校，改善办学条件，为提高教学质量，为学校出资到外地聘请素质较高的老师，为全村所有贫困学生免除学杂费，出资奖励高考考取一本、二本的学生，资助贫困学生上大学；他们出资为村里进行⊥进行农网改造；为每户出资安装电话。”例（39）中辩护人对被告人的肯定评价正是建立在另一辩护人所提供的事件和评价基础之上，是对另一辩护人声音和评价的概括和引用。

另外，评价语“有重大立功表现”也是与前文的对话。在举证质证过程中，辩护人提出了“根据 M 市公安局《证实张某某有立功表现函》的最后一句话，根据《中华人民共和国刑法》第六⊥六十八条第二款之规定，张某某属于有重大立功表现，特此证明”这一证据，所以“有重大立功表现”这一肯定评价是对前文的指涉和引用。

话语是说话人与实际的和潜在的听者协商意义的场所，这种协商是通过带有不同特质的声音来完成的。不同的声音在话语中构成对话，这种对话以“双声”甚至“多声”表现出来，而声音的背后则是具有不同意识的主体。例（39）中，辩护人的评价立场言语行为通过与公诉人、另一辩护人，以及自己的先前话语进行对话，使得自己的评价立场更加具有针对性、更加充分、更加可信。

法庭互动中评价立场的对话性，不仅体现在与先前话语的对话上，还体现在与潜在话语的对话上。请看：

（40）上：播放没有问题，但是我这里要说明，因为办案人员在讯问我的时候并不是全部在这个有录音录像的地方，大部分时候是看守所，是没有录音录像的情况下。

（41）公：审判长我们要求播放。因为刚才张某明显在说假话，大部分的时间是在派出所，在侦查长达九个多月的时间，他只拘留了10来天时间，大部分的时间都是在外面的。

此两例来自于同一案件。联系两例可以发现，例（41）中公诉人对例（40）中上诉人张某的先前话语进行了评价，将之评价为“说假话”，属于与已有现实话语的对话。尔后，公诉人在后续话语中阐述了其评价的理由，这是对潜在的可能提出质疑的声音的考虑，充分体现了评价立场行为的对话性与协商性。

与潜在话语的对话性有一个重要的表达手段，即是由代词或名词加心理动词如“认为”构成的主谓短语来表示。请看：

（42）上：这个，我认为一审法院在判决的时候，还是重了很多口供，比如说，检察院在提供的很多证人证言当中，他的这个，他们搞的材料确实非常扎实，很多人都说想给重组企业留点资产，都有这样一句话，但是怎么样留，有没有权利留，有没有留，这个东西很难说。

上诉人对叙述对象“一审法院的判决”进行了评价，评价为“重了很多口供”，属于否定评价。在此评价话语之首，上诉人使用了第一人称代词“我”加心理动词（如“认为”“想”等）构成主谓结构。汉语中的“我认为”，相当于英语中的“I think”，被称作认知立场标记（Kärkkäinen 2003：196），表示对后接命题的不确定性。但是短语“我认为”表达认识立场的功能（详见第6章）与其所表现的对话性特征并不矛盾。在系统功能语言学中，它被称为“隐喻性情态”（Halliday 1994：208），表示说话者在言语中的主观介入程度，“I think（我认为）”具有“协商（deliberative）”的功能，强调说话人的主体性，相当于“这是我的意见”。也即是说，“我认为”表示后面所接意见只属于特定认识主体——我，不同认识主体可能持完全不同的意见（张家骅 2009：249）。那么，例（42）中，上诉人评价性话语前的短语“我认为”表示“一审法院在判决的时候重了很多口供”这一观点为自己的主观评价，其他认识主体可能有不同的意见，体现了上诉人评价立场的对话性与协商性，这也是为什么上诉人在后续话语中通过举例“比如”来进一步支撑自己的观点和评价的原因。

相对地，当说话人在建构评价立场时，没有体现或不考虑其他已有的或是可能的异质的声音的存在时，则体现了其评价立场的独白性。如：

（43）辩：众所周知，原C钨矿在破产改制之前是严重亏损的。

辩护人对评价客体“原 C 钨矿”的评价为“严重亏损”，其中的形容词“严重”和动词“亏损”均表达否定评价立场。此外，说话人还使用了“X 是 Y 的”句式，该句式由副词“是”和语气词“的”结合形成，用于对位于其中的成分进行评注性强调（张谊生 2000：53）。辩护人使用该句式旨在表达其对原 C 钨矿财务状况的强烈的、坚定的否定评价立场。而话轮之首的结论标记“众所周知”，其中动词“知”，即“知道”，它的语义中包含事实预设，即语义中不仅包含“认识状态主体在其意识中有命题 P”，而且“P 的所指在现实世界中是有的”（张家骅 2009：244），也就是辩护人表示“原 C 钨矿在破产改制之前是严重亏损的”这一评价是作为事实存在于客观世界的，因此，“众所周知”表示这一评价不仅属于评价主体，而且还属于听话人、所有大众。也即，“众所周知”的使用排除了其他一切可能的不同的观点。辩护人的否定评价立场具有独白性的特点。

又比如：

（44）辩：因此，确定在 2002 年 6 月 6 日 C 钨矿宣告破产以前，原 C 钨矿是否存在私分国有资产的犯罪行为，成为本案的关键，如果原 C 钨矿发生了犯罪行为，就不能以私分国有资产罪来追究在 C 钨矿破产以后依法设立的私营企业 YJ 钨业的刑事责任，所以，追究 YJ 钨业的责任显然是错误的，属于这个主体错误。

辩护人对“追究 YJ 钨业的责任”这一行为的评价是“错误”，属于否定评价。辩护人使用了评注性副词“显然”来强化自己的评价立场。副词“显然”表示“容易看出或感觉到”（《现代汉语词典》2005：1477），说明辩护人将受话者定位为共享其评价立场，而没有留有对这一评价立场进行对话和协商的余地，体现了独白性的特点。

法庭互动中，说话者表达立场和态度，不仅仅是一种主观自我表达，同时还是一种主体交互性的活动。他们或通过引用、隐喻性情态等手段来体现与其他已有的或潜在的观点之间的对话与协商，邀请他人来认可、支持他们所表达的评价或通过副词等将受话者定位为共享其评价立场。对话性是法庭互动的评价立场的主要特征，独白性评价立场只是偶有出现。无论是选择对话性还是独白性评价立场，都与评价主体在互动中的交际目的具有直接的、重要的关系，这一点我们下文再述。

4.4.3 强化与弱化

根据评价立场的不同程度的价值取向和定位，本书将之区分为肯定、中性和否定评价三种类型，这三种评价立场虽然呈现出一定的连续性，但是基本上可以划分为三个基本的区间。法庭互动中，说话人在表达肯定、否定评价性意义时，体现出不同的强度，还通过词汇、语法手段来强化或弱化特定评价立场：

（45）被：第四个啊，这个特勤，公诉机关读的材料中张某某的供述有点不真实，就是这个建立表的时候，那个张某某⊥根本在上面他没有签，什么自己的姓名，什么家庭是他自己写的，这事不可能。

对于叙述对象“公诉机关读的材料中张某某的供述”，被告人做出了“不真实”的否定评价，在这一评价之前，说话人使用了“有点”来修饰形容词短语“不真实”。“有点”是一个程度副词，表示程度不高；稍微（多用于不如意的事情）（《现代汉语词典》2005：1652）。该副词的作用是往小了说，具有弱化功能。

（46）辩：上诉人张某并没有私分国有资产，而是为N县的经济建设和社会发展做出突出贡献的。众所周知，原C钨矿在破产改制之前是严重亏损的，据我们的统计，在1996年到2001年期间就亏损了6962.2万元，这实际上也是国有资产的大量损失。

辩护人分别使用了表积极意义的名词“贡献”来评价上诉人张某的有益行为，使用表消极意义的动词“亏损”来评价原C钨矿的经营状况，使用消极意义的名词“损失”来评价该企业于1996年到2001年间国有资产的流失。而在这些表达评价立场的核心词语之前分别使用了形容词“突出”、副词“严重”和形容词“大量”等具有强化功能的词来进一步增强其评价立场，并通过否定立场与肯定立场的鲜明对比来感染和打动听话人，说服他人接受自己的话语立场。

法庭互动中，参与者常使用“X是Y的”结构来表达评价立场，这一结构具有强化说话人评价立场的功能，还常与表示强调的副词和形容词搭配共现。如：

（47）辩：一审认定被告人私分国有资产的行为分为隐瞒和私分两个阶段，经历C矿、YJ公司两个单位是完全错误的。

辩护人将一审的认定评价为“错误”，属于否定评价。在评价立场建构中，辩护人采用的是“X是Y的”结构，表达了辩护人对叙述对象强烈的、坚定的否定评价态度。而在“X是Y的”这一评注性强调结构之前，辩护人还使用了评注性副词“完全”，进一步增强了否定评价立场。

（48）上：我认为我们已经向法庭提供了很多证明生产时间，6 月份已经生产的来佐证这份报表。比如说，这个劳动的安排，工资发放表，这些东西那都是非常真实的。

上诉人对叙述对象“这些东西”，具体指的是“劳动安排（表）”和“工资发放表”的评价是“真实”，属于肯定评价。这一肯定评价立场也是通过评注性强调结构“X 是 Y 的”结构得到进一步的加强，表达了上诉人的强烈肯定。另外，上诉人还使用了程度副词“非常”来修饰评价性形容词“真实”。二者同时强化了评价话语立场，增强了语言的表达力。

除了通过表示程度的副词和形容词，以及特定语法结构，如“X 是 Y 的”结构来强化评价立场，说话人还通过多个同义评价性结构连用来强化自己的话语立场。如：

（49）公：被告人张某某一伙在 M 市之所以能为非作恶、有恃无恐、气焰如此嚣张，与被告人肖某等极个⊥极个别国家工作人员的包庇、纵容是分不开的。

公诉人连续使用了三个贬义色彩的短语“为非作恶”“有恃无恐”“气焰嚣张”来对被告人张某某一伙做出否定评价，表现了公诉人对这一否定评价立场的强调和突出。另外，对于肖某等极个别国家工作人员的行为的评价，使用了两个近义动词“包庇”“纵容”来突出对其的否定评价立场。

总的来看，法庭互动中，不管是否定评价还是肯定评价，对评价立场的强化远远多于对评价立场的弱化。法庭是关乎利益、自由，甚至生死的较量之地，控辩双方之间具有明显的、强烈的冲突，所以强化是法庭中评价立场的明显特征也是自然之事。

4.4.4　归他性与归己性

任何言语，不管是口头的、书面的，或是思想的，如果呈现的方式是从他人而不是说话者处发出，那么，就是归他的，如果是说话者他自己说话，则是归己的（Huston 2000：179）。从立场表达的角度来看，归他与归己的问题实质上就是话语立场“可以归属于谁（to whom this be attributed）”的问题，即在互动中谁被提及为评价的来源与主体。根据 Bednarek（2006），一般而言，来源要么是当前说话者，即自我，如例（50），要么为他人，即第三方，如例（51）。

（50）上：我依然认为一审法院的这个判决依据是不充分的，对我的判决是错误的。

上诉人对一审法院的判决依据的评价为“不充分”，对一审法院判决的评价为“错误”，都属于否定评价，而且，上诉人通过“我认为”明确表示评价来源于自己，属于归己性评价立场。

（51）公：在公安侦查卷的第三卷的第26页，廖某某还供述说……我之所以要张某某使用无法侦听的手机，是为了防止公安机关技术部门监听啊，监听不到我和他的通话内容，因为我和他之间说的很多话是违反纪律的，我不想，被掌握把柄。

此例为公诉人举证阶段的话语，公诉人宣读了廖某某在侦查阶段的供述，其中，廖某某将他自己与“他”（被告人张某某）之间的很多话评价为“违反纪律”和“把柄”，属于否定评价。而这一否定评价的来源是被告人廖某某，而不是公诉人本人，所以属于归他性评价。

相对于归己性评价，归他性评价属于有标记的（marked），而归己性评价并不一定像例（50）那样明确地标示为自我话语与评价，通常是无标记的（unmarked）。例如：

（52）辩：一审法院无视原清算主管部门的相关文件以及原H市中级法院关于C钨矿破产改制一系列的生效的裁定书，任意地扩大刑法第三百九十六条关于私分国有资产最适应主体的解释，通过推理的方式，对上诉人定罪量刑，实属是对法律的一种亵渎。

描摹性副词“任意”和动词“亵渎”都表达了辩护人对一审法院判决的否定评价，而且这种评价是来自于辩护人自己，但没有使用任何语言手段来标记这种归己性。

相对地，归他性评价则需要使用一些语言手段进行标示。如例（51），又如：

（53）公：根据周某的供述，还有这个周某父亲周某某的证言，这个周某的X店是一直处于亏损状态的。

公诉人将对“周某的X店”的否定评价“亏损”归于周某和周某父亲，介词“根据”加名词短语形成的“根据+N”结构是法庭互动中重要的归他性评价标示手段。

法庭互动中，归己性评价还出现了归于复数第一人称“我们”的现象。如：

（54）公：所以我们认为以后这几份什么生产平衡表吧，应该是虚假的，请法庭不予采信。

对生产平衡报表的评价是“虚假”，属于否定评价，这一评价的来源在话语中被明确为“我们认为”，“我们”指的是公诉方，说明公诉人的话语和评价立场代表公诉方。

法庭互动中，归他性评价除了归于第三方他人，还出现归于第二人称你或你们的现象。如：

（55）公：那你怎么又加入那一团伙里面去呢？

被：我加入他团伙那是因为朋友介绍，我原先在他那⊥他那公⊥他那搞赌场的时候，我在他那打了牌，再加上我欠了他几千块钱。欠了几千块钱，后来就由这个事情追溯下来，他也没有逼我，因为都是朋友，介绍的就认的，有个，他们之间有个关系在这里。

公：你意思是说，你认为他很讲义气，所以你就经过朋友介绍，然后你就加入那一团伙了？

公诉人第二个话轮中的话语“你认为他很讲义气”，“很讲义气”是对“他（另一被告人杨某）”的评价，属于肯定评价，而公诉人将这一评价归于互动的对方“你”，即被告人。“你认为”是归他评价的标记语。

又如：

（56）审：上诉人张某、王某、吴某某，你们在庭审中提出原侦查机关审讯存在着诱供现象，现在这个检察员，已向本庭提供当时的录音，同步录音录像，你是否同意现在播放。

此例中，否定评价“诱供”被归于上诉人一方“你们”。

归他和归己可能出现在同一话语中，因为“任何归他都是归己的”（Hunston 2000：179），具体到评价来说，归他性评价可以嵌套在归己性评价中。如：

（57）公：当时的其他证据证人证言也好，都是证实隐藏了七十多包三吨多。

根据案情并结合词汇意义，动词“隐藏”是对上诉人行为的否定评价。这一否定评价来源于证人，而这一否定评价同时又得到了公诉人的评价，动词“证实”的意思是“证明其确实”，属于肯定评价，所以出现了归他性否定评价嵌套归己性肯定评价的模式。

又如：

（58）被：是这样的，有个要点，公诉人员称，他说周某某、李某某、陈某某等人证实2004年7、8月份请我在粮油饭店吃饭。之后我去派出所单独提审，诱使李某某翻供，这明显是办案人员东拼西凑，假想出来的证词。

此例中，话语信息“诱使李某某翻供”中，动词“诱使”是对被告人（“我”）的提审行为的否定评价，这一否定评价来源于第三方“周某某、李某某、陈某某”等证人，而这一评价同时又得到了公诉人的评价，动词“证实”体现了公诉人对这一证人证言的肯定评价，最后，被告人通过归己性评价“东拼西凑，假想出来的证词”表示被告人对办案人员及其行为的否定评价。于是，出现了归他性否定评价嵌套归他性肯定评价嵌套归己性肯定评价的模式，三个评价的嵌套关系可如图4-1所示：

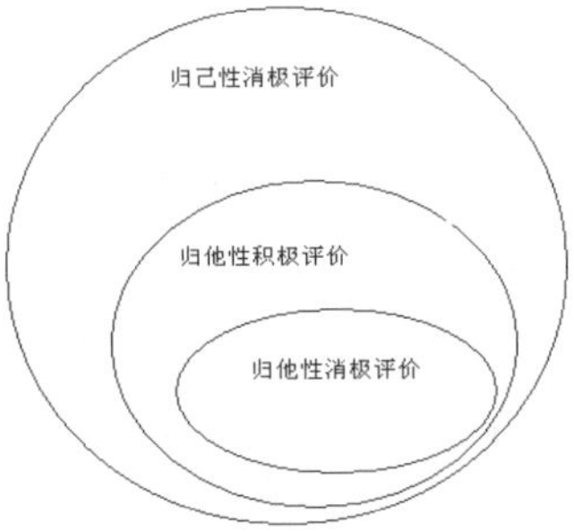

图4-1 归己性评价与归他性评价的嵌套关系

归己与归他之间的区分可用于定位各种信息的不同责任归属。法庭中，区分立场表达的归己性与归他性对于认定说话人对评价责任的承担有很大关系，一般而言，说话者往往对归己性评价承担责任，而将归他性评价的责任归于被归属者。上例（56）中，审判员将对侦查机关审讯的否定评价“诱供”归于上诉人“你们”，表示这一评价的责任由上诉人承担。

并不是所有归他性评价都表示对责任的分离，通过对归因动词或名词的选择，说话人可以表示对归他性评价承担部分责任，或与被归因者一起共同分担评价责任。如：

（59）公：周某的供述，还有这个周某父亲周某某的证言，都已经证实了这个周某的X店是一直处于亏损状态的。

此例中，对叙述对象“周某的X店”的否定评价“亏损”的责任被归于周某和周某的父亲，而动词“证实”表明公诉人对“评价”的肯定评价态度，所以表示支持周某和周某父亲的评价立场，从而一起共享对此评价的责任。

4.5　法庭互动中的评价立场建构与目的追求

评价立场的建构是评价主体有意识、有目的地将价值判断活动所获得的结果借助一定符号系统、通过一定方式传达给他人、与他人互动的一种活动，它属于一种社会交际活动。法庭互动中的评价主体，主要包括法官、公诉人、辩护人和当事人。他们围绕着各方的目的展开对人、事物、事件、行为、思想等的价值判断，充分体现了法庭话语互动的策略性和目的性。

4.5.1　法官的评价立场建构与目的追求

法官作为法庭审判的组织者和仲裁者应该保持中立的立场，在倾听对立的控辩双方的意见基础上，不带任何偏见地、不偏不倚地做出判断和评定。法官的这种中立立场，反映在评价立场建构中，一方面表现为法官在法庭的事实调查、举证质证以及辩护阶段极少发表评论性言语，另一方面也体现在庭审过程中少量评价行为的中立性质和特点上。例如：

（60）审：宣布继续开庭。五天半的法庭调查认真地听取了双方对质证，对证据的质证意见。双方都出示了大量的⊥向法庭出示了大量的证据。这些证据法庭将在休庭以后，合议庭将进行认真的评议。评议以后，对这些证据再予以确认。现在宣布法庭调查结束，开始法庭辩论。首先由公诉人发表公诉词。

（61）审：公诉人、辩护人，昨天法庭认真听取了公诉人和被告人张某弘、张某新、周某的辩护人近⊥近三个小时的发言，从法律、司法解释和学术理论等方方面面就犯罪的过程，他们作了全面深刻的阐述。

例（60）中，审判长对控辩双方在举证质证阶段的行为进行了评价，使用了“大量的证据”一词对双方的行为做出了中性的评价。例（61）中，审判长评价了控辩双方在辩护阶段的行为，“全面深刻的阐述”表达了审判长的肯定评价立场。由于是对双方行为的同时评价，所以也体现了审判长的中立评价立场。

法庭审判是法官根据案件事实、证据，以及法律做出裁判的活动，所以法官势必对当事人的行为做出最后的判断和评定，也就是说法庭审判最后的程序，即宣判是法官的评价立场言语行为的主要和必然发生地。法官在判决阶段的评价多具有对话性。例如：

（62）审：合议庭认为被告人张某某因上缴承包金问题，与他人发生纠纷后，不是通过有关部门或组织予以解决，而是通过放火的方法故意毁坏公私财物，数额巨大，其行为已构成故意毁坏财物罪，应予惩处。

（63）审：鉴于被告人已赔偿被害人的经济损失，认罪态度较好，法庭酌情从轻处罚。

例（62）和例（63）来自于同一案件的判决词。例（62）中，审判长最后对被告人的行为做出了判断和评定，否定评价“故意毁坏公私财物”“数额巨大”“构成故意毁坏财物罪”，是与公诉人的指控的对话；而例（63）中，审判长对被告人赔偿被害人经济损失行为的肯定评价“（认罪态度）好”，则是与辩护人辩护意见的对话。

因此，法庭互动中，审判方的评价立场出现频率较少，而且立场行为具有中立性和对话性两个重要特征，这样的评价立场一方面有利于实现其中立的审判立场和目的，一方面也是其中立审判原则和行为的反映和体现。

当然，在形形色色、良莠不齐的法庭审判中，我们也发现法官话语中含有不中立评价立场言语行为的现象。例如：

（64）审：被告人张某某，刚才公诉人宣读的起诉书与你收到的起诉书副本内容一样吗？

被：报告审判长，一样。

审：下面你就起诉书指控你的犯罪事实进行陈述。

被：这个起诉书上面打的是我跟我哥预谋，我没跟我哥预谋，我哥制造的作案工具我 ‖ 一概不知。

审判长第二个话轮中的话语“犯罪事实”，实质上是对被告人行为的评价和定性，属于对被告人行为的否定评价，并且这种评价被预设为共享的事实，具有预设性。而《刑事诉讼法》（1996）明确规定：“未经人民法院依法判决，对任何人都不得确定有罪。”因此，“犯罪事实”这一评价是审判长在作判决之前对被告人行为的有罪预设，完全有违中立审判的立场。

4.5.2 公诉人的评价立场建构与目的追求

法庭审判中，公诉人行使控诉的职能，他们的一切活动都是为了证明被告人有罪或罪重，与辩方的辩护人和当事人处于对抗的关系和立场（参看欧卫安 1998）。公诉人的这种职能、目的追求和目的关系充分反映在其评价立场的表达与建构中。

4.5.2.1　对当事人的评价立场

法庭互动中，公诉人的目的追求首先反映在大量地对当事人及其行为做出否定的评价。而且，公诉人的这种否定评价，具有预设性这一最大特点。问话在法庭话语互动中占有极重比例，而一切问话都包含预设，只是不同问话的预设方式和信息不一样（廖美珍 2005c）。公诉人的问话在法庭问话中所占比例最高（参看廖美珍 2003），而且其问话中所预设的立场，尤其是对被告人的否定评价立场出现频率很高。公诉人运用各种表达手段对其否定评价立场进行预设，从而对被告人进行有罪预设。如：

（65）公：啊，每次行骗的方法一致吗？

被：一致。

动词“行骗”在这里是名词“方法”的定语，表示否定评价。公诉人的是非问中，“行骗”这一评价立场是事实和询问的出发点，为共享的、达成一致的认识和信息。对是非问的回答一般只能是肯定或否定“一致”，而不能否定“行骗”这一评价。所以，被告人的答话不仅肯定了方法的一致性，还肯定了“行骗”这一评价立场。

类似情况还有：

（66）公：那么每次这些赃款，所⊥每次取得的赃款，都，分赃了吗？

被：每次的赃款都由杜某某分。

公：都由杜某某分赃？。

被：嗯。

公诉人话语中的名词“赃款”、动词“分赃”都预设“物品是通过非法手段得来的”。是非问话中，“赃款”“分赃”都是背景信息，而不是焦点信息，通过这种背景化，公诉人得以把这种否定评价立场处理为一种预先设定的东西。

公诉人对被告人的否定评价还往往具有强化性的特点。例如：

（67）公：被告人张某弘负责的组织犯罪多达二十二起，绝大多数犯罪张某弘既为指挥者，又为战斗员，亲自冲锋陷阵，为该组织屡建奇功。被告人张某新为该组织寻求保护伞，大肆向国家工作人员行贿。有时也从后台跳到前台，亲自指挥策划组织成员进行犯罪活动，为该组织立下了汗马功劳。

公诉人多使用了多个具有褒义语义的词“指挥员”“战斗员”“冲锋陷阵”“屡建奇功”“汗马功劳”，来对被告人行为做出否定的评价。也就是说，这些词都属于“反语”的用法，反语具有讽刺的功能，对评价对象进行辛辣的讽刺和抨击（邵新光 2007），从而凸显、强化了公诉人对评价客体的否定性。

（68）公：被告五人为攫取不义之财，把实施这个犯罪的对象定位于老年妇女，针对这类群体，她们最大的企求就是家庭成员健康平安，这样一个心理，犯罪的足迹踏遍了 8 个城区，攫取的数额达到了 30 余万元，其犯罪手段的卑劣，社会危害性之大，社会影响之广，是无以言表的。

在公诉人这一段辩护词中，“其犯罪手段的卑劣，社会危害性之大，社会影响之广，是无以言表的”。三个排比句式的使用，强化了公诉人对被告人行为的否定评价，却有过分渲染、夸大其词，无限上纲的嫌疑（廖美珍 2005c）。

少数场合，公诉人也对当事人做出肯定的评价。例如：

（69）公：杨某，在公诉人讯问你前，公诉人想提醒你一个问题，因为自你到案以来，你的认罪态度可以说一直是相当的好，对于你这个组织的来龙去脉，就是你组织这一伙人，以及哪些人，各起什么作用，在侦查机关，你的态度一直相当好。在今天的法庭上，公诉方也希望你有一个良好的认罪态度，听清楚没有？

公诉人在这一话轮中，首先对被告人在侦查阶段的“认罪态度”做出了肯定的评价“相当的好”，继而提出“有一个良好的认罪态度”这一希望，可见，公诉人的肯定评价是为了促进被告人在庭审互动过程中的合作。

这种评价有利于公诉人缓和与当事人之间的冲突矛盾关系，使得当事人提供公诉人需要的信息，从而有利于公诉人顺利达到其指控目的，充分体现了公诉人立场行为的目的性与策略性。

4.5.2.2 对辩护人的评价立场

法庭互动中，与控方具有相对的目的，处于对立目的关系中的除了被告人还有辩护人。因此，公诉人的话语中不仅对当事人做出否定的评价，还对辩护人及其行为做出否定的评价，而且这种否定的评价具有强化性和对话性。请看：

（70）公：……而辩护人硬是要提出什么试枪的地点不同，说有的是在⊥有的被告人供述是在池塘边试的枪，有的供述说是在稻田边试的枪。在这里，我不想多⊥我不想多说辩护人的，这种辩护显得多么苍白无力。

公诉人首先引用了辩护人的先前话语，然后对辩护人的辩护进行了判断和评定，将之评价为“苍白无力”，属于对辩护人辩护的否定评价。副词“多么”强化了这种否定的评价立场表达。而且这种首先引用对方话语，然后以此为靶子进行评价的方式在公诉人辩护阶段的话语中十分常见，充分体现了公诉人评价立场的对话性和针对性，增强了法庭互动的对抗性。请再看一例：

（71）公：……然而，令我们没有想到的是，竟然有的辩护人为被告人辩解为，这是没有办法的办法，是逼上梁山。试问把别人打得头破血流了，这是你没有办法的办法？持枪持刀上百号人赶到 J 村显摆威风，给当地的村民人身财产构成极大的威胁，何以说是逼上梁山？这是什么逻辑啊？这是典型的强盗逻辑。

公诉人在此例中也是先引用了辩护人的先前辩护话语“这是没有办法的办法，是逼上梁山”，然后再对其进行评价。在后续的话语中，辩护人接连使用了两个反问句“这是你没有办法的办法”“何以说是逼上了梁山”，表示对辩护人先前话语的观点和立场的否定与反对，表达了相离立场（详见下文第 7 章），而后使用了一个设问句“这是什么逻辑啊？这是典型的强盗逻辑”，将辩护人的辩护评价为“强盗逻辑”，表达了对辩护人行为的否定评价。设问句和形容词“典型”的使用强化了公诉人的这一评价立场。

4.5.3　辩护人的评价立场建构与目的追求

我国《刑事诉讼法》第三十五条规定：“辩护人的责任是根据事实和法律提出证明犯罪嫌疑人、被告人无罪、罪轻、或者减轻、免除其刑事责任的材料和意见，维护犯罪嫌疑人、被告人的合法权益。”由此可见，辩护人的主要诉讼目的是证明被告人无罪或罪轻；辩护人的立场应该是根据事实和法律，最大限度地维护自己当事人利益，与当事人出于目的和立场一致关系中，而与公诉人的控诉职能和目的相对，与之处于目的和立场对立的关系中。

4.5.3.1　对当事人的评价立场

（一）肯定评价立场

辩护人的这种目的追求和立场建构反映在评价立场上，首先是对被告人做出肯定的评价。例如：

（72）辩：张某某从他的善举来看，其在当地还是要有一定威望的，并没有形成所谓的非法控制。

（73）辩：上诉人张某某等人领导下的YJ钨业为地方经济发展做出了巨大贡献，上交利税超过1亿元，对N县城搬迁、C东工程，捐资助学，救灾⊥抗灾救灾等花费了数百万元，所有这些都是有目共睹的，张某等人是企业职工合法致富的带头人，其通过股权转让取得的收益应当受到法律的保护。

例（72）中，辩护人对被告人张某某及其行为的评价是“善举”和“威望”，属于肯定评价。例（73）中，辩护人对上诉人张某等人及其行为的评价是“巨大贡献”“合法致富的带头人”，属于对上诉人的肯定评价。

辩护人对当事人的肯定评价，还多使用隐性的评价手段。辩护人为了达到维护其当事人利益之目的，在辩护词中想尽千方百计，对其进行各种肯定评价，而且尽量做到不显山露水，不留痕迹，具有很强的隐蔽性。例如：

（74）辩：那他为什么没有到北京长沙去做这些好事呢？我认为只有一个原因。那就是张某某当庭所说的，他有钱了，他要为村里人做一点事，做点好事让大家富起来而已。

（75）辩：张某某几次和我讲，说你和我们家人讲，积极赔偿，啊，积极赔偿，毁了人家东西对不起人家，不管我哥哥死不死，什么后果，不管那煤窑将来怎么开，不管张某华补不⊥补不补交这款，我们把这钱给补齐了。

例（74）中，辩护人在发表辩护观点时转述了被告人的话语，表明被告人是一个“乐善好施”的人，间接表达了对被告人的肯定评价立场。例（75）中，辩护人通过转述被告人的言语，表明被告人对自己的涉案行为进行了补偿和悔改，从而隐性地表达了对其行为的肯定评价，构建了被告人的积极形象。

（二）中性评价立场

在为当事人辩护中，辩护人的评价立场会尽量偏向肯定的一端。但也不是、也不可能对被告人的任何行为都进行褒杨。这时，公诉人尽量使用中性的词汇，表达中性的评价立场。例如：

（76）公：你非法卖给他人房屋，给他人开具的收据是哪儿来的？

被：呃，收据是公司给的。

（77）辩：那个第一套那个出租是，你经过房主，呃，房主委托你出租？

被：对！

这两个例子来自于同一案件的审判互动，对同样一件事，例（76）中公诉人用“非法”来对被告人的行为做出否定评价，且这一评价具有预设性；而例（77）中辩护人则使用“出租”这一中性概念来，表达了中性评价立场。所以，相对于公诉人的有罪预设，辩护人的话语不带任何有罪预设，巧用无罪预设与公诉人进行策略性抗衡。

（三）否定评价立场

根据事实和法律，辩护人在法庭互动中也对当事人做出否定评价，但这种否定评价具有其独特之处，它多通过具有让步意义的句子来表达。请看：

（78）辩：尽管张某某在行贿和窝藏这些问题上可能犯了错误，但辩护人确实认为张某某和本案的其他被告人仍然是有本质不同的。他与黑社会组织的头子所要求的这种无恶不作、为非作歹，我认为实在相差得太远，所以辩护人恳请合议庭在对张某某在评判对张某某的指控时，能充分考虑张某某没有人身危险性的这一特点，依法公平地评价张某某。

让步句是先让步后转折的复式句式（邢福义 2001）。例（78）属于“实让性让步句”，是对事实的让步，即承认 p 事实的存在，却不承认 p 事对 q 事的影响（邢福义 2001）。就是说，辩护人承认 p 句中对被告人行为的否定评价“行贿”“窝藏”“错误”，却不承认 q 句中公诉方所指控的“与黑社会组织的头子”“无恶不作、为非作歹”。

又比如：

（79）辩：张某某他们在开办煤矿中，因为利益等因素而与一些人发生冲突，乃至违法犯罪，要依法惩处，但这些受害人毕竟是少数，且因利益等因素而与张某新、张某弘发生了冲突，不能因此就将之定为以横行乡里、称霸一方、为非作恶、残害百姓为特征的黑社会性质组织的组织者、领导者，从而伤害绝大多数的百姓情感。

此例中，辩护人也是先让后转，先承认了这些对被告人的否定评价“冲突”“违法”“犯罪”，造成欲擒先纵的气势，似乎是同意指控方的评价与指控，然后再指出这种“违法”与“犯罪”与公诉人所指控的“黑社会性质组织的组织者、领导者”有很大的区别。

辩护人的这类让步复句通过承认 p 句中相对较轻的罪名和较弱的否定评价，

否定句中较重的罪名和较强的否定评价，其重心在q句。正如邢福义（2001）所说，这种让步句式的使用故意借p事从相反方向托出q事，使得q事特别突出，引人注意，且它以事实为出发点，是一种理性的让步，更容易让法庭等听话者接受。

辩护人使用的让步复句中，还有另一类，即邢福义（2001）所称的“虚让句”，指的是对虚拟情况的让步，或是带虚拟口气的让步。例如：

（80）辩：三、公诉机关指控张某某犯聚众斗殴罪，证据不足，难以成立。而且即使罪名成立，张某某的作用也较小，应当从轻或减轻处罚。

辩护人的这一话语使用的是“虚让句式”，且属于“假言虚让”，即纯粹假设的虚让（邢福义 2001）。同例（79）和例（80）一样，也是故意从相反的方向借p事，即“罪名成立”，来托出q事，即“作用较小，应当从轻或减轻处罚”，强调q事不受p事的影响（参看邢福义 2001）。

由上可见，辩护人虽然在让步句中对当事人的行为做出一些否定评价，这种否定评价是一种策略性的让步，归根结底还是从最大限度上地维护当事人的利益，达到自己的辩护目的。但是，法庭互动中，我们也发现有些辩护人偏离了应有立场。例如：

（81）辩：我补充两句。这个，史某某，刚才我们那个律师讲到她家庭困难，认罪态度较好。之所以作这样的结论呢，是客观事实，啊，另外，有关这个案件，它是共同犯罪，我同意刚才律师和公诉人也讲到这个，它是互相利用，互相串通，呃，因此诈骗才能成功。这个案子，有案子本身的教训，有被告的教训，也有被害人的教训。今天能在这里审判她们，说明任何犯罪终究要受到法律的制裁。但是作为整个案子，多被告，5个人，总有一个罪责不同，还有分工，那是事实。但是主要作用是谁，次要作用是谁。一共34，34起作案，呃，哪一起谁为主？应该分得清清楚楚。当然这样的案子搞到这个程度，已经并不容易，说明X区分局，检察院一直到法院已经做了大量的工作。下一步，从现在开始说，本律师认为就是被告应如何接受教训，应该接受法律的制裁，啊，你们都强调自己没有文化，家庭困难，▲那个不是犯罪的动机。

审：▼这个，辩护人，有没有新的辩护意见？

辩护人同意公诉方对被告人行为的否定评价“共同犯罪”“诈骗”等，这一点无可非议，然而他在整个辩护词中，却没有对被告人及其行为做出半点的肯定评价，即使“认罪态度较好”这一评价也是“那个律师讲到”，而且在整个辩护词中大谈特谈教训，认为“没有文化，家庭困难，不是犯罪的动机”。所以说，该辩护人偏离了根据事实和法律最大限度地维护自己当事人利益的这一应有立场，是非常不称职的辩护人。

4.5.3.2　对公诉人的评价立场

法庭互动中，辩护人与公诉人具有相对立的诉讼目的，所以他们处于相对立的目的关系和立场关系中，这种目的和关系的对立，一方面体现在他们对当事人的不同的、相对立的评价立场上，另一方面更多地、更明显地表现在辩护人对公诉人观点和行为的否定性评价。如：

（82）辩：下面辩护人就起诉书指控的第四起，说 133 手机使用的问题。这个问题辩护人就更加觉得有一点不太正确了。公诉人的公诉意见，不太正确了。

（83）辩：2005 年 11 月 1 日，最高人民检察院第十届监察委员会第四十三次会议通过便公布施行的《人民检察院讯问职务犯罪嫌疑人施行全程同步录音录像的规定》，应该说是，我国民主与法制进步的一种体现，是保障人权、杜绝指控诱供逼供，提高人民检察院办案人员执法水平和办案质量的需要。可是本案的办案人员参与办理王某某的徇私枉法罪的侦查人员却不严格遵循上述的规定去执行，甚至公诉人员在法庭上质证的过程当中，出现了 2007 年 7 月这个规定才实行的这个错误。

例（82）中，辩护人对公诉人所提出的指控意见进行了评价，“不太正确”属于否定评价立场。例（83）中，辩护人对于公诉人在法庭中所阐述的“2007 年 7 月实行全程同步录像这个规定”的观点做出“错误”这样一种评价，也属于否定评价。

从上两例可以看出，辩护人对于公诉人的否定评价具有较强的对话性和针对性，都是针对公诉人的特定观点做出的评价。我们再看一例：

（84）辩：我们也注意到，检察员请求对这两位证人的证言不予采信的强势的、强权的要求，我们表示遗憾。

此例中，辩护人针对公诉人“请求对两位证人的证言不予采信”的行为做出了评价，将之评价为“强势的”“强权”的行为，属于否定评价。

我们也发现了少量的辩护人对公诉人的肯定评价。例如：

（85）辩：那么就在这个工作当中啊，确实让我感觉到这个案子特别重大，也特别复杂。应该说，就从公诉人的六大箱卷子来看，工作量就特别之大，也就是在这个过程中，确确实实让我感觉到，M市检察院和M市人民法院在这个案子中所展现出来的敬业精神和在维护被告人合法的诉讼权利的过程中，所展现出来的司法风范。

名词短语“敬业精神”“司法风范”都是辩护人对评价客体检察院和法院的肯定评价。辩护人的这种肯定评价一方面，有利于拉近与法官和公诉人的距离，缓和彼此之间的紧张关系，另一方面充分展现了辩护人的“礼”的风度和风采。

4.5.3.3 对其他人员的评价立场

辩护人的评价对象还包括刑事案件中所涉及的受害人和其他相关人员，往往通过对评价客体的否定评价来阐述案件的起因，当事人的作案动机，从而为当事人做出辩护。例如：

（86）辩：根据现有证据以及法庭调查阶段查明的事实，此事的起因是，罗某某与张某某互相熟悉，并且明知蒋某某是张某某的妻子，却很不适当地要邀蒋某某出去唱歌，并且在遭到拒绝后呢，无故出尔反尔，把在蒋某某店里定做并已经做好的四件皮衣退掉，由此引起纠纷，显然，罗某某存在明显过错。

辩护人对案件中相关人员罗某某的一系列行为做出了否定的评价“存在明显过错”，由此来阐明和解释被告人张某某对罗某某的侵犯行为的原因，为被告人做出辩护。

4.5.4 当事人评价立场的建构与目的追求

法庭互动中，被告人的目的是证明自己无罪或罪轻，或者有从轻情节，从而免受惩罚或是减轻惩罚。所以，被告人与辩护人往往处于目的一致的关系中，而与公诉方处于目的冲突的关系中。这一目的追求和目的关系反映在评价立场上，则表现为当事人对公诉方提出的法律事实和证据，以及其他案卷材料，对公诉人及其行为等做出大量的否定评价。

（一）对证据等物的评价

法庭审判的原则是“以法律为准绳，以事实为依据”，控辩双方对于证据、事实的认定往往是最具争议的地方，也是最具评价性的地方。被告人更是多对公诉方提出的事实与证据提出否定的评价立场。

（87）被：我是有一个邻居叫谭某某，当时他是那个言西早的谭，但起诉书上写的是一个唐代的唐，唐某某。这个唐某某，我不知道他是谁，我根本就不认识，从这一点上来看，办案单位移送公诉机关的材料事实不清，证据不足，而公诉机关也不核实，就拿一份不真实的材料来起诉我。

被告人在质证中对公诉方所提出的证据和材料作出了否定的评价，认为它们“事实不清”“证据不足”“不真实”。

（88）上：而且这个白钨是明明白白放在车间里面，没有任何证据说有人去隐瞒，有人去隐藏，但是在指控书里面和判决书里面却说我们隐瞒这个白钨、黑钨，这是明显的与事实不符。

上诉人对指控书和一审判决书发表了自己的意见，表达了自己的评价立场，“与事实不符”属于对评价客体的否定评价。

（二）对公诉人及其行为的评价

被告人作为辩方，同辩护人一起与公诉人处于对抗的立场，所以，法庭互动中，被告人常常对公诉人及其行为进行评价，多为否定评价。例如：

（89）被：是。公诉人说非清新⊥非亲身经历，心理活动不会描写得如此细腻，纯属误导法庭之说。

被告人对于公诉人在法庭上的话语进行了评价，“纯属误导法庭之说”属于否定评价立场。

法庭审判关乎的是当事人的自由、金钱与生命等，所以当事人与公诉人之间的对立远远甚于公诉人与辩护人之间的对立，当事人对公诉方所提出的否定评价远远多于、甚于辩护人，甚至出现了侮辱性的言语。例如：

（90）被：好，我是觉得公诉人讲话口气咄咄逼人，我只想⊥他们置证据于不顾，这不是睁着眼睛说瞎话吗？他们还有没有一点人性？

审：何某。

被：到。

审：在法庭上不允许有侮辱性言论，我提醒过你多次了，我再次警告你啊。还有没有？

此例中，被告人对公诉人做出了侮辱性的否定评价，遭到了审判长的提醒与警告，所以在法庭互动中是极其不可取的立场表达行为。

被告人对公诉方的肯定评价，在法庭互动中极少出现，本书的语料中仅发现下面一例。请看：

（91）上：……这个检察院在提供的很多证人证言当中，他的这个，他们搞的材料确实非常扎实。

上诉人认为公诉人的诉讼材料“非常扎实”，属于对公诉方行为的肯定评价。就如廖美珍（2005c）所说，被告人使用礼貌语言是必要的，是可取的。同辩护人对公诉方的肯定评价一样，当事人对公诉方工作和行为的肯定也具有双重效果。但法庭互动中，当事人对于公诉方和法官的肯定评价是极其罕见的。

总而言之，法庭庭审互动是具有明确目的性的活动，尤其是控辩双方，公诉方主要是为了指控当事人的行为触犯了法律，具有社会危害性，损害了他人或社会公共利益，在法庭中的言语行为均是为了证明所指控的罪名成立。要达到此目的，公诉人在法庭互动中往往对当事人的行为做出否定的评价。而辩方在庭审中则主要是为了证明所指控的罪名不成立，或证明罪轻。为了达到此目的，当事人和辩护人需要说明和证明控方的指控不正确或不准确之处，对其做出否定评价，而对当事人的行为作出肯定、中性或是让步性否定评价。他们有时还会对侦查机关、证人证言和其他证据，以及案件所涉的其他人员和事物做出否定的评价。

4.6 本章小结

法庭审判互动中，评价行为是非常重要的一种立场行为。互动参与各方根据法律法规、社会准则、道德原则以及审美价值等对法律事实、法律证据、庭审参与各方以及案件所涉受害人等做出各种评价。这种评价从其“肯定—否定”程度与强度来说，形成一个连续统，可以区分为“肯定”“否定”和“中性”三个相对的区间和类型。法庭互动中的评价立场行为呈现出四个较为明显的特征：①它具有高度的预设性，评价立场往往被背景化为非焦点信息，成为共享的既定事实；②它具有较强的对话性，独白性的评价立场较少出现；③在评价立场的归属上，具有归他性和归己性，两种归属与对评价立场的责任承担具有一定的关系；④它呈现出强化性的特点，多使用加重、强调的词语和句型来强化所表达的肯定或否定评价立场，而较少使用弱化性评价手段。

法庭互动中的评价立场行为是诉讼参与各方对各自诉讼目的的追求的结果，是各方目的关系制约的结果。其中，为了达到中立裁判的目的，法官使用评价立场言语行为的频率最低，尤其是没有当庭宣判的情况下。而且法官的评价立场行为基本上具有中立的特点和性质。公诉人在法庭中的评价立场行为出现频率最高，他们的评价立场中以对被告人的否定评价为主，并且呈现出预设性、强化性等特点，是一种具有明确目的性和策略性的言语行为；也对辩护人及其行为做出少量否定评价，呈现出对话性、强化性；公诉人还对被告人做出些许肯定的评价。公诉人的这种形式和频率的评价立场行为是由其指控目的和任务决定的。为了实现其辩护目的，辩护人也较多使用评价言语行为，仅次于公诉人。他们的评价对象有被告人、公诉人及其所提出的证据等。对被告人的评价包括肯定、否定和中性三种，以肯定评价为主，对被告人的否定评价一般使用让步句式。对公诉人及其所提出的证据的评价以否定为主，只发现极少的对公诉方的肯定评价立场。当事人为了证明其无罪或罪轻，也对公诉方所提出的事实、证据等，以及公诉人及其行为做出评价，并且具有强化性、甚至是侮辱的特点。法庭互动中的这种评价与被评价关系和各方评价立场的特点充分体现了法庭审判互动活动的目的性和机构性，是具有明确目的的策略性言语行为。

第 5 章　法庭互动中的情感立场

“法律是远离激情的理性”[1] 亚里士多德的这句名言被认为概括了法律体系的核心精神。这一看法表明，人们主观上期待庭审参与各方以客观、理性的立场参与审判活动，但这在客观上是难以实现的。因为，人类所有活动总是与情感交织在一起的（Kuvaas & Kaufmann 2004）。所谓“人非草木，孰能无情”，情感是人们时刻都在体验着的基本心理过程之一。情感是人们自我表达的重要方面，是人们人际意义建构中的重要手段。它贯穿于人类活动的始终，渗透到人类活动的各个领域。法律领域概莫如此，甚至有学者感叹：情感是现代法律诉讼的核心成分（Dahlberg 2009：175）。

现实生活中，大量法庭审判所要解决的法律纠纷都存在情感的一面，是对包含情感成分的冲突的回应。因此，法律程序和法律推理的完善都需要考虑情感的传递、理解及其规范。可见，情感是法庭互动中立场研究的重要组成部分。

5.1　情感立场的界定

情感是人类最普遍、最重要的人生体验。人类对情感和语言的探索和研究由来已久，可以追溯到柏拉图和亚里士多德时代。19 世纪中期发展起来的人本主义思潮把人的问题视为哲学的核心问题，强调人的最根本的东西是人的情感和愿望，推动了情感和语言研究的发展。20 世纪 90 年代，俄国语言学界提出了情感语言学（emotional linguistics）一说（刘娟 2007：16）。尽管对情感的研究由来已久，但人们在情感的定义上却未能达成共识，一直存有争议。

[1] 转引自 . 亚里士多德全集，苗力田译 . 北京：中国人民大学出版社，1999.

5.1.1　情感的概念

亚里士多德是最早对“情感”进行定义的学者。他将情感定义为给事物带来变化或是遭受痛苦的东西，特别是引起痛苦感的运动、激动或冲动，从而带有“心灵的疾病”之意[1]。亚里士多德的定义蕴含后来心理学所谓的情绪和激情两个方面的含义。近代，西方系统论述情感的第一部著作是笛卡尔的《论心灵的各种情感》。笛卡尔认为，情绪控制着决定人类行为的活力因素，并提出了 6 种基本情绪：爱悦、惊奇、欲望、憎恶、欢乐、悲哀[2]。

心理学对人的情感问题有较为系统的研究，提出了一系列的概念和范畴（刘娟 2007：16）。Scherer（1982）认为情感是生物机体系统内产生的一系列相互关联的变化。这一系列的变化由内在或外在的刺激引发。当代西方心理学家将情感界定为“一种躯体和精神上的复杂的变化模式，包括生理唤醒、感觉、认知过程以及行为反应，这些是对个人知觉到的独特处境的反应”（陈少华 2008：4）。

《现代汉语词典》对“情感”一词的解释是“对外界刺激的肯定和否定的心理反应，如喜欢、悲伤、愤怒、恐惧、爱慕、厌恶等”[3]。这一定义代表了“情感”的一般意义范畴，也即“情感”是一种心理反应。这种心理感受和心理反应一旦借助语言表达出来，就成了社会行为，成为一种言语行为。所以，在语言学中，“情感”是外界刺激产生的肯定和否定心理反应的言语表达，它们形成立场系统中的情感立场。

语言学上，情感与立场、评价、态度等概念之间的联系与区别并不是那么清晰。Thompson & Hunston（2000：2）认为，评价与观点的表达有关，而情感更多地与情绪和感觉的表达有关。Biber et al.（1999）和 Conrad & Biber（2000）的态度立场次类中，则包括了表达说话者态度、感觉或价值判断，既包括评价又包括各种情绪，他们认为，“态度和情绪之间的区别通常是模糊的”（Biber et al. 1999：974）。在系统功能语言学的评价理论体系中，态度包括三种语义范畴，涵盖了传统意义上的情绪、道德和美学（Martin & White 2005：42）。Painter（2003）认为，因为情感是我们生而持有的表达资源，从生理上来说，是从我们出生的那一刻起

---

[1] 转引自 . 亚里士多德全集，苗力田译 . 北京：中国人民大学出版社，1999.

[2] 转引自 . 孟昭兰 . 情绪心理学 . 北京：北京大学出版社，2005.

[3]《现代汉语词典》（第 5 版），第 1116 页。

就有了的，所以它是评价理论中态度三大范畴的核心。这一维度的意义在评价系统中被称为情感（affect），指正面或负面感觉的表达：我们是否高兴或是伤心，自信或是焦虑，感兴趣的或是无聊的。如：

（1）So this meant the grieving took place again. The grief came for my younger sister and two brothers whom I thought I would never see again. The day I left the Orphanage—that was a very sad day for me. I was very unhappy, and the memories came back. There was nowhere to turn. You was on your own. I was again in a different environment…I had no choice but to stick it out. With the hardships going and thinking of my sister and brothers which I left at the Orphange, my heart full of sorrows of them[1].

此例中，“grieving”“a very sad”“very unhappy”“full of sorrows”这些词语和短语均表达叙述者“我（I）”的“悲伤”感情和情绪。

5.1.2 情感与评价的关系

情感与评价的联系紧密，但却并非一个概念。评价本身不是情感的表达，评价是对价值的认知与判断。价值判断的是主体与对象之间的关系，所以评价不能脱离对象单独存在。情感是个体的情感，它不一定要有特定的对象。情感虽可用于评价或作为评价的表现，但情感本身不是评价，主体在无法进行价值判断或无法进行价值选择，以及做出双重的、矛盾的价值判断时会产生和表达类似迷惑、迟疑、忧郁、困惑等情感。评价结果可能成为情感形成的原因，情感也可能成为评价的动力，但评价本身不是情感，情感本身也不是评价。情感的产生可以是其他某些原因，如“爱屋及乌”，这种情感产生的原因是晕轮效应。在人类历史上，应是情感在先，评价在后，因为动物也有情感，但是动物是不能评价的。儿童的社会化进程也是情感在先，评价在后。因此，两者虽关系密切，但在概念上应进行严格的区分。

5.1.3 情感、情绪、感情的关系

情绪（emotion）的概念，来自于拉丁文，由 e（外）和 movere（动）构成，

---

[1] 转引自 Martin & White: *The language of evaluation. Basingstoke/New York*: Palgrave Macmillan. 2005, p.42.

意指从一个地方外移到另一个地方，最初，它用于物理学范畴描述一种运动过程，如今已严格地限定于精神活动范畴（孟昭兰 2005：7），用以表示不同于意志和认识的心理活动过程。情绪是相对短暂而强烈的、有较强情景性的情感反应，如悲伤、恐惧、愤怒等。感情（feeling）是相对稳定而持久的、有深刻体验的情感反应，如钦佩、同情、憎恨等。也就是，情绪和感情二者是有区别的。有学者指出感情是社会化了的、组织化了的情绪，是人们生活社会条件下形成的高级情感。情绪常用来表现感情，感情常表达于情绪，情感较深沉，情绪较外露（郭景萍 2008：43）。

情感（affect）在心理学中用于统称区别于认识活动、有特定主观体验和外显表现，并同人的特定需要相联系的感性反应（孟昭兰 2005：7）。通常是作为情绪、感情这一类心理现象的笼统称呼来使用的。包括人因外界刺激而产生的情感反应，如喜怒哀乐等，以及对物或人的关切喜爱的情感反应，如爱恨亲疏等人际情感。

本书中，情感立场指的是表达情绪和感情的言语行为，包括情绪和感情两个子范畴，但二者不做严格区分，统一于情感之中。

5.2　情感立场的类型

情感表达是语言的核心功能之一。而人类情感丰富多彩，绚烂多姿，所以关于情感的具体分类争议较大。但情感分类是可行的，我们首先来看一下已有的关于情感类型的研究，然后在此基础上再提出本书的情感立场类型。

5.2.1　中国古代文学中的情感分类

汉语表达中有关基本情感最常见的是“喜怒哀乐”。其中，“喜”和“乐”意思接近，均表示“喜悦、欢悦、愉快”。如：

（2）有朋自远方来，不亦乐乎？（《论语·学而》）

（3）既见君子，云胡不喜？（《诗经·郑风·风雨》）

这是汉语基本情感表达中的三分法，即分为“喜”“怒”“哀”三种类型的情感。

中国在先秦时代就有关于情感的归纳和分类。在先秦时代文人学者的著作中，汉语中的“情”主要分成六种或七种类型。如：

（4）性之好、恶、喜、怒、哀、乐谓之情。（《荀子·正名》）

（5）何谓人情？喜、怒、哀、惧、爱、恶、欲。七者弗学而能。（《礼记·礼运》）

之后相关的文艺理论多有“七情六欲”的说法。如：

（6）人禀七情，应物斯感，感物吟志，莫非自然。（《文心雕龙·名诗》）

（7）其所以为情者七：曰喜、曰怒、曰哀、曰惧、曰爱、曰恶、曰欲。（《韩愈·原性》）

综合我国古代文学中对情感的分类，“喜”与“乐”基本上同义，“好”“爱”与“敬”也较为接近。因此，中国传统文学理论中的基本情感类型实际上可归纳为七类：敬（好、爱）、恶、乐（喜）、怒、惧、哀、欲。

5.2.2 评价理论中的分类

评价理论的情感系统包括三种类型，分别是“品质（quality）”“过程（process）”和“评注（comment）” Martin & White（2005：46）。请看：

· affect as “quality”		
—describing participants	a sad captain	Epithet
—attributed to participants	the captain was sad	Attribute
—manner of processes	the captain left sadly	Circumstance
· affect as “process”		
—affective mental	his departure upset him	Process（effective）
	he missed them	Process（middle）
—effective behavioural	the captain wept	Process
· affect as “comment”		
—desiderative	sadly, he had to go	Modal Adjunct

5.2.2.1 “品质”情感

“品质”情感是指语言使用者通过使用表品质的词汇或短语表达的情感（王振华 2001：16）。具体包括三种情况：

（一）描述参与者（describing participants）

如"a sad captain"之类表达。该表达中，"sad"是一个"表性质（Epithet）"的形容词，这类描述语常用于表示人的性质。

（二）归于参与者（attributed to participants）

如"the captain was sad"之类表达。与"a sad captain"不同，"sad"在"the captain was sad"中的作用不再是表描述，而是表"属性（Attribute）"。该句的功能是把"sad"的属性归属于参与者"the captain"。

（三）过程的方式（manner of processes）

如"the captain left sadly" 之类的表达。副词"sadly"在小句 the captain left sadly 中是方式，用来阐释参与者 the captain 离开时的"情形（circumstance）"。

5.2.2.2　"过程"情感

"过程"情感指的是通过小句过程来表达情感（王振华 2001：16）。具体包括两种情况：

（一）情感心理（affective mental）

如"his departure upset him"之类表达。动词"upset"反映了宾语"他（him）"的情感，这是一种"实际过程（effective process）"。还有一类情感心理的表达如"he missed them"。动词"missed"反映了主语"他（he）"的情感心理，这是一种"中间过程（middle process）"。

（二）情感行为（affective behavioral）

如"the captain wept"之类表达。动词"wept"反映了情绪的波动（surge），因情绪激动而流泪，代表了一种"过程（process）"。

5.2.2.3　"评注"情感

"评注"情感指通过表品质的副词所表达的感情，在小句中位于人际主位（interpersonal theme）以评注小句过程（王振华 2001：16）。例如小句 sadly, he had to go 中"sadly"就是用来评注"he had to go"整个小句的，充当情态状语（modal adjunct）。

另外，Martin & White（2005）还指出，语法隐喻也具有情感评价的意义，主要语法手段包括品质形容词的名物化（如 joy、sadness、sorrow）与过程的名物化（如 grief、sobs、constriction in his throat）。

总的来看，评价理论对于情感的分类是基于语法和语义的。对于从词汇角度如何分类，作者承认作为语法学者尚不清楚，但提出了区分情感时应考虑的六个因素（Martin & White 2005：46–49）：

第一，根据大众文化，某一感情属于积极还是消极情感，积极情感在体验上往往是愉悦的，而消极情感则相反。不考虑特定的、不常见的、心理学框架中所定义的某些情绪。如：

积极情感　the captain was happy

消极情感　the captain was sad

第二，某一情感是表现为包含一些副语言或是语言之外的情感波动行为，还是更为内在地体验为一种情绪状态或是持续的心理过程？从语法上来讲，主要是区分行为过程、心理过程和关系过程。如：

行为波动　the captain wept

心理过程 / 状态　the captain disliked leaving / the captain felt sad

第三，某一情感是导向某一特定情绪触发体（trigger）或是对某一特定触发体的反应，还是只是一种一般性的持续性的心情。对于后一种情况，当我们提出“为什么你会有那样的情绪？”之类问题时，往往会得到“我也不知道”这类的回答。从语法上来讲，主要是区分心理过程和关系状态。心理过程中，情绪的感觉主体和触发体都是参与者（感觉者和现象），所以都在过程中直接出现。而关系状态中，感觉主体和情绪都是参与者（运载体和属性），而触发体则属于选择性地出现。如：

回应性情感　the captain disliked leaving/leaving displeased the captain

非导向性情感　the captain was sad

第四，情感的分级，情感强烈程度是高、低还是介乎两者之间。大多数情绪的表达词汇都呈现了明显的渐变等级。如：

低　the captain disliked leaving

中　the captain hated leaving

高　the captain detested leaving

第五，情感是对非真实刺激的意向，还是对真实刺激的反应。从语法角度来说，这一区分体现了愿望性心理过程和感情性心理过程的对立。例如：

真实性 the captain disliked leaving

非真实性 the captain feared leaving

第六，情感类型学的最后一个变量将情感分为三个主要类型，包括高兴 / 不高兴，安全 / 不安全和满意 / 不满意。高兴 / 不高兴类主要是与“心”相关的情绪——悲伤、憎恨、高兴和爱等；安全 / 不安全类主要与生态环境相关——忧虑、害怕、有信心和信任等；满意 / 不满意类主要与目的实现相关——厌倦、不快、好奇和尊敬等。

高兴 / 不高兴类 the captain felt sad/happy

安全与不安全类 the captain felt anxious/confident

满意与不满意类 the captain felt fed up/absorbed

5.2.3 本书的情感立场分类

从上述情感分类来看，基于不同的目的和标准，情感可以分为不同的类型。但从根本上来看，无论是中国古代文学作品中关于情感的分类，还是评价理论中的各种分类都是从语义上进行的，都是脱离具体语境的描写与分析，而实际互动语篇中的情感类型难免有所不同，尤其是评价理论中的情感系统，它是基于英语语法、语义而得出的各个标准和类型。比如 Martin & White（2005）在论及情感分类所需考虑的 6 个因素时，区分了反应型情感和非导向性情感，如 the captain was sad 属于非导向型情感，是一种一般性的没有特定情绪触发体的情绪，在语法上体现为关系状态，即感觉主体作为载体和情绪作为属性出现，而触发体不出现。Martin & White（2005）对心理过程型和关系状态型情感的区分主要是基于语法和语义的。在语法和语义上，关系状态型情感小句中，触发体的出现是可选项，可出现，也可不出现。如：

（8）She is happy with him.

（9）She is happy about that.

上两例，触发体（him 与 that）都出现在句子中。

关于心理过程型情感和关系状态型情感的区分是脱离语境的区分，在实际互动过程中，我们发现情感都是一定触发体刺激的产物，当然这种触发体更多地隐含在上下文与语境当中，如：

（10）公：我再继续问你啊。（2s）因为承包金的问题，你哥哥张某某（1.5s），当时有没有意见？因为这个张某华不交承包金的问题，有没有意见？

被：有意见。

公：他当时怎么跟你说的？

被：当时他说人家官儿大，耍着手腕，让咱们交了。

公：怎么办？

被：他没有跟我说怎么办，只能说有气，特别气愤。

此例中，被告人认为其兄在案发前的情感状态为气愤，“有气，特别气愤”并没有明确表示这种情感引发的触发体，但是根据上下文我们知道，“气愤”的原因是“因为承包金的问题”，是“因为张某华不交承包金”。

从情感本身出发，它们有着爱与恨的对立，有着喜与悲的对立，有着爱好与厌恶的对立。和评价一样，情感也是“二价”的（参看 Brentano 1969）。任何情感都可以在正面情感—负面情感的连续统中找到相应的位置。所以，本书根据研究的实际需要，将情感立场划分为正面情感和负面情感两大基本类型。正面情感和负面情感包括对人或物的感情倾向，如喜爱、讨厌等，和在外物刺激下的情绪反应，如高兴、悲伤等。例如：

（11）The boy loved the gift.（正面情感）

（12）The boy hated the gift.（负面情感）

（13）The child was happy.（正面情感）

（14）The child was sad.（负面情感）

5.3 法庭互动中的情感元功能

互动中，情感立场是一种言语行为。互动参与者通过各种语言手段在法庭互动中描述自己或他人的情感、表达自己此时此刻的情感、唤起听众的情感。所以，从元功能的角度来说，情感立场行为所做的事情有三种：情感描述、情感表达与情感唤起。这三种情感立场的元功能也是互动参与者完成情感立场的三种方式和话语类型。下面简析之：

5.3.1 法庭互动中的情感描述

情感描述，指的是说话人对他人或自己过去的情感进行叙述，以达到一定交际目的的言语行为。如：

（15）公：经审查查明，被告人张某某于一九九九年与本村农民张某华合伙儿承包煤矿，因上缴承包金问题，被告人张某某，对张某华及亲属不满，便起意报复。

（16）被：……后来我们谈到了采取这种方式来融资费用的问题。一般在 W 市投资的费用比较高，他谈到如果以这种方式融资费用就没有这么高，我听了很高兴。

（17）公：因为陈某某她不在这，所以说这话▲

被：▼我知道，所以我后来良心发现，就是到了停车场以后我就很紧张。

例（15）中，公诉人描述了被告人张某某作案前的一种“不满”和“报复”情绪，以说明被告人张某某作案的动机。例（16）中，被告人在答话中回忆了自己当时听到融资方式后的“高兴”心情。例（17）中，被告叙述了自己作案时的“紧张”情绪。上述三例都属于情感描述。

总体上看，情感描述多用于叙述某一行为或事件的具体过程中，说话人进行情感描述的主要目的是再现事件进程中的情感波动，还原当时的心理活动。

5.3.2　法庭互动中的情感表达

情感表达，指的是说话人有意表示自己在说话当时的内心情感，以达到一定交际目的的言语行为。例如：

（18）被：尊敬的审判长，陪审员，我最后想表明一下我对死者家属的同情和最大的歉意。

（19）审：昨天讲过的，今天就不重复。

被：嗯……最后我对我自己所犯下的罪行表示后悔，我希望审判长、审判员给我一个重新的机会，给我一个重新做人的机会，谢谢。

（20）审：法庭辩论结束，现在由被告人做最后陈述。你站起来吧。对案件有意见和要求现在可以讲。

被：尊敬的审判长，首先我对这四起控告的，其中一个，谭某某的案子是认罪的。另外对吴某某个人造成的，财产上的损失以及精神上损失，无论，法庭是否判我有罪，我都觉得非常的对不起她，这是我个人的想法。

上述三例，均发生在审判即将结束时。且共同点是被告人向受害者（家属）

表达后悔、道歉、愧疚之情，以取得受害者（家属）的原谅，争取得到法庭从轻处罚的机会。

5.3.3 法庭互动中的情感唤起

情感唤起，指的是说话人通过一定话语唤起听话人的情感，以达到一定交际目的的言语行为。请看：

（21）公：被告人张某弘、张某新一伙，有组织地采取故意伤害、抢劫、寻衅滋事、敲诈勒索等手段实施、组织犯罪27起，造成1人死亡，5人重伤，6人轻伤，多人轻微伤及多名被害人遭受巨大经济损失的严重后果。

（22）公：第二，被告五人犯罪情节严重，社会危害性大。被告五人实施犯罪行为的时间跨度仅仅为四个月，但实施犯罪的地点多达8个城区，犯罪的事实达到34起，被害人多为六七十岁的老年妇女，所骗财物达到了30余万元，那么从这一系列的数字我们可以看出，被告五人为攫取不义之财，把实施犯罪的对象定位于老年妇女，针对这类群体，她们最大的企求就是家庭成员健康、平安这样一个心理，犯罪的足迹踏遍了8个城区，其犯罪手段的卑劣，社会危害性之大，社会影响之广，是无以言表的。今天被告五人坐在被告席上，接受人民的审判，那么作为公诉人，我想问一问，面对比你们年长那么多的女同胞们，啊，她们一心想消除家庭灾祸，一心想医治顽疾的同胞们，你们在实施行骗时，就从来没有受到过良心的谴责吗？交出钱财的是这些被害的个人，她们的家庭，她们的亲属在失财又感觉到上当受骗的时候所带来的家庭困扰，以及为此焦急，甚至忧郁成疾的这种诈骗后果，那么在你们骗钱时，你们就从来没有想过吗？你们就从来那么心安理得去攫取这些不义之财？啊？因此，对被告五人的犯罪行为必须从严惩处。

例（21）中，公诉人通过一系列的数词（“27”“1”“5”“6”），消极义的描摹副词（如“故意”），消极义的成语或俗语（如“寻衅滋事”“敲诈勒索”），消极义的动词（如“伤害”“抢劫”“造成”“死亡”“遭受”）、消极义名词（如“犯罪”“损失”“后果”）等来表达自己对被告强烈的厌恶、谴责与不满之情，以唤起他人、尤其是法庭审判员对被告产生与自己同样的情感立场。例（22）也是通过列举数词、消极义动词、名词、形容词等表达了被告的犯罪危害性之大。公诉人为了突出情感表达效果，还运用了排比、反问、递进等修辞手法。其作用也是唤起他人、尤其是法庭审判员对被告犯罪行为的强烈的厌恶、谴责与不满之情，达到说服法庭做出从严惩处的目的。

实际语料中，三种情感立场元功能的表达有时候并不是截然分开的，而有着不同程度的相互关联和重合。某一情感语篇可能纯粹是其中一种类型，也可能是两三种功能的混合体。如：

（23）公：从这几个人在本案中充当的角色的种种表现看，他们背离了共产党员做人的原则，背离了人民警察的崇高职责，为了获得一己私利，不惜以牺牲国家利益和国家工作人员职务廉洁性以及家庭幸福为代价，教训何其的深刻又何其的惨痛啊！

公诉人在表达自己对被告人的同情与痛惜之情的同时，意在唤起法庭和其他听众对被告人的惋惜之情以及对被告人恶性行为的痛恨之情。公诉人表达情感的话语同时也是唤起听众相应情感的话语，因此可定义为情感唤起与情感表达复合型话语。

（24）被：后来我哥给躺在那儿，汽油（爆炸）给喷出来躺在那儿以后，那个 --- 我 --- 我害怕，这不我就⊥董某某，正好有个邻居董某某出来了，出来以后他说，那个你别管了，我管你哥，你跑吧。这不他让我⊥掉头就跑，我害怕这事儿，我所以跑了。

被告人描述了案发当时自己“害怕”的感情，同时也表达了自己对所涉案件之后果（汽车爆炸，其兄当场死亡）的害怕与恐惧之情，另外意在唤起听众对自己的同情和理解，从而对自己“跑了”的行为进行合理解释。所以，被告人在描述情感的同时表达情感，唤起他人的情感，属于三种类型的混合体。

5.4 法庭互动中的情感立场表达手段

人类表达情感的方式是多种多样的，可以通过言语、肢体动作、面部表情或者文字符号等表达，比如一声叹息、一个眼神都能传情达意。本书主要从言语的角度考察法庭互动中的情感立场表达，主要包括直接手段和间接手段两个部分。

5.4.1 直接手段

直接表达情感立场的言语属于表情式言语行为，它是一种基于心理状态，与内在感情或情绪的表达有关的言语行为（Searle 1969）。在法庭互动中，主要由情感词汇来表达。汉语中描写情感的词语有上千个之多（郭景萍 2008）。法庭互动中，具有情感立场功能的词汇涉及了多种正面情感和负面情感。

5.4.1.1 正面情感

（一）喜

正面情感“喜”以及类似的“乐”这类情感在以解决法律纠纷为活动任务的法庭审判互动中极为少见。本书语料仅发现两例，一为例（16），一为下例：

（25）被：自己的娃呢，辛辛苦苦地怀起，没有给陈某花一分钱，我一个人想办法把娃生下来，到医院剖，把娃抢救下来。我就到云南省Z市把娃儿剖下来，高高兴兴地回来。

愉快和快乐是主要的正面性情绪（孟昭兰 2005：148）。此例中被告人因为涉嫌摔死自己的亲生女儿被公诉机关起诉。在庭审过程中，她讲述了自己生孩子的经过，情感形容词“高高兴兴”描述了被告人生完孩子时的喜悦之情。

（二）同情

（26）审：下面对刑事附带民事部分进行法庭调查。首先由刑事附带民事诉讼的原告人宣读你们的起诉状。

原：其实我刚才就是听到她这个家庭背景的时候，我确实，我也觉着她挺可怜。所以说这个东西，包括到现在，不知道是该撤诉还是该诉讼。

此例案件中，刑事附带民事诉讼的原告人的妻子被被告人杀害并分尸。原告人的话语“我也觉着她挺可怜”既是在听到被告人悲惨的家庭境遇时的情感的描述，也是对被告人的同情之情的表达，属于描述情感和表达情感复合型情感。

（三）爱

（27）公：你对你爱人患病这么长时间，你的心理态度是什么？

被：我，很喜欢我妻子。

此例的案件中，被告人涉嫌帮助其妻子自杀，被控杀人罪。被告人的话语“我很喜欢我的妻子”既是对自己妻子的心理态度的描述，也是对自己的“爱”之情的表达。

（四）感动

（28）辩：我们两位律师查阅案件材料后，无不为被告人十几年如一日对爱情的执着，对家庭深深的责任感动容，甚至流泪。

例（27）与例（28）来自同一案件。此例中，被告人十几年如一日对其长期患病的妻子不离不弃、照顾有加，辩护人描述了自己在了解被告人的事迹后的感动之情。“动容，甚至流泪”既是感动之情的表达，更是为了唤起法庭对被告人的隐恻之情。

（五）感激

（29）被：尊敬的审判长，法庭的各位法官，辩护人，好，是这样的啊。首先请允许我感谢我的妻子，因为大家都知道，在汶川大地震中毁灭了很多的家庭，但是我被这个徇私枉法的▲

审：▼冷静一下！

被：飞来横祸，我真的，我的家庭没有倒下去，我自己在监房里所受的苦我自己心里清楚，但是我老婆在外面吃的苦有谁知道？所以，我要谢谢她。

被告人在法庭审判互动过程中表达了对妻子的感激之情。说话人主要通过两个动词“感谢”与“谢谢”表达了自己感激的情感立场。

5.4.1.2　负面情感

负面情感通常包括愤怒、恐惧、厌恶、悲伤和藐视等。与正面情感相比，这类情感在法庭互动中出现的频率较高。

（一）悲

（30）被：白天我就抱着儿子的相片，呼唤儿子回来。晚上，我每天晚上吃安眠药，强迫我自个儿睡觉，睡了觉好在梦里与儿子相遇，每次当我从梦中醒来，发现旁边没有儿子的时候，那种撕心裂肺的痛，我认为每个父母都应该体会得到。

此例的案件中，被告人因为儿子被被害人的弟弟掐死而蓄意报复被害人，在公交车上向被害人泼硫酸，因而被指控故意危害公共安全罪。被告人通过描述自己白天黑夜里系列的反常行为表达了自己失去儿子之后的悲伤与痛苦之情，特别是话轮末的“那种撕心裂肺的痛”形象地描述了说话人的悲痛之情。被告对自己悲伤之情的描述的目的是唤起法庭和其他听众对这种痛的共鸣以及对她的同情。

（31）被：尊敬的审判长，人民陪审员，你们好。对于我男朋友王某某犯下的重罪我感到十分悲痛，这是我对王某某的信任所导致的后果，是我对王某某的本质没有看清，所以才让他轻易得手。

被告人涉嫌伙同自己的男朋友杀害了自己继父的女儿，被告人在法庭中一直强调是其男朋友周某某杀害了其姐姐，她自己只是在胁迫下起到了辅助的作用。在此例中，被告人表达了对其男朋友行为以及其姐姐的死亡的悲痛之情。

（32）辩：把你这个儿子胡某某毒死之后，现在你是什么样一个心理态度，就是你对这件事是否感觉到后悔呀？

被：我后悔？我不后悔。我伤心，两父子，一个打牌，一个乱来。我伤心，没法子。

此例的案件中，被告人涉嫌因为儿子生前作恶多端，甚至打伤他自己父亲，还威胁要打死他母亲，和其他人杀死了自己的亲生儿子。例中，被告人表示对其儿子和丈夫的行为感到悲伤，两次使用了“伤心”一词表达了其内心的情感。

（33）辩：在事发当天，骆某某，刚才公诉人讯问的时候，你回答说是骆某某骂了你，并且带回的男的打了你，你当时的心理状态是什么？

被：当时，我只是很难过。我只是心里在想，为什么我好心帮她找，为了给她找身份证，一天待在房子里，什么东西都没有吃，还帮她把衣服洗了，床单洗了，她为什么回来还这样对我，当时我就去网吧，一直想不通这个问题，一直在想，心里特别难过。

此例的案件中，被告人涉嫌杀害一同租住的骆某某。被告人在法庭上讲述了她与被害人骆某某之间在案发前的纠纷。按照被告的叙述，她认为自己在好心帮助骆某某，但最后换来的是谩骂与殴打，所以她想不通，特别难过。被告表达悲痛之情其用意是强调后来的犯罪行为是由于自己受到不友好的待遇，表明她虽然犯了法，但事出有因，希望法庭能酌情考虑其犯罪前的情绪和情感。

法庭互动中，悲痛之情出现的频率较高，而且描述悲痛之情的词语常常体现出悲痛程度的差别。如例（30）（31）（32）（33），从“撕心裂肺的痛”，到“十分悲痛”，到“伤心”，到“难过”，四者表示的都是悲痛的情感立场，在强度上具有明显不同。“撕心裂肺”表达的是失子之痛，强度最大，“十分悲痛”表达的是男朋友杀害亲人（姐姐）的痛，例（32）“伤心”同是失子之痛，但与例（30）中的“撕心裂肺”不同，不及例（30）的程度深。而例（33）中的形容词“难过”表达的悲伤之情相对来说是最低的。

强　　撕心裂肺的痛
　　　十分悲痛
↓　　伤心
弱　　难过

（二）惧

（34）公：说话别哼哼唧唧的。
　　　被：我害怕。
　　　公：你好好说，现在不说，你就没有机会说了。
　　　被：没有（———）。

被告被带上法庭时，内心充满了恐惧，无法正常地进行言语表达，因此，当公诉人发话制止他“说话别哼哼唧唧的”，被告的话轮“我害怕”表达了自己的恐惧之情，也是对自己行为的辩解。心理学上，恐惧情感被认为是由缺乏处理可怕情景的能力而引起，是个体企图摆脱、逃避某种情境时产生的情绪体验（叶奕乾等 1991：348）。又例如：

（35）被：我在门外等着是怕有意外发生，等了一会呢，听到有打架的声音，我敲门，我很害怕，可我又不知道怎么办好。只能继续敲门，因为我怕我慌忙进入的话会造成更大的打闹，打扰邻居。所以只能在门外敲门。

此例中，被告人描述了在案发过程中的恐惧之情，表示她在他男朋友入室杀害她姐姐的过程中缺乏处理这种可怕情景的能力。

（三）悔

后悔，是将事件的真实结果与可能发生比真实结果更好的假设结果相比较而产生的伴随痛苦情绪的体验，是一种源于比较而产生的消极的、负面性的情绪（Saffrey et al. 2008），它是法庭互动中提及频率最高的负面性情绪之一。例如：

（36）被：我，做了这个事，有点⊥现在有点后悔。儿子也没了，我现在也变成这样。

（37）被：我后悔来不及了。我后悔来不及了。请法官手下留情，给我一次机会，我这一生就是这一次再没有下一次了。

例（36）和例（37）中，两位被告人都对自己的涉罪行为表达了后悔的情感。后悔的情感中都“伴随痛苦情绪的体验”，如例（36）中，说话人语无伦次，多次停顿，语法上也缺少逻辑性。例（37）则是两次重复“我后悔来不及了”。

（四）愧

愧疚的情感往往产生于说话人认为自己的行为导致伤害了他人。

（38）被：对于刘某某，我最对不起他，我最愧疚的就是他，他跟我无冤无仇的。我希望，我希望跟他说声对不起。

（39）被：对于孩子死亡这件事呢，对我来说，是我，是我这一辈子无法弥补的，不管是从什么方面，对孩子的父母造成的这一伤害，我感到万分的抱歉。

例（38）和例（39）中，两位被告人分别对自己的罪行给他人带来的伤害表达了内疚与惭愧不安的情感。说话人在庭审中表达愧疚之情，一方面可能是内心本能的情感流露，希望借机忏悔，另一方面也可能是表达情感的同时，希望博得受害方与法官的同情。

（五）愤

愤怒是一种被痛苦所引发的主动的情绪（叶奕乾等 1991：289）。

（40）辩：身体极度虚弱的被告人，当时需要的是丈夫的疼爱和帮助，而面对吵闹、辱骂和殴打，一个柔弱女子是很难承受的。就是在这种情况下，被告人采用杀害自己亲生骨肉的方式来释放心中的悲愤之情。

（41）公：被告人任某某竟因家务琐事，持刀连杀三人，手段残忍、后果严重。灭绝人性、惨无人道，令人十分愤慨。

例（40）中属于情感描述和情感唤起，辩护人认为被告人是因为遭受到她丈夫吵闹、辱骂和殴打而产生“悲愤”之情，这种悲愤之情最终导致了其犯罪行为，目的是唤起法庭等的同情与谅解。例（41）则属于情感表达与唤起，公诉人表示对被告人的残忍行为感到“十分愤慨”，同时唤起法庭和其他听众对被告人残忍行为的愤慨与厌恶之情。

5.4.2 间接手段

Searle（1969）在 Austin 对言语行为进行分类的基础上，根据施为要点（illocutionary point）、适从方向（direction of fit）、所表达的心理状态（expressed psychological state）等标准将言语行为区分为断言式（assertives）、指令式（directives）、承诺式（commissives）、表情式（expressives）和宣告式（declaratives）五大类。除了上述典型的、规约性的直接表达情感的表达式言语行为以外，其他形式的言语行为也具有实施情感立场的功能。这也就是 Searle 所言的间接言语行为，即说话人所言说的某一语句的字面意义与真正用意在很多方面存在不同，可区分为直接意向和间接意向，与间接意向对应的言语行为叫作间接言语行为（李洪儒 2009：6）。法庭互动中，承诺言语行为、评价言语行为和断言言语行为都具有一定的情感立场功能。

5.4.2.1　承诺言语行为

承诺言语行为是指说话人对未来行为做出不同程度承诺（Searle 1969）。说话人在说出一个承诺式话语的同时，他往往还意谓更多的东西，例如情感立场的表达。这一点在法庭互动中尤为明显，请看：

（42）被：请法官，法官大人高台贵手，给我判个缓吧，我也不要求什么太大的愿望。我就是，反正趁着我年轻，我多挣点钱，给死者，死者的家属他们，给他们作为安慰。

被告人因为交通肇事造成多人死亡，在庭审最后，他通过承诺行为，承诺多挣钱给死者的家属们安慰和补偿。根据 Searle（1969）提出的九条承诺言语行为的构成规则，被告人至少不具备其中的第一条：说话人能实现 A，即准备条件。同时也不具备第八条：话语已经说出就等于使 S 承担了做 A 的义务。所以在条件不具备的情况下，被告人的承诺言语行为更多的意在表达自己的内疚和惭愧之情，同时唤起法庭和其他听众的同情与谅解之情。

法庭互动中，特别是法庭审判的被告人最后陈述环节，被告人常通过承诺言语行为来表达对自己过去的行为和所造成后果的后悔和内疚之情。如：

（43）被：如果能给我一次改过的机会的话，我愿意让她的女儿有母，有妈妈疼爱，我愿意照顾他们的家人一辈子。

此例中，被告人杀害了一同租住的室友，被害人的女儿仅 2 岁半大。在庭审的最后陈述中，被告人承诺一辈子照顾被害人的女儿和家人。而被告人作为一个故意杀人犯罪嫌疑人，她的准备条件是非常不充分的，而且虽然她是在法庭所做出的郑重承诺，但也不等于她就此承担了照顾的义务，所以被告人的情感也许是真的，但她的承诺言语行为更多的是间接表达了对自己行为的忏悔，同时唤起法庭与其他听众的谅解之情。

5.4.2.2 评价言语行为

从言语行为的分类体系看，评价言语行为的地位总是比较尴尬，学者们都没有把评价作为一类言语行为。从本书第5章的分析来看，评价言语行为是法庭互动等人类交际中非常重要的一种言语行为。它是说话人基于一定价值标准对客体进行判断与评判的言语行为。法庭互动中，当说话人对自我或他人的行为进行判断和评判时，有时带有强烈的情感表达。例如：

（44）辩：‖ 那个朱某某啊，请你控制你的情绪。

审：被告人朱某某。

被：我控制不住，我控制不住。我当时怎么那么糊涂。硬是没想到有那么严重。

被告人朱某某涉嫌故意杀害自己刚出生的有残疾的孙子。在法庭审判即将结束的时候，被告人号啕大哭，哭声中将自己的行为评价为“糊涂”“严重”。不论是这种评价形成了后悔情感和哭泣行为的原因，还是哭泣行为和后悔情感是评价的表现，被告人评价言语行为“我当时怎么那么糊涂”的反问句式和强调副词“那么”的使用，认识标记“没想到”和强调副词“硬是”“那么”的采用，都凸显了被告人的后悔与愧疚之情，同时唤起法庭与其他听众的同情与谅解之情。

5.4.2.3 断言言语行为

断言言语行为指的是向听者陈述一个命题，“像呈现世界上的一个事态一样陈述一个命题”（Searl 1969）。说话人在定义、描述、声明、陈述的时候有时也同时实施，或意在实施情感立场行为。例如：

（45）被：你千⊥你千方百百计地欺骗我，左一次右一次欺骗我，威胁我。我就让你把这笔钱花出去。我开始就是这么想，我想我的孩子死了，死就死了，你只要把丧葬费赔给我就行了。你结果左一次右一次地欺骗我。我就说有你后悔的日子。我想你现在得意吧，总有你后悔的一天。我想要是泼你那个傻子，你绝对不会去全心全意为她治病，我就是想让你把这笔钱花出去。

被告人陈述了自己的心理活动和过程，属于断言言语行为。在这种心理活动型断言言语行为中，被告人讲述的是自己的报复心理和原因，淋漓尽致地展现了她的仇恨情感。

5.5　法庭互动中的情感立场建构与目的追求

5.5.1　情感立场的主体分布差异

法庭互动中，情感不仅仅是一种心理反应的自然流露与表达，它是说话人的一种主观自我的表达，反映了说话人的主观能动性与目的追求，是一种目的性和策略性话语行为。为了更好地了解其策略性与目的性，本书抽取了 5 个总时长为 20 小时的庭审视频语料，形成一个总字数为 24 万字的统计样本。然后对法庭主要诉讼参与者所表达各种情感立场标记进行人工判断和标注，在此基础上统计、分析各立场主体所表达的情感立场元功能。结果见表 5–1：

表 5–1　不同诉讼主体的情感立场频率

类型 主体	描述		表达		唤起	
	正面	负面	正面	负面	正面	负面
法官	0	1	1	1	2	0
公诉人	0	10	5	9	0	17
辩护人	0	5	7	3	5	0
当事人	2	14	5	22	16	0

关于情感立场的标注，需要说明的是情感立场具有三个可能重叠的元功能层面：描述、表达与唤起。某一情感立场可能同时兼具三个层面的元功能，这时我们分别在三个类型中记上一个情感立场表达。比如：

（46）被：白天我就抱着儿子的相片，呼唤儿子回来。晚上，我每天晚上吃安眠药，强迫我自个儿睡觉，睡了觉好在梦里与儿子相遇，每次当我从梦中醒来，发现旁边没有儿子的时候，那种撕心裂肺的痛，我认为每个父母都应该体会得到。

该情感立场一方面描述了被告人失去儿子后的悲痛之情，一方面也是被告人此时此刻悲痛心情的表达，另外还将唤起法庭等对其的同情与谅解，也就是说包含描述、表达、唤起三个层面的情感立场元功能。所以，将在描述、表达、唤起三个类型中分别记上负面、负面、正面情感立场各一个。

5.5.2 不同主体的情感立场建构与目的追求

从上表可以发现，法庭互动中，不同的诉讼主体，也即立场主体的情感立场建构具有不同的分布和特点。这种分布和特点是法庭审判活动中不同的诉讼目的主导的结果，反映了法庭审判互动中各方诉讼主体不同的目的追求。

5.5.2.1 法官的情感立场建构与目的追求

法庭审判中，法官是正义的化身，是社会公平正义的守护神。所以，法庭互动中，法官一般需要保持严肃、客观、中立的态度和立场，避免情感的表达。实际语料中，法官的情感立场也是非常少见的，仅发现 2 例。例如：

（47）审：被告人，下面我们陪审员呢有几句话想跟你说一下，请注意听。

陪：陶某，我今天参加了庭审，我觉得非常的痛心，而且也很震惊。就是说你的，你的这些行为呢，你刚说到你母亲在你 6 岁的时候离开家庭，你非常的难过是吧。你想到没想到骆某某的女儿，也就两岁多一点，就永远失去了母亲，永远失去母爱。这种，给人家家庭造成这种，你想过没想过？而且骆某某也有父母，对不对？也有老人。你当时想到啊，你出来挣钱是为了养活你自己，养活自己的爷爷奶奶对不对，报答他们。那你想没想，骆某某有没有自己的母亲？

女陪审员对年仅 17 岁的被告人说出了一番感人肺腑、催人泪下、发人深思的情感话语，一方面表达了对被告人行为的痛心与惊讶之情，另一方面，意在唤起被告人对自己行为的反思与内疚之情。从社会功能来看，陪审员带有明显情感立场的言语具有情感教育的作用。因为，刑事诉讼的直接目的之一是控制犯罪，而控制犯罪一方面可通过实现国家惩罚权对构成犯罪的被告人公正适用刑法来抑制犯罪，另一方面还可通过刑事程序本身的作用来抑制犯罪（宋英辉 1995）。而此例中，陪审员在法庭审理的最后阶段对被告人的情感教育正是通过刑事程序本身的作用来实现法庭控制犯罪目的的直接表现。类似的语料还有一例：

（48）审：被告人朱某某的眼泪和忏悔的泪水，不能弥补自己杀害自己孙子的过失，正所谓死者长已矣，生者何如哉，鉴于本案的特殊的情况，不论于二被告人多么地委屈，一条鲜活的生命从此就消失了。被告人朱某某的孙子吴某某，再也听不见他奶奶哭泣的声音和父亲忏悔的声音。所以我们希望，法院对二被告课以的刑罚，不仅是囚禁你们的身体，更是拯救你们二被告人的心灵。下面，由被告人朱某某做最后陈述。二被告人请站起来。

审判长描述了被告人的“后悔”“内疚”之情，同时表达了自己对被告人朱某某的同情立场，唤起被告人对自己行为的反思，所以同样具有情感教育功能。

5.5.2.2　公诉人的情感立场建构与目的追求

公诉人的情感立场建构主要以负面情感表达为主，仅有三例正面情感表达。这三例正面情感主要是表达对被告人的同情与惋惜之情，如上文中的例（23），又如。

（49）公：……被告人张某某之所以走上了犯罪的道路，是因为其法制观念淡薄，平时守法观念不强，遇事不冷静，而是采用放火的方法毁坏他人财物，致使自己站在了今天的法庭上，不仅给他人的财产造成了严重的损失，而且给自己的家庭也带来了巨大的灾难。其上有（12s）（感情激动，说不出话）其上有年逾花甲的老母（感情激动，难以控制），下有刚满周岁的女儿（---）（7s）这是血的教训，希望被告人张某某认真吸取这次教训（泪下）。

公诉人在话轮中因激动而哽塞、停顿，并伴有流泪等副语言手段，表达了对被告人的同情与怜悯之情。体现了法庭审判的人文主义情怀，在客观上具有教育被告和他人的功用。

公诉人的负面情感立场中，其中以描述型负面情感为主，因为当事人是法庭审判活动的焦点，所以负面情感立场主要是对被告人负面情感的描述，表达型负面情感主要是对被告人及其行为的愤慨与痛恨之情，并唤起法庭等对被告人的厌恶、反感等之类的负面情感。总的说来，在负面情感立场建构过程中，公诉方一方面对被告人的作案动机做出说明，一方面表达对当事人行为的痛恨与厌恶之情，唤起法庭及其他听众类似的情感立场。例如：

（50）公：本院认为被告人宋某某为泄私愤，故意持刀伤害他人身体，造成被害人死亡的严重后果，严重侵害公民的人身权利。

公诉人将被告人的情感描述、定位为“愤”，将此作为被告人作案的动机。

（51）公：……令人震惊的是，当李某某得知被害人戴某某的手脚还未被砍断时，又带着小弟们返回酒家，继续对被害人进行砍杀，直至被害人昏迷。短短的几分钟时间，一群毫无人性的暴徒，一通血腥的砍杀，一人当场死亡，一人八级伤残……

公诉人描述了被告人的凶残行为，表达了对他们的行为的震惊和痛恨之情，同时也唤起法庭等的痛恨与厌恶之情。

法庭审判互动中，公诉方的目的是要证明被告人有罪，应受到法律的惩罚，所以通过描述被告人的负面情感心理、表达对被告人的负面情感和唤起法庭对被告人的负面情感有利于达到其诉讼目的。而对被告人表示同情等正面情感立场则主要是表现了其人文主义关怀。

5.5.2.3 辩护人的情感立场建构与目的追求

法庭互动中，辩护人的情感立场建构明显地少于公诉方，仅多于法官。法庭审判中，辩护人的目的是要证明被告方无罪或罪轻。他们的情感表达也都是围绕这一目的展开。例如：

（52）辩：……首先，在案发的前几天，张某刚就已经很气愤了，要求张某祥也这么去做，当时张某祥是冷静态度，还劝过。

此例所涉案件的当事人有两个，即例中的张某刚和张某祥，其中张某刚当场死亡。辩护人在此例中描述了张某刚的“气愤”情感，从而说明张某刚是犯罪动机的来源，而不是被告人张某祥。这种情感描述将罪行推给已死亡的张某刚，有利于减轻被告人张某祥的罪行，从而获得罪轻的判决。

（53）辩：我们两位律师查阅案件材料后，无不为被告人十几年如一日对爱情的执着，对家庭深深的责任感，动容，甚至流泪。

此例所涉案件是一起涉嫌杀妻案件，丈夫在卧床多年妻子的请求下将农药装在牛奶瓶中帮助其自杀。辩护人在此例中表达了对被告人的感动之情，唤起法庭和其他听众的类似情感，以获得法庭的理解与宽容，从而减轻对被告人的刑罚。

法庭互动中，辩护人的情感立场建构还与公诉人和法官有关，表达了对他们的情感立场。请看：

（54）辩：好，我是肖某的辩护人，我首先为以反对打断了公诉人的举证而表示遗憾。我这样做不仅是要维护我的委托人的法庭辩护权利，也是出于对法庭的尊重和对庭审规则的尊重。

辩护人对自己打断公诉人举证的行为表达了遗憾和抱歉的情感。这种情感立场的表达有利于缓和与公诉人之间的对抗关系，缓和冲突和矛盾。

（55）辩：尊敬的审判长、审判员和公诉人。这个，辩护人每次开庭的时候的第一句话都是这个话，但是呢，每一次辩护人在想到“尊敬的”这个词语的时候，都在扪心自问地说，我这个“尊敬的”成分到底有多大，但是通过办这个案子，我确实感受到了一种感触，我本人是接触这个案子比较早的，我应该是最早的一批和公诉人在审查起诉阶段交换意见的律师，也是最早的一批从我们的法院复印到材料的律师之一。那么就在这个工作当中啊，确实让我感觉到这个案子特别重大，也特别复杂。应该说，就从公诉人的六大箱卷子来看，工作量就特别之大，也就是在这个过程中，确确实实让我感觉到，M 市检察院和 M 市人民法院在这个案子中所展现出来的敬业精神和在维护被告人合法的诉讼权利的过程中，所展现出来的施法风范。在此呢，我想作为张某某的辩护人，因为张某某本人在这个案件中极其特殊，所以想请允许我代表张某某及其张某某的家人对于 M 市检察院和 M 市人民法院在这个过程中的这种精神和风范表示非常诚恳、非常真诚的一种谢意。

辩护人表达了对公诉方和审判方的尊敬和感激之情。这种情感的表达也有利于融洽公诉人与法官两方的关系，从而达到更好的辩护效果。

法庭互动中，法官是权力至高者，而公诉人代表国家行使权力，也拥有比辩护人高的权力，所以辩护人在法庭互动中属于相对弱势的群体。辩护人通过情感立场的表达缓和与公诉方的对抗关系，融洽与审判方的关系，有利于达到有效辩护的目的。

5.5.2.4　当事人的情感立场建构与目的追求

从出现频率上看，当事人的情感立场表达是法庭互动中最多的，其中又以负面情感立场为主。负面情感描述对象既包括当事人自己作案前后和他人（往往是案件所涉人员）的愤、恨和惧等负面情感。如前文的例（24），描述了自己作案后逃跑的“害怕”情感，例（35）是自己作案时的恐惧情感的描述，例（30）是作案前失去儿子的悲痛情感的描述，这些情感的描述都有利于为自己的作案动机或是其他行为做出解释和说明，从而求得法庭的谅解。对他人情感的描述也往往与作案动机的解释有关。例如：

（56）被：……他说他有钱开煤窑，有钱买车，没钱给咱们交利润，让咱们替他交。这不我哥 --- 就怀⊥怀恨在心了。

被告人描述了他哥的“恨”的情感，这种情感是引起犯罪的重要因素，通过这一情感描述行为，被告人将犯罪的动机和起因归于他哥，有利于证明自己罪轻。

当事人的负面情感表达主要包括后悔、愧疚等情感，如例（36）和例（37）都是当事人对自己行为的后悔情感的表达，例（38）和例（39）是愧疚情感的表达。这些负面情感表达有助于唤起法庭等对被告人行为的同情和谅解。比如下例中被告人在表达了后悔之情后，向法庭提出了从轻判决的请求：

（57）被：我想说，我不是一个对社会有危害的人，我不是想犯法，我到现在也很后悔。请审判长各位审判员给我一次机会，从轻处理。以后我重回社会，我一定能更好地履行我的家庭跟社会责任，作一个学法、知法、懂法、守法的好公民。谢谢审判长，谢谢公诉人。没有了。

被告人的正面情感表达主要是感激之情的表达，如例（29）。又如：

（58）被：……当时就被羁押到看守所以后，那段时间没有跟家里联系，没有经济来源，天气越来越冷，反正，很感谢海关的缉私警察，然后从袜子到内衣，他们的保暖衣，还有我的短袖，（———），牙膏牙刷之类的，都给我准备得很齐，我也不知道今天他们有没有到庭，反正，很感谢他们。

被告人在最后陈述中，表达了对缉私警察的感激之情。这种感激之情的表达，一方面是说话人情感的自然流露与表达，另一方面也是为了获取法庭等的同情与谅解。

总而言之，法庭互动中，情感立场的建构是紧密地围绕诉讼参与各方的目的而形成的，正如何刚（2003）所认为的，情感是人在特定情境中的心理感受的表达，任何一种情感表达或宣泄都只能是符合交际者文化语境制约的、合适和有效的言语行为，以达到期望的人际交往目的为努力方向。法庭互动中各方的情感描述、情感表达的最终目的是为了唤起他人的情感。控方的情感唤起主要是唤起法庭的负面情感，如痛恨、厌恶之情，共有 17 例；而辩方，包括辩护人和当事人的情感唤起主要是唤起法庭的正面情感，如同请、谅解，共有 21 例。双方之间的情感立场表达，既体现了情感立场的对立，也体现了双方之间的互动和对抗。而审判方的情感表达主要是为了唤起被告人的情感，以达到教育和控制犯罪的目的。

5.6 本章小结

司法审判活动是一种理性的人际活动，但情感作为人类最普遍、最重要的人生体验仍然渗透到庭审互动中。因此，尽管在法庭审判中居于核心地位的是解读话语中的各个概念意义，但是人际意义也弥漫了法庭言语的各个角落，其中，情感立场就是众多人际意义的一种。它们在法庭互动话语分析与理解中有着重要的意义，言者的感情就像指示牌一样，指示所处语境的概念意义选择的解读。

本章对法庭中情感立场的分析表明：情感立场是法庭互动中的重要立场言语行为，互动参与者通过直接或间接的语言手段，表达了包括爱、同情、感激等在内的正面情感，和以悲、惧、悔、愧、愤为主的负面情感。情感言语行为在法庭互动中具有三种元功能，即情感描述、情感表达和情感唤起，三者之间并不是独立的、隔离的关系，而存在着重叠交叉和同步进行的特点。

本章对法庭中不同诉讼主体的情感立场分布差异分析表明，言者选择何种情感立场不是偶然的，而是受到了交际目的的制约。公诉人的互动话语以描述负面情感、表达负面情感和唤起负面情感为主，唤起法庭对被告人的反感和对公诉方的认可，以达到指控被告人的诉讼目的；而辩方，包括当事人和辩护人，他们的情感描述以负面情感为主，主要是为了说明和解释案件动因；辩护人的情感表达以正面为主，主要是为被告人说好话，而当事人的情感表达以负面为主，主要是表达愧疚、后悔之情，二者均以唤起法庭的正面情感为主，求得法庭的同情与谅解；而法庭审判一方则少有情感表达，偶尔使用主要出于教育的目的。

第 6 章　法庭互动中的认识立场

语言是社会交际的重要手段，说话者借助语言不仅可以表达命题，还可以同时传递对命题所持的观点、看法、态度，也即认识立场（epistemic stance）。许多学者已意识到，说话者对命题的态度是话语立场的一个重要维度，正如 Biber et al.（1999）所言：事实上说话者对他们的认识立场的关注远远多于对评价或是个人感觉与情绪的表达。本章对法庭互动中的认识立场做系统的研究，主要讨论以下四个问题：①认识立场的内涵及其构成；②信息来源类认识立场；③命题评价类认识立场；④转述言语行为的形式及其认识立场功能，重点研究法庭互动中两种类型的认识立场的常见表达手段、主要特征、语用目的与功能。

6.1　认识立场的内涵及其构成

Episteme 一词来自于希腊语 epistēmē，意思是“知识（knowledge）”。当说话者言语上给他人提供一种认识，对如何获得这一信息以及信息本身采取一个立场，一方面需要表达他们是如何获得认识的，一方面对所提供的信息进行评价，这一立场就是他们关于信息（或命题）的认识立场（Mushin 2001：51）。传统语义学中的认识情态（epistemic modaity），即对于命题的态度，尤其是命题真值的态度是语义学的一个重要研究议题，它与认识立场有着千丝万缕的联系。另一与认识立场以及认识情态有着密切联系的概念是言据性（evidentiality）[1]。本节首先厘清这两个相关概念，然后再对互动语言学途径的认识立场概念进行界定，以正确认识法庭互动中的认识立场。

[1]Evidentiality 一词有多种翻译，本书采用房红梅（2006）所译的“言据性”。

6.1.1　认识情态：语义学的定义

6.1.1.1　认识情态的定义

关于认识情态的概念，Lyons（1977：797）曾提出：任何言语中，说话者表达对所说句子的命题真值的承诺，无论这一表达由言语直接表达出来，还是通过韵律或副语言含蓄表达，都属于与认识有关的情态言语。Coates（1983）认为认识意义是说话者对言语所表达命题的真值的信心。Perkins（1983）主张认识意义是情态词表达的说话者对命题的知识、信念、观点状态。Palmer 对认识情态的定义有“说话者表示对命题的真值的承诺”和“说话者对所说话语的承诺程度”两种（Palmer1990，2001）。Biber et al.（1999）则将认识标记定义为表达说话者对命题中信息状态的评价。由此可见，认识情态主要是关于说话者对命题的态度，尤其是对命题真值的态度的研究。

Palmer（2001：24）具体指出语言中一般存在三种与认识情态相关的判断：①表示不确定性的推测；②表示以可得到证据为基础的推断；③表示以常识为基础的推论的假设。Palmer 认为系统地存在上述三种认识标记的语言不多，英语中分别用 may、must 和 will 来表达。例如：

（1）Tom may be in his office.

（2）Tom must be in his office.

（3）Tom will be in his office.

Palmer 认为，例（1）表示说话人不确定态度，例（2）表示说话人根据 Tom 办公室的灯亮着或不在家做出的肯定判断，而例（3）中说话人判断的根据是对 Tom 的一般了解，如 Tom 是个工作狂。这三个例子中，说话人的肯定程度是不一样的。

汉语中存在两种类型的判断，即通常所说的推测与推断，用情态动词“可能”和“一定”表达。例如：

（4）汤姆可能在办公室。

（5）汤姆一定在办公室。

6.1.1.2 认识情态与非认识情态

在形形色色的对情态系统的分类中，目前学界普遍接受三分系统：即认识情态、道义情态和动力情态(Palmer1990)。其中，道义情态和动力情态被称为根情态，又叫作非认识情态（non-epistemic）（Coates 1983：20）。

Halliday（1994）对情态系统的分类虽然在形式上没有明确区分认识情态与非认识情态，但在分类的核心理念上与 Palmer（2001）有异曲同工之妙。在 Halliday(1994)的情态系统中，情态是对命题可能性的判断，包括可能性和经常性，而意态是对提议可实现性的判断，包括义务和意向。情态与意态的区分是根据命题和提议进行的。而命题与提议之区分是根据交际中的“交流物”（commodity exchange）的不同来认定的。命题的交流物是信息，而提议的交流物是物品和服务（胡壮麟 2005：116）。所以，Halliday 的“情态”中的“可能性”相当于 Palmer（2001）所言的认识情态，而“意态”相当于道义情态和动态情态的意向部分。根据 Palmer（2001：8），认识情态和言据情态关注的是说话者对命题的真值或事实状态的态度，所以叫作命题情态，而道义情态和动态情态是关于尚未实现的、潜在的事件，所以称之为事件情态。例如：

（6）a. Kate may be at home now.

b. Kate must be at home now.

（7）a. Kate may come in now.

b. Kate must come in now.

根据 Palmer（2001），这两组例子存在着明显的区别。例（6）的两个例子都是关于对命题事实状态的判断，而例（7）的两个例子表示允许和义务。使用情态标记“possible”和“necessary”来对这两组例子进行释义，可以更充分地显示二者之间的区别：

（6’）a. It is possible that Kate is at home now.

b. It is necessarily the case that Kate is at home now.

（7’）a. It is possible for Kate to come in now.

b. It is necessary for Kate to come in now.

这两组例句之间的区别从连词“that”和介词“for”的使用可以清晰地看出来。连词“that”表示后面所接为一个命题，因此，第一组例子就是关于说话人对命题的判断，而第二组是说话人对未来潜在事件的指令。

Palmer（2001）强调这一区分不仅仅适应于例中所示的认识和道义情态，对于事件情态中的动态情态和命题情态中的言据情态也同样适用。

总之，认识情态与其他类型的情态有着显著的差异，如 Sweetser（1990：49）曾提出“根情态”与“认识情态”的区分不仅仅是情态范畴内的区分。这两个概念属于不同的人类心理活动范畴，根情态属于情感或行为范畴，而认识情态属于知识范畴。情态系统中，只有认识情态关注的是说话人对于信息命题真值的确信程度，表达的是话语命题为真的可能性和必然性（Bybee & Fleischman 1995：4）。至于认识情态与言据性情态的关系，这是当前语言学界的热点问题之一，引起了热烈的讨论，下节再详细分析。

6.1.2 认识情态与言据性

6.1.2.1 言据性的定义

Boas（1938：133）曾指出，“英语中定指、数和时是强制性的特征，信息的来源——是看见、听见或是推断，也是必须的特征”。根据 Aikhenvald（2004），世界上有四分之一的语言在每一个陈述中必须说明信息来源的类型，比如，是否说话者亲眼所见，或是亲耳所闻，或是从间接证据所推断出，或是从他人处得知。作为语言中一个重要范畴，20 世纪 80 年代以来，言据性研究业已成为语言学领域的热点议题，在国际语言学界已形成了一定规模[1]。

然而，学界对于言据性的语义范围一直缺乏一个明确的认识，有的认为只有说明确切信息来源类型的形式才能算作言据性（Aikhenvald 2004）；而有的认为言据性范畴的核心语义是说话者对信息的态度表达而不是知识如何获得的说明（Hill & Irvine 1993）。言据性语义范围界定的相离与言据性作为一个语言范畴缺乏一个明确的定义有很大关系。对言据性的定义，学界存有狭义和泛义两种。Bybee（1985：184）认为“言据性可定义为命题信息来源的表达标记”，属于狭义的理解。Chafe（1986：262）对言据性采取宽泛的定义，指的是反映说话者对信息的态度的形式。也就是说，狭义言据性定义中，言据性形式的核心语义是说

[1] 关于国外言据性研究的现状，参看牛保义. 国外实据性理论研究. 当代语言学，2005(1).

话者从哪里得到他们的信息；而泛义言据性定义中，言据性是说话者与他们所表达的信息之间主观关系的表达。

历时地看，对言据性定义的认识大体上经历了以下三个阶段：

第一阶段：将言据性定义为纯粹的语法现象。

代表学者是 Bybee（1985），他把言据性定义为一种“标记”。另外，Mithun（1986：89）也将言据性看成是“标记”，他对言据性的定义是：言据性是说明所交际信息可靠性的标记，主要包括四种主要方式：说明陈述所基于的来源证据、精确程度、可能性，以及对可能性的期待。Anderson（1986）提出区分真正的言据性范畴和似是而非（SEEM）的言据性是非常重要的。他认为名词形式“言据（evidential）”不是简单地包括具有证据功能的所有表达，言据是一个特殊的语法现象。他还提出了四个原则来界定言据性：

a. 言据展示了说话人所拥有的做出某种事实陈述的证据；

b. 言据本身不是主要的句子谓语部分，而是附加在事实陈述之上的其他；

c. 言据的基本意义是标示功能，而不是语用推断；

d. 从形态学上来说，言据是屈折、附着性词素，而不是自由的句法成分，也不是复合或派生形式。

对于 Anderson 的四个条件，Aikhenvald（2003）对最后一点提出了批评。他认为前三点基本上是合理的，而第四点关于这一范畴的表层实现形式不应该作为定义属性，这一原则将无法运用于屈折和派生范畴的区分不明显的语言系统。Aikhenvald 批评的只是言据的语法形式类型的狭义说明，所以 Aikhenvald 也支持言据性本身是一个语法现象，虽然他认识到信息来源亦可由非语法元素表示：每一种语言都有表示信息来源的方式，但并不是每一种语言都具有语法言据性。通过词汇手段来表达认识来源更具有普遍性，如英语中的 I guess, they say, I hear that 等。这些表达并不是必须的，也不构成一个语法范畴（Aikhenvald 2004：10）。

第二阶段：将言据性看作是一种语义现象，视为语言的编码。

较之于第一阶段的定义，语义范畴的言据性在概念上显得内涵更为广泛。如 Chafe（1986：262）所指出的“我将言据性看作是一个广泛的概念，而不局限于证据的表达。我将讨论一系列语言上编码的认识论的考虑”。Mayer（1990：103）认为言据性是与信息的确定性和来源如何评估有关的内容。Crystal（2001）提出言据性是语义学中的一种认识情态。它表示所提供的命题可能被听者挑战，需要进一步验证。言据结构表达了说话者根据已有证据对命题做出的承诺的强度。

第三阶段：认为言据性与编码无关，而是一种交际功能或是语用现象。

这一阶段对言据性的认识比前两个阶段更为宽泛。该阶段的学者认为词汇和语法元素只是言据性交际中的子范畴。所以 Ifantidou（2001）明确指出“言据性常被认为是一个语义范畴，是对所提供信息的来源和可靠性的语言编码。而实际上，说话者的认识来源和确定性程度都是可以做出语用推论的。” Ifantidou 将言据性看成是一个语用现象，认为即使言据没有被显性地表达，言据意义也具有重要的影响。Cornillie（2007）也认为言据性是一个功能范畴，指的是做出言据性行为的知觉和 / 或认识基础。

本书赞成把言据性看成一个语用范畴。因此，语言的言据性不仅仅是语法或是词汇的意义的编码，而是说话人根据交际目的、语境的一种积极主动的言语建构。从语用角度来看待言据现象，不但可以察觉此类语言形式传递的相对外显的句法形式与语义内容，还可以窥见相对内隐的说话者与他们的认识之间的关系。

6.1.2.2　认识情态与言据性的关系

认识情态和言据性之间的关系比较复杂。早期传统语言学大体上认为言据性和认识情态是重叠的概念。美国结构主义者就将信息的来源（即狭义上的言据性）和知识的确定性（即认识情态）联系在一起。Chafe & Nichols（1986），以及 Willett（1988）等也持类似的观点。到 20 世纪 90 年代末期，言据性的独特性逐渐成为广大学者讨论的焦点问题。但是，二者之间的关系并未得到清晰的认识，仍是言据性研究领域的主要问题之一。

已有的关于情态词和言据性标记的研究充分体现了认识情态和言据性两个范畴之间的混乱。比如，英语中动词 seem 和它在其他语言中的对等物既被认为是情态词（Usoniene 2000），也被认为是言据性标记（Anderson 1986，Nuyts 2001，Cornillie 2007）；英语中的情态词 must 和荷兰语中的 moeten 既被归于言据范畴（Anderson 1986；Nuyts 2001），也被划为与情态词 might 一样的认识情态范畴（De Haan 2001）。

已有的对言据性和认识情态二者之间关系的探讨和分析概括起来大概有“包含说”和“重叠说”两种。

（一）包含关系

学者关于言据性与认识情态之间的包含关系存在两种基本倾向性主张。一方面，一些学者主张认识值（epistemic qualification）可以直接从言据标记得出。如 Palmer（1986：64）研究了哥伦比亚和巴西两地 Tuyuca 语中的言据性，发现 Tuyuca 有一系列不同的后缀来表示视觉的、非视觉的、听闻、第二手以及推断的信息。在 Palmer 看来，这五大值本身可在认识阶上表示逐渐降低的可能性。然而，这一观点并不一定站得住脚，有学者提出推断性言据性并不一定就表示对可能性的低评估值。而且，虽然 Tuyuca 语中的言据可以表示说话者对可能性的评价，但并不意味着对命题事实状态的评价由言据来表达，而是由其他的后缀来表达（参看 Cornillie 2007）；另一方面，有些学者主张言据值总是内在地表现在认识意义中，“言据意义总是可以在认识标记中发现，相反却不成立，并不是所有的言据标记都是情态词，他们并不一定全都表示一种认识判断”（Plungian 2001：354）。

（二）重叠关系

对于认识情态与言据性之间的重叠问题，van der Auwera & Plungian（1998：85）将强认识承诺（必然）与推论型言据性联系起来。他们主张言据性与认识情态之间存在重叠：推论型言据性与认识情态，具体说来与必然性之间存在等量关系。两个范畴都是关于其他判断的确定性判断。从这一点来看，推论型言据性通常在英语中由认识情态词 must 来表示也就不足为怪了。因此，推论型言据性可以看作是情态和言据性之间的重叠部分。

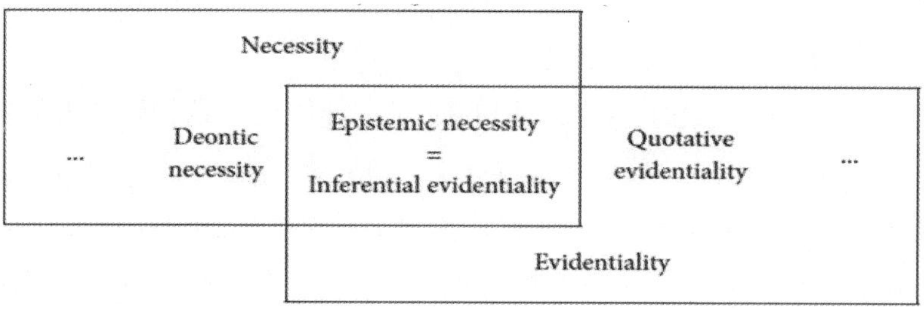

图 6–1 认识情态与言语性的重叠（van der Auwera & Plungian 1998：85）

这一主张解释了英语中 must 的情况，但同时也假定所有的推论性言语都与确定性判断相关。也就是说，推论被看成是一个整体划一的概念而不存在变量。

而且，在主张推论型言据与必然性重叠的同时，这一主张也暗含了一种意思，那就是其他的认识模式，比如引用型言据性自动地就被排除在必然性范围之外，而与弱情态形式联系在一起了。

本书认为言据性与认识情态两个概念之间的混淆与争论的关键是将对证据可靠性的评价与事件发生可能性的认识评价等同起来了。言据性是根据一定的证据与知识而得出某个命题，而认识情态是对命题真值的评价，这二者之间是迥然有异的。如 van der Auwera & Plungian(1998)所强调的“可靠性”意味着“可信赖的”“值得信赖的”。在科学研究中，“可靠性”还意味着“可重复性”或“一致性”。那么，一个可靠的言据性陈述可以理解为普遍认为或反复被认为是值得信赖的。而情态往往被划分为不同程度的可能性，比如强认识情态和弱认识情态之分，或者认识必然性和认识可能性。而“包含说”和“重叠说”均将认识值的切分投射到言据的划分上，而后者却不是一个可以截然分清的范畴。如 Chafe（1986：263)所说“从信念到传闻这一由上而下的排列并不表示信念比其他的言据更可靠，而推理较之于其他的言据更不可靠”。下文的分析将表明，同一类型的言据之间的可靠性具有不同的程度，言据的可靠性与语言形式之外的其他因素具有很大的关系。认识情态包括可靠性，而反之则行不通。可能性的可靠性评价是由说话者对命题的承诺来衡量的。而言据值的可靠性不能由可能性的评价来表现。另外，可靠性一般指的是已经发生或是正在发生的事态，而可能性还包括将来的事态。总之，本书认为言据性关注的是说话者对支持言语中的事态的证据属性、类型和质量的表示，而不包括任何关于事态真与否的直接评价。而认识评价并不一定与某一认识来源联系在一起，认识情态与言据性之间并不具有包含或重叠关系。

6.1.3　认识立场：互动途径

认识情态作为情态的一个重要子系统，形成一个相对内在统一的语义范畴。但将认识看作是一个严格的语义现象也是有问题的（Kärkkäinen 2003）。这一范畴在交际中的表达及其表达方式的选择都是由社会和互动因素驱动的，所以应该在互动功能的层面来讨论。

从语义学领域对认识情态的定义来看，说话者的主观立场是认识标记的内在语义涵义，因此，这些认识标记在实际言语活动中具有互动的意义和功能也是完全可能的。认识意义不是命题的组成成分，而是附加于命题之上的对命题的态度。

所以，一方面，它们并不是绝对必要的部分。另一方面，它们能够在话语中表达更高层次的互动功能。实际上，说话者几乎从不会单纯地表达命题，而不带有任何自我的态度。因为，日常生活中，我们总是使用语言从“我们”的角度来表达事实是什么样的。认识立场是表达说话者自我视角的一个常用方式，所以它也是言语的社会维度的部分。

一直以来，不少学者从语用学和话语分析的角度考察了认识立场的互动功能。其中，言语行为导向的语言研究通常将单个说话者和单个话轮作为语用意义的焦点，这些研究者将认识立场看成是符合礼貌原则、实施礼貌行为的言语策略。例如，Coates（1983）注意到类似的现象，发现情态词常具有维护面子的功能。Holmes（1984）也认为：认识立场是用于增强或削弱言语行为言外语力的语言形式，往往是为了顺应听者的需要，或是维护积极面子或消极面子。另外，Nikula（1996）考察了大量的具有修饰功能的语言表达，她称之为语用力修饰语（pragmatic force modifiers）。这些修饰语用于闪避或是强调，同时具有人际功能，表示礼貌或是积极参与。当然，Nikula 的所谓语用语力修饰语不仅仅包括认识立场，还有大量的其他成分。

近年来，立场不再被认为是属于单个说话者的静态语言现象，而是对互动需要和社会语境的回应，是说话者和接收者互动的产物。所以，研究焦点从单个说话者转移到更加复杂的对话路径，转向动态意义的社会构建。例如，Fox（2001）研究了英语中作者、责任和义务构建的语法言据性。他提出言据性标记不仅仅是对说话者和接收者关系的回应和建构，还是对言语所处序列位置的回应与建构。He（1993）也认为立场是对知识系统和参与者之间相对话语地位的社会建构。Tsui（1991）考察了认识立场标记 I don’t know，发现它在不同的序列位置具有回避评价、预示不同意、回避直接的不同意、回避承诺、最小化不礼貌和表示不确定等功能。也就是说，I don’t know 的基本立场功能是“表达知识不足”，但发生在不同的序列位置，它获得了其他的不同的互动功能。

本书从互动的角度来阐释认识立场这一概念，将认识立场看成是说话者谈论他们的认识状态的行为。我们关注的对象是说话者所做的事情，而不是事先决定的形式 / 意义的匹配。在互动中，认识立场独立于语言形式，可以由词汇、语法等手段进行表达。但说话者采取某种认识立场受到何种力量的驱动则一个语用问题，必须通过对说话者借以表达其认识状态的语言策略来进行分析。认识立场可能反映说话者认识的实际来源和实际状态，同样也可能是基于一定目的、利益、需要和当前言语情景的主观建构，介于说话者的实际信息状态与他们所提供的信息来源之间。所以，我们采用认识立场这一名称，而放弃了认识情态这一术语。交际中说话者在传递某一信息（或命题）的同时表达对该信息的态度，其用意是以此来引导互动参与者准确地理解自己所提供的信息（或命题），或者以此来操控自己的陈述、维护自己的定位。认识立场在本质上是说话者表达的关于他所言说内容的定位，尤其是关于他是如何了解相关信息（或命题），以及他对所传递信息（或命题）事实性的承诺程度。也就是说，信息来源与对命题的评价构成了认识立场的两个方面。

6.2　法庭互动中的信息来源类认识立场

本书对言据性取狭义的理解，仅指说话人提供信息来源的话语行为，即信息来源类认识立场。下面主要对法庭互动中信息来源类认识立场的表达类型、表达手段和信息来源的信度连续统做简要分析。

6.2.1　法庭互动中信息来源类认识立场的类型

法庭互动这一特殊功能语域中的言据性，即信息来源类认识立场，迄今尚未引起国内外学界的关注。本书在已有言据分类研究的基础上，结合对法庭审判互动语料的分析，将法庭互动中的言据分为四种类型：感官型、转述型、引证型和推断型。

6.2.1.1　感官型言据

感官型言据主要指信息来源于人的知觉，即“通过视觉、听觉、嗅觉、肤觉、运动觉、机体觉、平衡觉等对客观现实个别特性做出反映”（胡壮麟 1995：13）。法庭互动中，感官型言据主要有视觉来源。这类言据多通过表示感官动作的动词来表达。例如：

（一）看到

（8）公：走到现场以后 ‖ 知道是打架？。

被：‖ 嗯。我看到他们在打。

（二）看见

（9）被：因为当时我到那里的时候就看见有人在打他。所以，后面跟我一起去的那个人，叫什么龙哥，要过去打他，后来我就说别去了，去了等会会打死人了。后来，刘某某就喊我们走了。后面的事，我什么都不知道。

（三）见到

（10）公：……到了现场后见到被告人饶某某正在与刘某某扭打。

（四）发现

（11）公：……龙某某和陆某等人带着刀和管砂到处找对方，后来龙某发现对方坐在比亚迪小车内。

（五）注意

（12）辩：辩护人注意到鉴定人所提出的检验事项及业务疑点，也就是在你的鉴定报告的第 4 页到第 6 页，你列举的是吴某某的询问笔录的反映、是张某询问笔录的反映、是王某某询问笔录的反映，是罗某某询问笔录的反映，是胡某某询问笔录的反映。

除了视觉来源外，感官型言据还包含一定的听觉来源。如：

（13）辩：……龙某某在神龙百度挨打的时候，他给你打了一个电话，你刚才已经说龙某某在电话里面没有说什么，那为什么你知道龙某某当时引发了纠纷？

被：当时他打了电话给我，我只听到⊥我把电话接了，他那边没有讲话，我只听到那边在争吵，所以我就要李某过去看一下。

（14）公：下面宣读证人孙某某的证言：孙某某的证言证实，大概是当晚九点三十分左右，听见楼上吵。“我看见有七到八个人手上拿着木棍、竹棍，还带着一块木板从菜场方向朝我住的楼下走来，准备打架。听见‘过来’，我就听见楼下有人喊‘打’‘打’‘打’的声音。”

例（13）中，话语信息“那边在争吵”来源于被告人的亲耳所听。例（14）中的话语信息“楼上吵”“过来”“楼下有人喊‘打’‘打’‘打’的声音”均来源于证人孙某某的听觉。

6.2.1.2 转述型言据

转述型言据与转述言语行为相关。关于转述的内涵，学者们有不同的理解。

Thompson（1996）的定义广为大家接受，她的定义是“说话人以某种方式标志出话语中出现的另一个声音的言语行为”。按照 Thompson 的观点，转述型言据可以理解成信息来源于另一个声音。也就是说，转述型言据主要由转述言语行为完成。如：

（15）上：这些证据都是生产自救的人员提供的，因为我当时没有搞生产自救，我也不知道。但是这些证据因为生产自救的，C 钨矿搬了几次家，就是 YJ 公司，他们办公室搬了几次家，一些档案肯定找不到了。后面才找出来的。我听他们说的。

上诉人在话轮末尾增加了转述性提示语“我听他们说的”，说明信息来源于他人的言语活动，是对他人话语的间接引用。

转述型来源与听觉也有一定的关系，所以有学者认为，感官来源和转述来源有所交叉（房红梅 2006：193）。本书认为这两种言据中的动词“听”其实具有不同的语义内涵，根据《现代汉语词典》（2005：1359）动词“听”具有如下几个义项：①用耳朵接受声音；②听从（劝告）；接受（意见）；③听凭；任凭；④治理；判断。由此可知，表示感官来源的“听到”“听见”中的“听”取的是第①项意义，而表示转述型言据性的“听”则取第②项意义。因此，转述型来源与感官来源有着根本性的区别，前者强调知识的转移和传播，后者强调听觉的直接作用。

法庭审判的一个显著特征是对过去的事实进行调查、核实、裁判与决断，所以需要对过去的事件真相进行还原与认定。而还原与认定已发生的事情真相的主要途径是借助经历者和见证者的描述，因为过去究竟发生了什么？事实真相如何？经历者和见证者才是最有发言权的。法庭审判的这一特性决定了转述是庭审互动中最重要的信息来源。当然，出于多种交际因素的考虑，在转述型言据中，说话者不仅仅表示信息的来源，还往往对信息命题的确定性和可靠性做出评价，具有命题评价类认识立场功能，另外还具有其他多种功能。鉴于此，本书将表达转述型言据的转述言语行为单独列为一个小节（6.4），以便于详细介绍。

6.2.1.3　引证型言据

引证型言据主要指引用法律、法规等，也包括物证、起诉书等案卷材料（除询问笔录之外[1]）和辞典、论文等出版资料。具体来源类别主要包括法律法规、案卷证据和学术出版物等。例如：

（一）法律法规

（16）公：……根据我国《刑法》第二百七十五条之规定，故意毁坏财物罪是指故意毁⊥毁灭或者损坏公私财物，数额较大或者具有其他严重情节的行为……

（二）案卷证据

（17）辩：根据上诉的材料，七月份黑钨生产量达到九十七点一二六七吨，是不是一个月生产的？

（三）学术出版物

（18）辩：最高人民法院刑事审判一二三四五厅主办的《刑事审判参考》总第五十七集在《张某某贩卖毒品案——如何理解和把握〈刑事诉讼法〉第六十四条关于"没有被告人的供述，证据充分确实的，可以认定被告人有罪和处以刑罚"的规定》一文中明确指出，司法实践中，在把握被告人供述等言词证据时，应当注意遵循下列原则：一是不能仅凭言词证据，尤其是不能仅凭同案被告人供述认定的犯罪事实。由于作证主体的利害相关性和证言来源的特定性决定，同案被告人供述等言词证据往往具有易变性、主观性等缺点。

法庭互动中，引证型言据性的常见据素[2]为介词短语。如：

（一）根据……的规定

（19）公：根据《中华人民共和国刑法》和全国人大常委会《关于刑法第二百九十四条第一款的解释》的规定，黑社会性质组织是以暴力、威胁和其他手段，有组织地进行违法犯罪活动，称霸一方，为非作恶，欺压残害群众，严重破坏经济、社会、生活秩序的违法犯罪组织。

（二）据……显示

（20）上：这三十二吨多产品是我生产自救期间，也就是六月份生产出来的产品。因为据有关相关的报表显示，我六月份，选矿处理作业量达到六千七百多吨……

[1] 对于询问笔录的证据属性，学界持有不一致意见，如熊志海、刘晶（2009）认为它不具备证据的基本特征，故不能视为证据。

[2] 据素（evidentials / evidential markers）指言据性在语法层的体现，参见房红梅（2006）。

（三）依据 / 依……的规定

（21）公：依据《中华人民共和国刑法》第十二条、依全国人民代表大会常务委员会《关于严惩严重危害社会治安的犯罪分子的决议》第一条第 2 款的规定，犯罪事实清楚，证据确实充分，应该以故意伤害罪追究其刑事责任。

（四）按照……（的规定）

（22）辩：……第二，我的被告人仅仅只去了一下；（2 s）第三，按照《最高人民法院关于审理未成年人刑事案件的若干问题》（1s）的规定，这个规定呢是 2001 年 1 月 15 日通过的，那么这个第二十八条规定呢，（---）应该查明青年人参加犯罪的（1s）主观客观原因。

除了介词短语外，汉语中一些动词也常常用作引证型据素。如：

（一）指出

（23）辩：张唯在《组织、领导黑社会性质组织故意伤害、贷款诈骗、虚开增值税专用发票、非法经营、故意毁坏公物、非法拘禁一案，黑社会性质组织的特征应如何把握》一文中明确指出，对于其他成员为报私仇或个人私利而实施的犯罪，其没有组织、领导作用的，不属于黑社会性质组织所犯的罪行，只应由具⊥只应由具体的实施犯罪的行为人承担刑事责任。

辩护人使用了动词“指出”作为据素，表明后续信息来源于张唯的论文。

（二）规定

（24）辩：那么，最高人民法院 2000 年 12 月 4 日通过的《关于刑事附带民事诉讼范围的问题规定》第四条这样规定，被告人已经赔偿被害人物质损失的，人民法院可以作为量刑情节予以考虑。

动词“规定”作为据素说明后续信息的来源。

（三）说

（25）辩：……最高人民法院时任院长王胜俊在《关于判不判死刑问题》中说，一是要以法律的规定为依据，二是要以治安总体状况为依据，三是要以社会和人民群众的感觉为依据。

动词“说”不是用于转述他人的言语，而是用作引证型据素，表明后续信息来自《关于判不判死刑问题》一文。

（四）讲

（26）上：资产移交协议第一条讲，说这个资产移交以这个评估表为准，当时评估表上确实没有钨砂，是不是，但是它的第四条，它同时又讲，对这个资产不再盘底，不再重新核定了。

上诉人两次使用动词“讲”作为引证型据素说明后续信息来源于“资产移交协议”这一书面证据。

Chafe（1986）的言据性模式中，知识的来源其中一项用三个问号“???”表示产生信念的证据是模糊的或不可知的，不强调其证据。胡壮麟（1994：12）将这一项修正为“文化证据”，其中包括宗教、神话和迷信故事。而法庭审判强调“以法律为准绳”“以证据为根据”，所以，法律条文、法庭证据是非常重要的信息来源之一，引证型言据是非常重要的一类信息来源。

6.2.1.4 推断型言据

推断型言据，表示说话者在推理的基础上做出陈述、提供信息（De Haan 2001：193）。法庭互动中主要包括说话人基于事实的推理、基于法律的推理、基于对方言语的推理等几个类型。

（一）基于事实的推理

基于事实的推理在法律实践中具有非常重要的作用，最典型的是具有逻辑推断关系的表假设、因果类复句，它们正好分别是演绎推理和归纳推理（乐耀 2011：125）。常用据素有介词“鉴于”和连词“既然、因为、所以、那么”等。请看：

1. 鉴于

（27）审：鉴于三被告人案发后已全部退缴个人非法所得款，有悔罪表现，可酌⊥酌情从轻处罚，并 --- 适用缓刑。

上例中，审判员基于“三被告人案发后已全部退缴个人非法所得款，有悔罪表现”这一事实，得出“可酌情从轻处罚、适用缓刑”的结论。“鉴于”在话轮之首出现，作为推断型据素，暗示听话人后面即将出现一个推理。

2. 因为

（28）法：再问你一个问题，就是三十二点七二八三吨产产成品黑钨究竟是生产自救结束时留下的产品还是原 C 钨矿的产品？

上：王某生产自救结束的时候，YJ 公司接收的产成品肯定是王某生产的。因为那个时候王某都生产了几个月。这个产品不可能是 C 钨矿的。

连词“因为”关联的小句“那个时候王某都生产了几个月”表示原因，而前面的小句“YJ 公司接收的产成品肯定是王某生产的”是上诉人推理出来的结论。

3. 所以

（29）上：C 钨矿破产解体之前，一九九九年到二零零一年我在广东打工，有广东省东莞市公安局的暂住证为证，关闭企业时，我根本不在财务科上班，所以我不是所谓私分国有资产罪的其他责任人，我不构成私分国有资产罪的主体资格。

上诉人基于事实“一九九九年到二零零一年我在广东打工”“我根本不在财务科上班”和证据“广东省东莞市公安局的暂住证”，得出一个推论“我不是所谓私分国有资产罪的其他责任人，我不构成私分国有资产罪的主体资格”，这个推论由因果标记“所以”引出。

值得注意的是法庭互动中的假设复句不是没有真凭实据的假设，而是有证据的推断。如：

（30）公：既然是你承包，所生产的东西应该归你所有，你不会无偿送人。如果你不是从 C 钨矿接受了这么一坨产品，你怎么会遗留下去？

公诉人根据已然信息“你承包”推导出“所生产的东西应该归你所有，你不会无偿送人”的判断，属于“据因断果”，副词“既然”表示推断性因果关系（邢福义 2001：70）。而句式“如果不是……怎么会”在形式上构成假设复句，在内容上则表达了事物之间的事实上或推论上的因果联系，并强调原因的重要意义（参看邢福义 2001：118）。又如：

（31）公：如果说七月份的 92 吨多，有一部分不是从 C 钨矿来的，而是他们 6 月份生产的，那么他们 6、7 月份两个来两个月的用电量才三千一百多块钱，八月份生产的产量不到七月份的一半那么多，它都还用到了三千多块钱的电量。

假设复句强调的也是原因的重要性“七月份的 92 吨多有一部分是从 C 钨矿来的”，表达的是基于事实的因果关系推理。

（二）基于对方言语的推理

除了逻辑推理，法庭互动中另一重要的推断是对互动参与对方言语的推衍、阐述和解释，其主要功能是标示先前话语与当前话语之间的阐释关系。常用据素包括“就是说、这么说、你的意思是、你是说”等。如：

（32）公：还有一个白钨的生产线你们没有租赁？

被：是的。

公：就是说白钨的产品以后你们没涉及也不生产这个咯？

被：嗯，是的。

（33）被：我没砸，当时我只是喊了人在H区变电站外环村那里等。之后，我人还没来，对方那边就把东西打了。我还没到达目的地。

辩：你的意思是说你的人还没有到之前已经有人把这些东西砸坏了。

例（32）中的话语标记“就是说”和例（33）中的话语标记“你的意思是说”都表示后续命题信息来自于对被告人先前话语的进一步阐释和说明。与转述型言据再次复述他人的话语不同，此类标记表示当前话语是对对方前一话语的引申说明，或做一个翻译，或做一个总结，或提供谈话的要旨，或提示谈话对规则的遵守和偏离（廖美珍 2006：1）。

（三）基于法律的推理

推断型言据还包括对法律、法规的推理。常使用据素“也就是说、由此可见”等来表示对法律的解读和适用。如：

（34）辩：依据《破产法》的规定，人民法院应该在此宣告企业破产之日起日内成立清算组接管破产企业，清算组负责破产财产的保管、清理、股价和处理，也就是说C钨矿从2002年1月16日宣告破产之日起，原来的企业领导包括王某已经丧失了管理、处分该企业的财产权利，继而由清算组接任负责处理、保管、估价和分配。

辩护人依据《破产法》的具体规定，得出了“C钨矿……估价和分配”的推断。据素“也就是说”标记了这种推理关系。

（35）辩：第一，单位主体不适合，根据刑法第三百九十六条之规定，只有国家机关、国有公司、企业、事业单位、人民团体，违反国家规定以单位的名义将国有资产集体私分给个人，数额较大，或者巨大，对此直接负责的主管人员和其他直接责任人员才能进行刑事处罚，由此可见，只有国家机关、国有公司、企业、事业单位、人民团体以本单位名义将国有资产私分给个人才能够构成犯罪。

基于《刑法》第三百九十六条的相关规定，辩护人得出了关于主体资格的观点和论断。据素“由此可见”标记了这种推理关系。

Chafe（1986）以及胡壮麟（1994）的言据性模式中，信息来源中有“假设”一项，表示“断言都是说话人假设的，没有真凭实据”。但在法庭互动中，我们并未发现“假设”型言据。究其原因，是因为法庭审判讲究“以事实为依据，以法律为准绳”，所以，法庭互动中的推断都是有根据的推理而不是凭空推断。即使某些假设句式也是借假设的形式来表达因果的内容，它们在本质上仍属于推断型言据。

6.2.2　法庭互动中的信息来源与信度

对于言据性与信息可靠性和确定性的关系，不少学者认为言据性的意义是信息的来源，包括获取信息的各种形式，而不一定与说话者对断言的确定性或者它的真实性有关系。如 Hassler（2002：157）就提出标记信息来源作为一个语法范畴与知识或信息有效性或可靠性没有任何关联。Donab é dian（2001：432）也认为言语的真值不受言据性的影响。也有学者认为言据可能获得第二层意义——可靠性和可能性，但不是必定的（Aikhenvald 2004：6）。Aikhenvald （2004：153）提出言据性系统中的单个用语可能具有多重语义扩展，包括信息态度、可能性、说话者对所述的真实性和确定性，以及他们对所述的责任。本书赞成说话人对信息来源的说明间接反映了其对于知识的可靠性和确定性的观点。这一观点符合人类的常规思维，因为在大多数情况下，建立在直接的、客观来源之上的信息会相对准确、可靠，而建立在间接的、主观来源之上的命题会有所偏颇。胡壮麟（1994：10）提出信度与知识的可证性（即言据性）相对照，可证性处理信息的来源，信度则提供知识来源可能性的程度，知识的来源从直接经验到虚构形成一个连续统。如图 6-2：

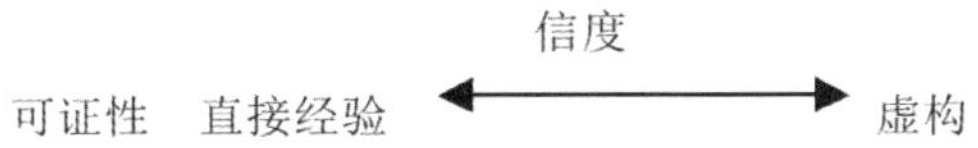

图 6-2　可证性与信度

（引自胡壮麟 1994：10）

法庭互动话语作为一种特殊功能语域的口语语言变体，其言据性呈现出不同于一般书面语的特点。法庭互动中的感官型言据相当于胡壮麟（1994）所说的直接经验，相对而言表达说话人对信息命题较高的信度。一般认为视觉是人们获取关于世界客观信息的基本来源，人们通常把亲眼见到的认定为真实的、可靠的（陈颖 2009：65）。请看：

（36）公：第二份证据是证人罗某某和蒋某某的证言，其证言见侦查卷第 8

卷31至34页，35至36页，二人均证实2009年冬天，李某以朱某打牌出千为由头找朱某索要3万元钱，罗某某还亲眼看见李某为找朱某要钱，在272招待所一房间内，李某的小弟小阿牛打朱某耳光，后罗某某借给朱某1万元现金，用来给李某，同时李某将欠罗某某的1.4万元钱转嫁到朱某的头上。

公诉人在举证质证阶段宣读了证人罗某某的证言，其中使用罗某某“亲眼看见”这一据素来强调证据的真实性和可靠性。

通过“听觉”获得的信息也属于说话人的亲身经历，其信度也是非常高的。请看：

（37）公：下面宣读证人孙某某的证言：孙某某的证言证实，大概是当晚九点三十分左右，听见楼上吵。“我看见有七到八个人手上拿着木棍、竹棍，还带着一块木板从菜场方向朝我住的楼下走来，准备打架。听见‘过来’，我就听见楼下有人喊‘打’‘打’‘打’的声音。”

公诉人宣读的证言中，证人孙某某不仅通过描述自己所看见的，还通过描述自己所听见的来证实事情的发生。“听见‘过来’”“听见楼下有人喊‘打’‘打’‘打’”生动形象地描绘了当时的情景，突出了证言的可靠性和真实性。

感官型据素强调信息源于说话人的直接经验，是第一手的，具有较高的可靠性和确定性，同时也表明说话者对信息来源和可靠性负责。

法庭互动中，基于法律和证据的引证型言据，由于其信息来源的客观性和稳定性，拥有比直接经验更高的可靠性和确定性。如：

（38）公：根据《中华人民共和国刑法》和全国人大常委会《关于刑法第二百九十四条第一款的解释》的规定，黑社会性质组织是以暴力、威胁和其他手段，有组织地进行违法犯罪活动，称霸一方，为非作恶，欺压残害群众，严重破坏经济、社会、生活秩序的违法犯罪组织。

公诉人所引用的《中华人民共和国刑法》第二百九十四条内容为：组织、领导和积极参加以暴力、威胁或者其他手段，有组织地进行违法犯罪活动，称霸一方，为非作恶，欺压、残害群众，严重破坏经济、社会生活秩序的黑社会性质的组织的，处三年以上十年以下有期徒刑；其他参加的，处三年以下有期徒刑、拘役、管制或者剥夺政治权利。可见，引证型言据性具有高度确定性和可靠性。

从逻辑上来讲，命题是建立在可感知的信息来源基础上还是说话者自以为真，二者是相互独立的。然而自然语言通常从说话者的角度来处理知识来源，因此说话者一般会认为自己的命题是真的，也就是在实时互动中，说话者对于自己根据事实或规律等推理出来的推断常常持比较高的确性度，而如果说话者指出所做命题并非建立在一手证据的基础上，而是来源于他人的转述，那么通常表示他不对命题真实性做承诺。

（39）公：什么车知道吗？

被：我听我哥说过是个别克。我没有看见过。

被告人通过否定自己看见过别克车，而只是承认听说过这一回事，一方面回避责任（详见 6.4.3.3），一方面也表示对“是个别克车”这一信息的真实性与可靠性不是很确定，因为没有亲眼看见，只是听闻他人这么说过。由此可见，转述型言据隐含了说话人对信息命题真实性与可靠性的相对较低的承诺。

另一值得注意的现象是，法庭互动中大量的感官型言据都嵌套在转述话语中，尤其是公诉人当庭宣读的证人证言中，如：

（40）公：……第一个证人是死者潘某某案发当晚一直在赌博现场乃至打斗现场的一个朋友，叫黄某某。黄某某 2003 年 12 月 10 日在我们检察机关的询问笔录中是这样说：案发我一直在现场。赌博十来分钟之后，就看见潘某某和后来进来的一个男的扯起来了。双方拉拉扯扯……

此例中，话语信息“看见潘某某和后来进来的一个男的扯起来”中，动词“看见”表示所述为亲眼所见，但是这一信息又是“黄某在询问笔录中这样说”，也就是说，“看见潘某某和后来进来的一个男的扯起来”本身又形成一个命题嵌套在另一信息来源说明中。

证人作为事件的经历者和见证者，他们根据所看见的、所听见的对事实的阐述本来具有高度的可靠性，但是由于嵌套在可靠性较低的转述话语中，尤其是在转述语的原述语不可及的情况下（详见 6.4.2），被嵌套的感官型言据性所引导的信息的真实性和可靠性难以得到验证。言据嵌套还包括转述型言据中嵌套转述型言据，如：

（41）公：……鲁某某证实，宋的老婆在楼下和在楼上与六猴子一起的女的对骂。

过了一会儿，六猴子拿着一个铁锹或者是拖把从楼上冲下来，与宋对打起来。围观的人很多，具体打斗过程我没有看清楚。后来听旁边的人说，宋搞了六猴子一刀。

此例中出现了两个转述型言据性的嵌套，据素“证实”说明后续信息来源于证人鲁某某的陈述，而鲁的陈述中又转述了他人话语，“听旁边的人说”表示“宋搞了六猴子一刀”这一信息来源于其他人。话语信息经过多方加工和传播，其准确性与可靠性势必受影响。

总之，法庭互动中不同言据之间的信度区分并不具有整齐划一的标准与差别，且同一类型言据之间也具有不同的信度，但不同的信息来源途径、不同言据的使用，一定程度上反映了说话人对于信息命题不同程度的确信程度和承诺，知识来源所反映的信度构成这样一个连续统，如图 6–3 所示：

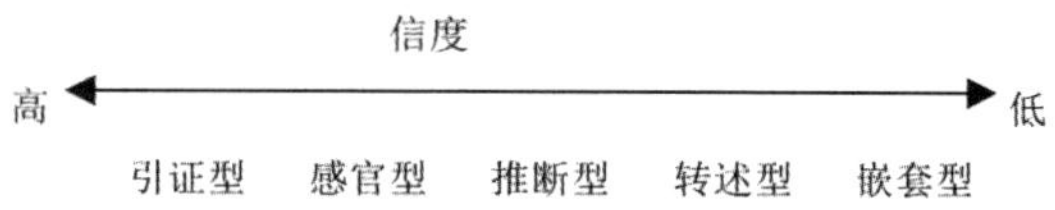

图 6–3 信息来源的信度连续统

6.3 法庭互动中的命题评价类认识立场

Nuyts（2001：21）认为认识是“对事件在可能世界将要发生、正在发生或已经发生的机会的评价”。这种评价形成对于某信息为真的绝对的确定或对某信息为假的绝对确定的结果，在二者之间包括各种程度的可能性。Nuyts 所说的认识其实质是对信息命题真值评价类认识立场。汉语中命题真值评价表达方式主要有三大类，即出现于句首或主谓之间的情态词；出现于句尾的语气词；表示认识的心理动词。

6.3.1 命题评价类认识立场的表达手段

6.3.1.1 情态词

语言学家一般倾向于认为语言中存在着情态词这么一个表达情态意义的封闭的功能类型。然而，汉语中的情态词，其名称、归类、与其他词类的关系，甚至该范畴成员的数量，以及某些成员的身份都存在着争议（彭利贞 2005：49）。从句法功能来看，汉语中的情态词包括具备动词特征的和具备副词特征的两种类型，前者学界习惯性称之为“情态动词”或“情态助动词”，后者被称之为“情态副词”（彭利贞 2005：52）。本书把表达情态意义的副词、动词、助动词统称情态词，分析它们在法庭互动中表达命题确定性的功用。

（一）可能

“可能”是专门表达认识或然性的情态动词，表示事实上有没有可能（丁声树 1961：90）。吕叔湘（1982：247）提出“可能”用于仅仅估计将成事实与否，表示或然性。

（42）辩：张某某兄弟在经营十六个煤矿，近十年的过程中，因为煤矿之间，煤矿与当地一些人之间以及与他人因为民事权益之争的人数与其帮助获益的人来比，可能还达不到百分之一。

（43）上：……我可能授意别人隐瞒资产……但对授意谁隐瞒什么样的资产隐瞒多少资产没有一点印象。

例（42）和例（43）中，说话人使用情态词“可能”表示信息命题可能为真，对命题真值具有一定程度的不确定性。

（二）会

情态词“会”表示客观可能性，估计某事将要发生（朱德熙 1999：74）。

（44）上：原来 C 钨矿评估的时候对一些流动资产的评估是按百分之十评估的，对固定资产的评估按百分之五评估的，那么我们在进行重新评估的时候，因为已经是正常生产了，所以这些实物资产它在价值上在账面上就肯定会发生显著的变化。

例（44）中，说话人根据 C 钨矿原来的资产评估标准及其已正常生产的事实，估计该企业实物资产的价值在账面上将发生显著变化。

（三）能

Tsang（1981：68）曾提出现代汉语中情态词“能”，除了在极少数封闭的否定式中，不能用于表达认识可能性。本书对法庭互动语料的调查发现，情态词“能”在肯定性判断句中有时候也可以表达说话人的认识立场，通常与主观性程度副词“最”“更”等同现。如：

（45）公：那么他们 6、7 月份两个来月的用电量才三千一百多块钱，8 月份生产的产量不到 7 月份的一半那么多，它还用到了三千多块钱的电量。这个生产的用电量最能反映出 6 月份到底生没生产。

（46）辩：其四，古某某是本案，与本案没有任何关系的证人。该证言更能证明张某某没有参与商量打戴某某的事情。

例（45）和例（46）中，说话人使用情态词“能”目的是用于评价后接命题真值的可能性，而不表示能力或许可等意义。

（四）恐怕

现代汉语中，“恐怕”有三个义项：①动 害怕、担心；②副 表示估计兼担心；③副 表示估计。（《现代汉语词典》2005：782）。它表示估计义时，意义与“大概”“也许”有类似之处。但“恐怕”表示说话人带有一定倾向性的估计、推测，语义确信度比较强，同时由于受语素“怕”的影响，带有较重的“商量”意味（盛丽春 2008：46）。请看：

（47）辩：第二点我想说的是，即便是有他们四个人之间的证言，也都是截然相⊥截然存在矛盾的。那么，确实再一一地念这些证据恐怕很无谓，所以我在庭后的辩护词当中将会详细逐条地向法庭阐明它们之间的矛盾和关系所在。

例（47）中，“恐怕说明”辩护人对于“再一一地念这些证据很无谓”表示较强的信心，同时又带有与法庭现场的公诉人与审判员就这一观点进行商量的语气。

（五）也许

“也许”表示对已经发生或将要发生的事情的可能性的一种猜测，这种猜测是一种概率，它介于肯定和否定之间，明显具有主观性，通常表达“不很肯定”的语气（盛丽春 2008：45）。例如：

（48）被：第三，如果曹某某查不出问题，不够拘留条件，那么说我们所里面，因为所里面欠了三四万块钱，也许可以，我当时想也许可以解决一下，找张某某适当赞助所里面一点钱。

被告人通过情态词“也许”意在说明“找张某某适当赞助所里面一点钱，解决一下欠款问题”这种想法的不确定性与主观推测性，反映了说话人的认识立场。

（六）不一定

“不一定”否定必然（吕叔湘 1982：255），表示不能肯定，且偏于否定的认识立场。

（49）辩：当然，乍一看，在公共场所赌博还带刀应该是恶劣的，但仔细分析，对宋来说还不一定够得上这个档次，有这样几个理由。

例（49）中，“不一定”否定了“对宋来说一定够得上这一档次”这一必然性判断，表达了说话人不确定的立场。

（七）应该

（50）法：C 钨矿破产清算时是否有在产品和那个产成品等资产没有评估到？

上：C 钨矿破产的时候是突然停产的。在产品应该有，但是评没有评估我当时根本不知道。是检察院办案的时候告诉我，我才知道的。

（51）辩：我本人是接触这个案子比较早的，我应该是最早的一批和公诉人在审查起诉阶段交换意见的律师，也是最早的一批从我们的法院复印到材料的律师之一。

例（50）中，情态词“应该”表达的是上诉人对“产品有”这一命题的真值的概然推断。例（51）中，情态词“应该”表达的是辩护人对“我是最早的一批和公诉人在审查起诉阶段交换意见的律师，也是最早的一批从我们的法院复印到材料的律师之一”这一命题真值的概然推断。关于“应该”的表义问题，学界有不同的意见。如吕叔湘（1980：550）曾指出“应该”的这种语义为“估计情况必然如此”。而彭利贞、刘翼斌（2007：31）则认为“应该”表达的认识情态在情态级差上不在最高级，它表达的概然值介于“可能”与“必然”之间。从我们调查的语料来看，本书支持后一种观点。即“应该”表达的概然值远高于“可能”，但不及“必然”。

（八）应当

《现代汉语八百词》第 623—624 页，对“应当”的释义是：“应当”同“应该”，表示情理上必须如此。不管是“人的常情”还是“事情的一般道理”，都涉及人的认识立场。如：

（52）公：那么有不（没）有产品，以谁说了算，谁说的以后最权威，应当是当时候评估小组的人说的最权威，因为他参加评估，到现场去核对，什么什么实物。

（53）辩：其次，退一步讲，辩护人认为即便他找了关系，是不是就构成犯罪呢？我想它跟我在此前关于评判找关系这个问题上的辩护意见应当是一致的。

例（52）公诉人以自问自答的形式，对前面的选择问从情理上做出了回答。为了让人接受他的认识立场，说话人随后用一个因果句对自己的主观认识进行了解释说明。例（53）的“应当”与心理动词“（我）想”共现，一起表达了言者的主观认识。

（九）肯定

梁式中（1960：216）认为，“肯定”属于情态范畴，表达了说话人对命题必然性的立场。

法庭互动中，情态词“肯定”具有认识立场功能。如：

（54）上：王某生产自救结束的时候，YJ公司接收的产成品肯定是王某生产的。因为那个时候王某都生产了几个月。这个产品不可能是C钨矿的。你问的这个问题不知道是问我后面接收的还是王某卖掉的产品？

情态词“肯定”表达了上诉人对于“YJ公司接收的产成品是王某生产的”这一命题的确信立场。

（十）自然

“自然”从作为状态副词表示“动作或事态理所当然会如此”进一步虚化、主观化，表达说话人对信息命题的真实性和必然性十分有把握，而并不是对动作、行为、事件等加以限定，所以应看成情态词（参看胡裕树 范晓 1996：260），表达认识立场。例如：

（55）辩：由于杨某某还只处于跟踪寻找资某某，为犯罪而创造条件的犯罪预备阶段，因此整个犯罪行为都处于预备阶段，属犯罪预备。既然属于犯罪预备，还未找到资某某父子，从而自然对资某某父子不可能造成任何损害后果。

此例中，“自然”表达了说话人对于命题“对资某某父子不可能造成任何伤害后果”的确定立场。

（十一）当然

“当然”属于“评注性副词”（张谊生 2000：21），它具有评注功能，表示“合于事理或情理，不必怀疑”（姚小鹏 2011：52）。姚小鹏所谓的“事理或情理”关乎人的主观认识与判断，从属于情态范畴。关于“当然”情态词的性质，有学者早已注意到，如胡裕树、范晓（1996：260）指出“当然”表示对命题内容的把握程度，与“自然”一样属于情态词，表达认识立场。请看：

（56）上：刘某某原来是生产科的科长，陪清算组去现场看的是他，他应该是一个很重要的证人，但是一审的时候，检察院不知什么原因，他没有举证，法院当然也没采信。

说话人依据刘某某在一审中没有举证这一客观事实，得出了“法院没有采信”

的主观认识，这一认识立场具有“合乎事理”的必然性。

（十二）绝对

《现代汉语八百词》（吕叔湘 1980：325）中词条“绝对”有形容词与副词两个用法，其副词义项释义为：表示肯定、坚信。显然，这个释义带有言者主观上对某命题的必然性认识，表确定。正因如此，胡裕树、范晓（1996：260）提出“绝对”也应该增补为情态词。法庭互动中，它往往表达了说话者的高度确定的认识立场。例如：

（57）公：因此，何某走到今天这一步，是其罪有应得，绝对不是蒙冤入狱。

公诉人使用情态词“绝对”表示自己对“（何某）不是蒙冤入狱”这一命题持有一种确定无疑的态度和立场。

（十三）好像

《现代汉语词典》（2005：544）对副词性的“好像”释义为：似乎、仿佛。从这一释义可知，“好像”与“似乎”具有相同的用法。胡裕树、范晓（1996：260）把“似乎”增补为情态词。根据我们对法庭审判语料的调查，未见“似乎”的例子，但发现了数个“好像”的用例，用于表达认识立场。例如：

（58）辩：他们用（什）么刀砍的？

被：他们是（5s），好像是菜刀砍的。

被告在命题“他们是菜刀砍的”中使用一个情态词“好像”对谓语动词“是”进行限定，意在传递自己对该命题的不确定性态度和立场。

（十四）确实

《现代汉语词典》（2005：1136）对副词性的“确实”的解释是：对客观情况的真实性表示肯定。释义中的“肯定”反映了说话人或叙述者的一种主观认识。这种主观认识多表现为对命题的强化性肯定。例如：

（59）上：比如说，这个检察院在提供的很多证人证言当中，他们搞的材料确实非常扎实。

我们可以发现“确实”强调的不仅仅是“检察院搞的材料扎实”这样一种客观情况，更多的是上诉人的一种主观评判。说话人在陈述一个命题的同时，暗含了自己对话语内容确信无疑、不容否认的态度和立场。

6.3.1.2 语气词

Palmer（2001）提出，语气是情态的子范畴，包括陈述语气、祈使语气和虚拟语气等，它是某些语言中用以表现情态的一种手段，主要是动词的形态变化。现代汉语中，表达不同语气的主要有语气助词、语气副词、语调等手段。语气副词的名称在学界存在不一致性，如张斌（2000）、齐沪扬（2002）等学者称之为语气副词，而屈承熹（2008）、徐晶凝（2008）等学者把它叫作情态副词。本书支持后者的观点，将“也许、恐怕”等看作是情态副词，而不属于语气词，本小节只讨论语气助词。

法庭互动中，表示对命题确定性评价与态度的语气词主要是“吧”。不少学者已经注意到，该词表示说话者对知识的评价，与认识立场相关。如吕叔湘在《现代汉语八百词》（1980）中就提出，“吧”具有揣测的语气。此后，吕先生在《语法学习》（2006）中又提出“吧”是表示疑信之间语气的语气词。胡明扬（1981：421）认为“吧”属于表态语气助词，赋予话语内容以不肯定的口气。周士宏（2009）提出“吧”是确信与信疑之间表示“不确定”的情态语气词。所以，从信息认知状态角度来说，语气词“吧”的使用反映了说话人对于话语命题的不确定性。请看：

（60）a. 张三一定走了。 b. 张三一定走了吧。c. 张三一定走了吧？

（61）a. 张三可能走了。 b. 张三可能走了吧。c. 张三可能走了吧？

（62）a. 张三走了。b. 张三走了吧。 c. 张三走了吧？

根据周士宏（2009），这三组例子中，a组是一组陈述句，基本功能是提供信息，无论所提供的信息是必然的、或然的还是实然的，在加了“吧”变成b组的三个句子后，全都增加了“不确定”的语气。b组和c组相比较，b组只表达了“不确定”的态度，是测度性的陈述，而c组不仅包含了说话人的测度，还向听话人发问。也就是说，语气词“吧”在疑问句和陈述句中都可表达“不确定”的信疑态度。

法庭互动中，语气词“吧”常用于陈述句中表达说话人对命题信息的不确定性态度。如：

（63）审：什么时间收到的？

上：（3s）具体时间，（2s）不记得了。十月份吧。二零零九年十月份吧。

例（63）中，审判员询问上诉人具体时间。上诉人在下一话轮中给出了答案“二零零九年十月”，但说话人对话语信息没有确定的把握，所以句末使用了“吧”

来表示这种不确定的立场。

（64）上：具体数量不记得。大概数量记得。

公：大概多少？

上：这个黑钨⊥白钨有二十多吨吧。黑钨具体有三四十吨吧。

针对公诉人的提问，上诉人首先明确表明自己不记得具体数量，只记得大概数量。在公诉人的追问下，上诉人给出的答话表达了不确定的认识立场。这种不确定的立场除了通过使用概数“二十多”“三四十”来实现之外，还通过两个语气词“吧”来表达。

法庭互动中，语气词“吧”的这种不确定认识立场的表达，隐射和体现了说话人的交际目的。例如：

（65）公：谁的车？

被：就是他的吧。

公：车主是谁？

被：车主，车主是 --- ▲

公：▼是不是你的？

被：车主是我的。车主是⊥那车是我给我媳妇买的，后来煤窑没车，就给他了。

此例中，被告人的话语中语气词“吧”表示对所述信息的不确定。从后续话轮看来，被告人在回答公诉人的问话“谁的车”时所表现出的不确定，存在两种认识上的可能，一种可能是说话人对车主的认定没有没明确的认识（车确实是自己的，但又是给他媳妇买的，并送给了哥哥），另一种可能是说话人在言语中表现出犹豫和迟疑的态度，其目的是逃避法律责任，而后一种的可能性明显大于第一种。

疑问句中，语气词“吧”是否表达不确定性，本书的语料分析显示出不同于周士宏（2009）的观点。他认为例（60）至例（62）中的 c 组问句表示说话人心中有所疑，以问句形式表达出来，期待听话人消除自己对所问内容的“不确定”性。周士宏的分析是脱离语境的，所以无法判断说话人对信息的知晓程度与态度。法庭语料的分析表明，法庭互动中疑问句末尾的语气词“吧”具有不同于它在陈述句中的认识立场。请看：

（66）公：你是说它没有盘底，有产品也不算遗留还是怎么回事？

上：也是在产品啦。在产品总是有的啦。（4s）因为我说

公：你说的在产品是在生产线上的 --- ？

上：‖ 对。

公：‖ 产品，而不是在仓库里面的产品吧？

上：在仓库里就是没有装包的也是在产品啦。

（67）公：你看没看出让协议书？

上：出让协议书我看过。

公：看过？。

上：对。

公：上面的矿产品一栏，上面是个零。‖ 这个你没有忘记吧？

上：‖ 出让协议书没有这些内容。

公：怎么的？

此二例中，语气词“吧”都发生在反问句中。反问句利用疑问形式表达确定的内容（李宇凤 2010：115）。例（66）中，反问句“而不是在仓库里面的产品吧？”的意思就是“包括在仓库里面的产品”；例（67）中的否定句“这个你没有忘记吧？”的意思就是“这个你没有忘记”或者说“这个你不会忘记”。公诉人对反问句中的信息命题是确定的，因为反问句本身可以理解成“一种判断”，而且是“比一般陈述句态度更坚决、内容更明确的判断”（张文泰 1984）。刘月华等（2001）也提出反问句的作用是用反问的语气来对一个明显的道理或事实加以肯定或否定，以达到加强语势的目的。所以，反问句中的语气词“吧”不是表示不确定的态度，而是表达了一种肯定、确定的立场。

6.3.1.3 心理动词

从世界诸语言来看，心理动词都与认识立场有关。它们经常与人称代词特别是第一人称代词组配使用构成表达认识立场的构式。比如，英语的 I think（Kärkkäinen 2003），I guess（Kärkkäinen 2007），芬兰语的 minusta（我认为）（Rauniomaa 2007）等。Traugott（1995：38）曾提出英语中 I think 变得越来越主观，不仅体现在功能上（成为一个固定短语表示言说者的认知意义），也体现绝对性地选择第一人称为主语形式这一方面。汉语中，心理动词也常常参与话语立场的构建，成为法庭互动中重要的认识立场标记之一。

（一）认为

法庭互动中，心理动词表达认识立场的用例中，频率最高的构式是“人称代词／名词+认为”，其中又以第一人称代词“我（们）”的频率最高。如：

（68）审：下面由上诉人王某陈述上诉理由。

上：我接到这个判决书以后啦，我认为一审法院的判决是错误的，第一，我没有主观故意犯罪，第二，我没有实施相关的行为，我没有指使付某某隐藏钨砂、黑钨产成品，也没有去隐藏在产品白钨。

上诉人通过“我认为”这一结构表示“一审法院的判决是错误的”这一判断和认识是个人的主观认识，降低了这一断言的绝对性，表达了对这一信息和认识的个人立场。

（69）法：二零零五年十二月三十一日 N 县 S 会计事务所关于 YJ 公司的审计报告中“审计意见”一栏中建议对清理出来的资产报有关部门批准备案。你们是否向有关部门报告了？

上：当时我不清楚这个审计报告。这个审计报告也是办案人员在询问我的过程当中给我看了我才知道。我们认为 YJ 钨业的资产没有国有资产，不需要向什么地方进行报告或者登记。具体情况请你们询问财务人员。我不太清楚当时办理的情况。

上诉人使用“我们认为”这一立场表达构式陈述了自己和其他上诉人对于 YJ 钨业资产上报的观点。尽管属于主观上的认识立场，但客观上还是向法官和公诉人等声明了己方态度，主观上也具有维护己方利益的功能。

法庭互动中，当事人在表达主观认识时常使用的构式是“我认为”或“我们认为”，而其他诉讼参与者，则有不同的自我称呼用语。请看：

（70）辩：那么这个能够作为证据的，辩护人认为是只要一切能够证明事实发生的，那么就应当作为证据来采信。我们的意见完了。

（71）审：本合议庭认为，本案的事实已经查清，现在宣布法庭调查结束。

（72）公：本院认为，被告人张某某，目无国法，为泄私愤，采取放火的方法故意毁坏他人财物，情节严重。其行为触犯了《中华人民共和国刑法》第二百七十五条之规定，已构成故意毁坏财物罪。

辩护人、审判长和公诉人分别使用表示身份的法律术语“辩护人”“合议庭”和“本院”来指称自己。用法律身份来指称自己，在一定程度上降低了这类认识立场构式的主观性，增强了语用力。

另外，除了常用的心理动词“认为”以外，法庭互动中也出现了其他形式的表示主观认识的心理动词。例如：

（二）觉得

（73）辩：我觉得这两份证据其实应当在昨天或者更早一些时候交到我们手上来，我到现在为止对这两份证据的详细内容，就听一遍，这真的还反映得不是太清楚。

辩护人使用“我觉得”立场表达构式来申明自己的态度：两份证据提交时间过晚。

（三）想

（74）被：尊敬的审，那个法官大人，啊，以上几点呢，我想已经证实我不是黑社会组织成员，更不是组织成员的骨干分子，望法官大人呢明察。

被告人使用“我想”这一立场表达构式来申明自己不是黑社会组织成员，更不是组织成员的骨干分子。

6.3.1.4 不同表达手段连用

法庭互动中，对命题信息进行评价，除了情态词、语气词和心理动词单用外，有时还出现两个或多个表达手段连用的情况。具体情况如下：

（一）情态词+语气词

（75）被：张某华家好像是没提供吧。

辩：没有提供？。

被告人使用了揣测副词“好像”和语气词“吧”两个低量值范畴的言据标记，并且言语中出现了拖音现象，表明被告人对于“张李华家没有提供（三百吨煤）”这一信息的极度不确定立场。于是，辩护人在下一话轮中通过回声问对这一信息进行进一步的确认和强调。

（二）心理动词+情态词

（76）被：我认为、我认为应该是胶皮沫儿。当时挺软的，我拿手还拿了拿。

被告人使用了情态副词“应该”和立场表达构式“我认为”来表达对命题信息的不确定态度。其中，说话人两次使用“我认为”，并伴有语音上的停顿，反映了组织话语时的迟疑、犹豫的心理，这些语言特征与不确定信息的表达是相吻合的。

6.3.2　法庭互动中认识立场的信度连续统

说话人对信息的态度，指的是对知识可靠性和准确性的态度，具体说来，如果把说话人所谈论的知识设为 P（proposition），那么当说话人不确定 P 真值（truth value）时，会在陈述 P 之外加上自己对 P 的可靠性的说明（房红梅 2006：192）。说话人对知识的可靠性说明，对命题真值的确定程度从百分之百的确定到百分之百的不确定形成一个连续统。我们根据不同命题评价型认识立场标记的使用将可靠性的量值分为高、中、低三档，高量值的言据性最接近极性，中量值次之，低量值最远。

在认识立场的信度连续统中，不用任何认识立场标记代表百分之百的确定，属于极性，一如房红梅（2006：195）所指出，即使当说话人使用“sure”“certain”“确信”“肯定”等字眼时，也隐含着说话人的不确定的态度，其确定程度尽管是在“可信—不可信”连续体上最接近于“可信”的一端，但还是要比零标记的话语肯定程度要低。比如“是事实”，就是极性，“绝对是事实”“应该是事实”都属于必然性表达，属于高量值范畴，“可能是事实”属于或然性表达，则不如“应该是事实”所表达的态度确定，属于中量值。

法庭互动中，高量值认识立场标记常见的有“绝对、肯定、应当、确实、当然、一定、确定、相当、完全”等，如：

（77）公：你没有指使人去⊥，没有指使人隐瞒？。

上：我绝对没有指使▲

（78）被：去时候我不知道带什么东西了，他只（---）是说跟我出去。我当时，我确实没有 --- 跟你⊥我这确实没跟你撒谎。

中量值认识标记常见的有“基本上、大概、大约、应该”和心理动词“认为”“觉得”等。

（79）被：基本上都吸食完了。每天都吸食一、两克。

（80）被：具体时间我不怎么记得了。大概是 3 月份。

低量值认识标记常见的有“可能、好像”，语气词“吧”，以及认识立场标记连用等，如：

（81）法：价值八十二点零九三八一三万元的产品协议出让给 YJ 公司有何依据？

上：八十二万元，这个里面有个数据可能是混淆的……

（82）公：用过吗？做完以后用过吗？

被：做完以后没用过好像是，‖ 做完以后。

结合 6.2.2 一节，我们已经讨论了法庭互动中言据性不仅表明所言信息的来源，也表达了说话人对所传递言语信息的态度，言据也能够反映信息的确定性和可靠性程度。所以总的说来，法庭互动中认识立场形成一个关于信度的连续统，如图 6–4 所示：

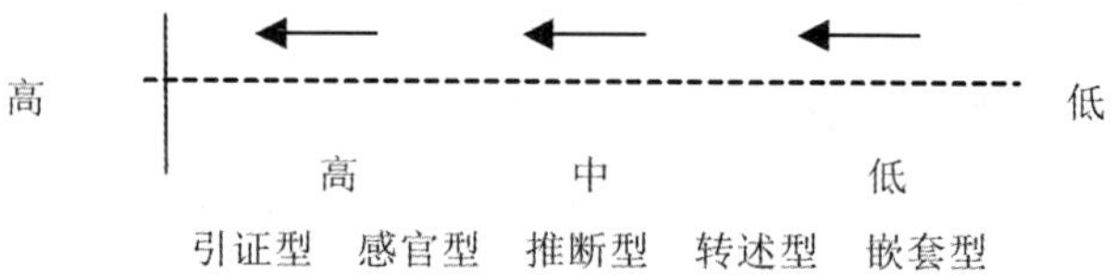

图 6–4　认识立场的信度连续统

6.4　转述言语行为——一种兼表信息来源和命题评价认识立场的语言手段

转述（speech reporting），指说话人以某种方式标志出话语中出现的另一个声音的言语行为，源于该声音的任何语段都可称为转述语（reported speech）（Thompson 1996: 506）。从定义我们就可以看出，转述是一种典型的认识立场行为，表示信息命题的来源和说话人对信息的知晓程度。语料调查进一步表明，转述言语行为在法庭中有着很高的使用频率，是一种非常重要的认识立场手段，兼有表达信息来源和评价命题真值的双重认识立场功能，所以在此列出一小节单独讨论，系统分析转述的形式、忠实度和功能。

6.4.1　转述言语行为的类型及其特点

6.4.1.1　转述言语行为的基本类型

关于转述形式的类型，Leech & Short（1981）的五分法最具代表性，即分为直接引语、自由直接引语、间接引语、自由间接引语和言语行为的叙事转述。法庭互动中，转述言语行为涵盖了其中四种类型。

（一）直接引语

直接引语，指对原述话语（包括语气、语调）原封不动、未经加工改造地引述(Leech & Short 1981: 255)。口语中，它主要通过韵律的切换和指示语来识别(Holt 1996：222）。如：

（83）被：……他就说："哎，你把你家空调移一下。"

根据视频，被告人在转述时声音发生了变化，为原述者声音的模拟，加上语气词"哎"以及人称代词"你"的使用，说明他采用的是直接引语形式。

（二）间接引语

间接引语，指的是信息以转述者视角在当前转述语境中予以表达（Leech & Short 1981：255）。如：

（84）公：他叫你把空调移一下，为什么叫你把空调移一下呢?

被：他说我空调的水滴在他窗户上面。

从人称代词"我（指被告人自己）"和"他（指被害人）"可以看出被告人采用的是他自己作为转述者的视角，属于间接引语。

（三）自由间接引语

自由间接引语，是间接引语的变体，指转述引导语被省去，但转述语中的时态和人称仍然是间接引语所要求的（Leech & Short 1981：260）。如：

（85）被：啊，具体有多少我也记不太清楚了。

公：啊，具体有多少你也记不太清楚了?

公诉人的转述没有使用任何转述引导语（如"你说"等），而因叙述视角变化，转述语中的人称代词发生了改变，属于自由间接引语。

（四）言语行为的叙事转述

言语行为的叙事转述也是间接引语的变体，是比间接引语还要间接的转述形式。在这种转述中，焦点是被转述者的言语行为（Leech & Short 1981：259）。如：

（86）公：审判长在问吴某某的时候，吴某某给予了否定。这个就不一致了。

公诉人将上诉人吴某某的先前话语"那个统计表不是我，那个选矿金属平衡表是我"概括为"否定"这一言语行为，而省略了具体命题信息，属于言语行为的叙事转述。

6.4.1.2 转述言语行为的特点

（一）转述形式的复杂性

与课堂话语和日常会话相比，法庭互动中的转述在表现形式上更为复杂。前者的转述以单独使用某种形式为主（Baynham 1996，Holt 2000）。而法庭互动中，前述四种转述形式除了大量的独用以外，还有不少的混用和套用，具体包括直接引语和间接引语的混用，以及直接引语与间接引语相互嵌套两种情形。如：

（87）公：这个资产评估负责人，叫李某某，还有评估组的李某某，评估组的蔡某某，这几个人证实，他根本就没去，没到仓库里去，“我认为资产清算组提供给我的报表上没有的这样东西就不属于我们评估的范围，我们就根本不予去评估。”……

转述语“他根本就没去，没到仓库里去”属于间接引语，而转述语“我认为……去评估”属于直接引语，二者构成“间接引语＋直接引语”混用模式。

直接引语与间接引语的混用源于转述者在潜意识中想要鱼和熊掌兼得（董秀芳 2008：372），比如例（87）中，间接引语“他根本就没去，没到仓库里去”简单、便捷地传递了信息，而直接引语“我认为……去评估”则传递了原述者的语气，并通过认识情态标记“我认为”和副词“就”突出了原述者的情态和立场。

（88）上：他说这张报表你看，你没有隐瞒，这68万元的报表明显就是隐瞒了，而且是你隐瞒了，而且别人都说得很清楚了，说就是你隐瞒的。

上诉人直接引用了“他”的话语，而在“他”的转述中，“他”又间接引用了“别人”的话语，从而构成直接引语嵌套间接引语的转述模式。又如：

（89）公：……魏某某的陈述证实2010年8月16日，其运输泥土的车队因故被S村三组的组长余某某带人拦下……临走时他们中一个叫伯老的人，即被告人刘某某，指着魏某某说，“好，你在这里等着，我们等着瞧。”……

公诉人间接引用了证人魏某某的证言，而魏在陈述中又直接引用了刘某某的话语“好，你在这里等着，我们等着瞧”，从而构成间接引语嵌套直接引语的转述模式。

（二）声音来源的广泛性

Thompson（1996）提出的转述分析框架中，声音来源（voice）一项，即谁或者什么被作为转述语的来源，包括自我和他人两大类，其中，他人仅指第三方。

法庭互动中，转述语的声音来源则更加广泛，具体体现在：对第三方话语的转述，如例（83）、例（84）；对互动参与对方话语的转述，如例（85）；对自我话语的转述，例如：

（90）被：我当时跟我哥说过，我说咱们现在，混到现在不容易，混到现在这个份儿上也不容易，有钱，也有点儿那个 --- 资本了。

另外，法庭互动中还出现大量的对多（双）方对话的转述。如：

（91）上：检察官说我隐瞒钨砂，我说我没有，说 C 钨矿虚报固定资产并且是为重组企业隐瞒的，我说那完全是按政策关闭破产的，这不可能为重组企业隐瞒钨砂，检察官说我不老实。

法庭互动中，转述语声音来源的广泛性是由庭审诉讼参与人的多样性以及庭外证人、侦查人员等的复杂性决定的。广泛的声音来源，即广泛的信息来源，这有利于丰富转述言语行为的话语功能，顺应法庭互动的言语交际需要。

6.4.2　转述引导语

汉语中的转述引导语的句法手段主要有四种基本形式：①转述者 + 言说类 / 承诺类动词；②转述者 + 言说类名词；③介词 + 转述者 + 言说动词；④听觉动词 + 转述者 + 言说动词。例如：

6.4.2.1　手段一：转述者 + 言说类 / 承诺类动词

法庭互动中，“转述者 + 言说类动词”是使用频率最高的转述引导语。该格式中的转述者通常由人称代词或表成员、机构的名词充当。而常见的言说动词则包括“说、讲、问、称、供述”等。例如：

（一）说

（92）上：清算组说 C 钨矿这个搞清算，现在非常不稳定，大家都在闹事。

（二）讲

（93）被：……他们就讲啊，我给你搞生产自救，这个劳动成果应该要共享，这个产品不是你王某的，有产品就要分了。

（三）称

（94）公：监管处的来源也是来源于在市强制戒毒所的一个学员，称自己的老乡知道杀人嫌疑犯宋的下落。

就如胡壮麟（1995）所指出的，汉语中表示这一认识来源的词语丰富无比，不一定非用“说”不可。另有许多动词其实质性内容是转述，从知识来源来说，是转述型据素。又如：

（四）供述

（95）公：那么，彭某某供述，他为什么会参加这个组织，是因为他当时看见社会上有很多跟着混得好的老大吃好的、穿好的、住好的。

（五）证实

（96）公：孙某某证实，上述被告是在半路上就开始拿着木棍、竹棒，以及砖头前往现场打架。

例（92）—（96）均由“转述者＋言说动词”构成。

（六）答应

（97）被：有，当时——我跟他说，他答应我——把我哥弄到医院去，让我跑。他点头让我从那儿跑，当时我还给他跪下磕过三个头。

（七）许诺

（98）公：黄某某通过罗某某找到杨某，许诺盈利的钱与杨某平分，要杨某想办法赶走刘姓老板。

上两例，由“转述者＋承诺类动词”构成。

6.4.2.2 手段二：转述者＋言说类名词

言说名词主要指“证词、证言、话、口供、供词”等，其后接话语内容可以成为这些名词的同位语，实现转述言语行为的功能。比如：

（99）公：……董某某，女，三十五岁，张某某之妻，二零零零年三月五日的证词：“上个星期的一天快黑时，张某——祥，谭某某，张某刚一块儿回到我家，张某刚跟我要钥匙，说用缝纫机，弄东西。”

（100）辩：首先，潘某某，潘某某的证言：她没有目击宋用一个什么刀，是如何地来到，这个被害人，她是属于没有看清楚。

言说名词“证词”与“证言”后接部分均是句中的同位语，与它们是同位关系。除了同位关系之外，回指关系由于能够回指叙述者的先前话语内容，也可以实现转述行为。例如：

（101）公：现场还有六猴子的一个朋友，也帮六猴子的忙。但六猴子的头还是被被告人宋某某砍破了，流了血。宋拿了一把短刀，像是电工刀的样子，这是龚某某的证言。

“这是龚某某的证言”回指前面的话语内容，前述话语就是对龚某某话语内容的转述。

6.4.2.3　手段三：介词＋转述者＋言说动词

这类手段最常见的形式是：“据 / 按照……说 / 讲 / 称 / 供述 / 陈述”等。这类手段属于介词框式结构的转述标记。如：

（102）辩：就是夏某某被抓的时候，据他自己讲啊，他因为是欠你的钱，是不是这个事情？

（103）公：那么，按照你刚才的陈述，对方刚才三、三个人一起上去了，都冲向你一个人吗？

（104）被：该案检察承办人唐某某一行去 M 市调证有关案情，我因工作关系当时接待了他们。据他们称，唐某某是自 2004 年分片负责 M 市的案件的。

例（102）是介词“据”与言说动词“讲”组配使用，例（103）是介词“按照”与言说动词“陈述”组配使用，例（104）是介词“据”与言说动词“称”组配使用，三个例子中间均嵌入了叙述者。

6.4.2.4　手段四：听觉动词＋转述者＋言说动词

听觉动词常常可以与言说动词搭配使用，构成转述话语导语标记。如：

（105）公：后来我听朴东某说朴锋某把他的房子抵押出去了。

“听说”的另一口语化形式，“听……讲”。如：

（106）被：我去的时候是我听别人讲他被人打了，走医院去看他的，他当时在医院里面抢救的时候我去的。

上两例均是“X 听 Y 说 / 讲”格式。其中 X 为言语的转述者，Y 为原话语的叙述者。

有时候，因交际的需要转述者可能不直接说出原话语的叙述者 Y，或者因客观因素难以言明原话语的叙述者 Y，Y 可以省略，构成“X 听说”的简缩式。如：

（107）上：第三点，在清算后期，听说清算组处理了 50 多万元的废旧物资。

说话人直接用动词“听说”表示表示信息来源于他人。

与“听说”功能类似的还有“打听到”短语格式。请看：

（108）公：……2006年3月7日我到北京Z区东大桥8号楼SD国际中心A栋2811室N公司北京代表处找朴锋某，但已经人去楼空，后打听到春节前一个晚上朴锋某连房租都没交就跑了。

法庭互动中，转述言语行为的高频率使用导致了转述动词和转述语形式的多样化，反过来，转述语的多样化也进一步强化了转述语的多元功能（详见6.4.4），以满足交际的需要。

6.4.3 转述话语的忠实度

忠实度，指转述语对被转述话语内容的忠实程度。转述语忠实度的分析不仅可以反映说话人在提供信息命题时是否忠实于实际信息，还是有所偏离，不同形式的忠实程度如何，而且还有利于探究忠实与偏离发生的交际目的与原因。

早期转述研究的基本假设是有转述就一定有原述，转述话语的形式与原述话语的形式越接近，则二者一致性越高，也就是说忠实度越高（吕晶晶2011：22）。因此，一般认为直接引语具有相对较高的忠实度，它是原述语形式和内容的精确再现（Leech & Short 1981：257）。而实际上，法庭互动中最精确、最忠实的转述为自由间接引语，如例（85）基本上是对原述话语的复制。但这类转述语所占比例较低，因此，总体上看，法庭互动中的转述话语是一种创造性、建构性的话语。如：

（109）公：哪部分不属实？按照你的说法，你又是会说，打了被害人的部分不属实，是不是啊？

引导语“你又是会说”表明转述语“打了被害人的部分不属实”的原述语并不存在，它只是公诉人的一种推断与虚构。

（110）被：……他们就讲啊，我给你搞生产自救，这个劳动成果应该要共享，这个产品不是你王某的，有产品就要分了。

此例中，转述形式为直接引语，说明转述语为原述语的再现，而转述语的声音来源是多个说话者“他们”，那么，所引用的话语就不可能为被转述者实际所言。由此可见，转述更多的是转述者的一种建构。

只有在原述语具有可及性这一前提条件下，才能评判，并在一定程度上保证转述语的忠实度。请看：

（111）上：前面公诉人也讲了，说我大部分时间在外面。但是问话的时候，次数应该还是在看守所的时候次数比较多。

此例中的转述属于间接引语。一般认为，间接引语中转述者不仅可根据自己所处的时空改变人称、指示词等，还可根据自己的需要，对原话加以修改、解释、加工等（刘煜 1986：9）。但是，对比公诉人的原述语“大部分的时候都是在外面的”来看，此处转述语的忠实度很高。所以说，转述形式与内容忠实度并不具有对应关系，而与原述语的可及性有很大关系。

（112）公：刚才辩护人发问的时候，你说姚某某要你多带几个人过来，这个话是不是姚某某讲的？

此例也属间接引语，且原述语具有可及性。公诉人的转述语基本上忠实于被告人的原述语“他说要喊⊥多喊几个人过来”。但是，原述语中的动词“喊”在转述语中被修改为动词“带”，从而使被告人的行为从“召请”变为了“率领”，性质发生了微妙变化。例（120）与例（111）相比，一个是公诉人对被告人话语的转述，一个是上诉人对公诉人话语的转述，转述者与被转述者之间身份与权力关系的差异是影响忠实度的两个重要因素。

无论转述是忠实于原述语，还是对它进行修改，或者是虚构、创造原述语，都是出于特定交际目的。比如例（112），公诉人对原述语的修改就是为了突出被告人在案件中的地位，因为例中被告人被公诉方指控为主犯。

总的来看，法庭互动中转述言语行为是一种创造性、建构性、策略性行为。转述语的忠实度，在转述者交际目的导向下，在原述语可及性，以及转述者与被转述者之间身份与权力关系等因素影响下，呈现出从“复制”到“部分忠实”到“虚构”的连续统，而与转述形式之间并不具有对应关系。

6.4.4　转述言语行为的认识立场功能及其他

在第 4 章，分析评价立场的隐性表达手段的时候，我们讨论了转述言语行为的评价功能，包括对被转述话语的评价和被转述者的评价（详见 4.3.2）。法庭互动中，转述言语行为除了具有评价立场功能以外，它更直接、更重要的功能是认识立场表达，不仅表示信息来源，还表示对命题信息的确定性、有效性等。另外，作为认识立场手段，还衍生出其他一些功能，具体表现为：

6.4.4.1 表示信息来源

转述言语行为作为典型的认识立场手段，其基本的功用应该是表示信息来源，即言据性功能（Aikhenvald 2004：3）。如：

（113）上：税务登记没有完成之前，啊，这个，我听财务人员是这样讲的，吴某某呀，之前是无法结账的，这是规定的啊。

上诉人在提供命题信息“税务登记没有完成之前是无法结账的”时，通过转述引导语“我听财务人员是这样讲的”表明此命题信息来源于财务人员吴某某，从而提供了信息来源证据，具有言据性功能。

作为言词证据，转述频繁地出现在庭审过程中，尤其是证人证言这一法定证据形式当中。证据功能是法庭互动中转述言语行为的基本功能。其中，直接引语因为所提供的信息更加细致，更加生动，听者听到直接引语，便会认为引语的内容是逐字复制而来的，是真的原话（徐赳赳 1996：62），而直接引语和间接引语嵌套的转述模式，因为话语信息经过多方加工和传播，其作为证据的准确性与可靠性势必有所影响和降低。

6.4.4.2 命题真值评价功能

评价命题真值功能，指的是转述言语行为中转述者对被转述话语的态度，主要是对其真值或有效性的评价。如：

（114）公：孙某某证实，上述被告是在半路上就开始拿着木棍、竹棒以及砖头前往现场打架。

转述动词“证实”的使用表明公诉人相信并确定后续引语为真。

（115）公：……因为刚才张某明显在说假话，大部分的时间是在派出所。在侦查长达九个多月的时间里，他只拘留了十来天时间，大部分的时候都是在外面的。

转述引导语“说假话”说明公诉人认定后续引用的上诉人话语“大部分的时间是在派出所”为非真话语。与会语中转述者含蓄地表达对被转述话语的态度（Holt 2000：427）不同，法庭互动由于其明确的目的性和对抗性，对转述语的评价往往直接、明了。

6.4.4.3 证据功能

通过说明信息的来源和具体信息，说话者可以为某一观点提供论据，称之为证据功能。如：

（116）公：原来的司法会计鉴定，出来以后就跟上诉人他们见面了，征求他们的意见，他们都表示没有异议，我看得很清楚那个案卷材料里面，尤其是张某就说了，“我经过仔细看了以后，对这个鉴定没有任何异议”。

此例中，公诉人首先对言语事件进行描述“他们都表示没有异议”，然后，通过直接引用上诉人话语来证明这一观点。直接引语作为证据“使得听者得以自己见证和判断”（Galatolo 2007：212），赋予所转述信息更强的客观性。

6.4.4.4　责任分离功能

法庭互动中，通过转述言语行为，说话人标示了自己与所引话语之间的距离，从而将自己从对被转述信息命题的责任，以及法律案件的现实责任中分离出来，即责任分离功能。

转述言语行为中，直接引用截然分清转述语与叙述语、转述者声音和被转述者声音（李金凤 2009：11），转述者以此表明引语的内容是他人的，自己不过如实复述之，具有分离自己与转述内容的责任之功能。请看：

（117）公：他当时怎么跟你说的？

被：当时他说人家官儿大，耍着手腕，让咱们交了。

此例，公诉人问的是第三方“他”的话语内容，被告人本可以采用自由直接引语的形式，即直接以原述者视角进行转述，且不附加任何引导语（Leech & Short 1981：258），直接回答“人家官儿大，耍着手腕，让咱们交了”。但实际上，被告人附加了转述引导语“当时他说”，即采用了直接引语的形式，突出他自己与后续引语的距离，表示不对引语内容负责。这也是庭审中未出现自由直接引语的原因，它不利于转述者和被转述者的区分和责任的分离。

而在间接引语及其变体中，转述者作为解释者介入被转述话语（Leech & Short 1981：256），转述者与转述语之间的界限不清楚，所以责任上的区分也就不明晰，转述者通常需为所述言词负部分责任：

（118）上：……但是这些证据因为生产自救的，C 钨矿搬了几次家，就是 YJ 公司，他们办公室搬了几次家，一些档案肯定找不到了，后面才找出来的。我听他们说的。

只有通过出现在上诉人话轮末尾的转述引导语“我听他们说的”，才能区分出前述话语为他人话语的引用。间接引语表明信息来源于他人，有利于减轻言者对所述信息所承担的责任。

法庭互动中，转述言语行为不仅是为了分离对被转述信息的责任，更重要的是分离案件中的现实法律责任，如：

（119）公：那你跟他去干吗去？

被：他去⊥只⊥他说你给我 --- 望风得了，人别出来就行了。

被告人通过直接引语不仅强调“他”（案件中被告人死去的哥哥）对所引话语负责，更是为了表示“在他的安排和劝诱下，我仅仅实施了望风行为”这一言外之意，将法律责任归于他人。

6.4.4.5 作为言谈基础

法庭互动中，参与者还能通过引用他人话语作为后续话语的言谈基础，对其进行澄清、质疑或否定。如：

（120）上：……前面公诉人也讲了，说我大部分时间在外面，但是问话的时候，次数应该还是在看守所的时候次数比较多……

上诉人引用了公诉人的当庭话语，以此为言谈基础，在后续话语中对其进行了澄清和否定，增强了庭审的互动性和对抗性。

（121）辩：刘某某，我问你一个问题啊。你原来在公安的那个交⊥供述，你说，刘某给了你 12 克左右的冰毒，是 4500 块钱。今天你在法庭里面，你说只有 9 克。那么我想问一下，你到底是 12 克左右，还是 9 克？

辩护人引用了被告人庭审前的供述和庭审中的先前话语，以此为基础，就引用话语中的不一致提出问题，一方面质疑控方证据的真实性，一方面澄清相关疑问。

6.4.5 小结

法庭互动中，转述是一种重要的认识立场行为，不仅具有说明信息来源的基本功能，同时还能用于评价命题的真实性，并且在此基础上，衍生出证据功能、被转述者评价功能、责任分离功能和作为言谈基础的功能。转述作为一种创造性、建构性、策略性的言语行为，其转述语的忠实度，在交际目的、原述语可及性、转述者与被转述者的身份和权力关系等因素影响下，呈现出从“复制”到“虚构”的连续统。较之于其他语域，法庭互动中的转述类型多样，含有直接引语、间接引语、自由间接引语和言语行为的叙事转述四种基本类型；模式复杂，除了可以单独使用外，直接引语和间接引语还可构成混用或嵌套模式；声音来源广泛，包括自我、第三方、互动参与对方，以及对话的多（双）方等多种来源。

6.5　法庭互动中的认识立场建构与目的追求

认识立场本质上是说话人的一种主观自我的表达，反映了说话人的主观能动性，是一种策略性和目的性话语行为。为了更好地了解其策略性和目的性，本书抽取了 5 个总时长达 22 小时庭审视频的语料，形成一个总字数达 26 万字的统计样本，然后对所有的认识立场标记进行人工判断与标注，在人工标注的基础上展开统计与分析。关于认识立场手段的标注，需要说明的是标记成员并非固定不变的，有些词在特定的语境中可以作为认识立场手段，但在其他语境中则不表达认识立场。比如：

（122）法：证人应该如实提供证言，有意作伪证或者隐匿罪证将依法承担相应的法律责任，你听清楚了吗？

（123）法：那这个事你知不知道？

上：这个事，这个事我应该是从检察院这个 N 县检察院立案以后我才知道这个情况的。

例（122）中，法官对证人发出一种要求，是对证人发出的一种“义务”。“应该”表示“情理上必须如此”（吕叔湘 1980：550），它表义务，不属于认识立场表达。例（123）的“应该”表达上诉人对“这个事我是从检察院这个 N 县检察院立案以后我才知道这个情况的”这一命题真值的评价，表示必然性，属于认识立场表达。这种情况下，我们只对例（123）的“应该”进行标注和统计，如表 6–1 所示。

表 6–1　不同诉讼主体使用的认识立场标记频率

标记 / 角色	命题评价类				信息来源类				
	高	中	低	连用	感官	引证	转述	推断	嵌套
法官	0	0	0	0	0	11	3	8	0
公诉人	6	5	0	0	20	15	207	37	38
辩护人	2	0	2	0	1	45	24	29	0
当事人	47	26	30	5	25	5	249	11	1

从上表的数据可以发现法庭互动中不同诉讼主体的认识立场表达具有明显的不同。这种差异的主要决定因素就是各自的诉讼目的，且与其自身的信息背景等具有很大的关系。

首先，当事人是使用认识立场标记最多的诉讼主体。其中，又以转述型据素的使用频率最高。在所考察的5个案件中，其中之一为前文提到的纵火烧车案，嫌疑犯之一当场死亡，转述型言据性出现频率高达110次。这与转述型言据具有降低对信息真实性所负责任，和将法律责任归于他人的功能是分不开的，与当事人证明自己无罪或罪轻的诉讼目的是分不开的。相对于转述型言据性，感官型言据性的使用相对较少，多发生于对同案当事人行为的叙述中，说明作为事件的经历者在陈述事件经过的过程中并不需要使用据素来强调其来源。引证型据素相对较少，只有5例，且出现在同一个上诉案件中，包括对一审判决书、指控书、书证的援引，但未出现对法律、法规的引用，而推断型言据性主要是基于法律事实的推理，这些都准确地反映了当事人在法律运用上的非专业人士性质。各种量值的命题评价类立场标记在当事人的话语中均有出现，甚至连用情况也出现了5例。从以上数据来看，当事人认识立场标记的使用总体上体现了O'Barr（1982：128）等基于英语语料提出的“无力型”话语风格。

其次，公诉人话语中出现了大量的转述型言据性，主要是对证人证言和当事人口供的直接和间接引用，以证明当事人有罪或罪重。证人证言的大量运用，这也是言据性套用出现的原因。对于证人证言的证据属性，法律界却持有不一致意见，如熊志海、刘晶（2009：1）就认为证人证言不具备证据的基本特征，故不能被视为证据。而公诉人话语中的感官型据素、部分推断型据素以及所有的命题评价类立场标记绝大部分出现在对证言和口供的转述中。所以，从信度的角度来说，转述型言据性的使用对公诉人话语的确定性和可靠性有巨大的影响。

再次，辩护人的转述型言据性只有24例，相对于公诉人来说使用率较低，一方面，因为辩护人很少引用证人证言和当事人的口供，证人证言和口供都是由公诉人进行举证的，有利于控方，另一方面也说明法庭互动中的对抗性不足。而其引证型言据性的使用则高于公诉人，更是高于辩护人，说明辩护人积极运用法律、司法解释等进行申辩。

最后，法官的引证型言据主要包括执行审判程序时和宣判时对法律的引用。转述型言据基本上均出现在对当事人的话语的复述和引用中。推断型言据则主要用于当事人话语的阐释和判决中对案情和法理的裁定。

6.6 本章小结

本书系统描写和分析了法庭互动中的认识立场，将它划分为对知识来源的说明和对知识真值的评价两大部分，其中前者包括感官型、转述型、引证型和推断型四种类型，后者则被分为高、中、低量值三个等级，并探讨了知识来源类认识立场和命题评价类认识立场的表达手段，特别讨论了转述言语行为这一重要的认识立场表达手段，它兼具两类认识立场功能。任何认识立场标记的使用都不同程度地反映了说话人对信息的确定性和可靠性，构成一个信度连续统。

从不同法庭诉讼主体的认识立场手段使用状况来看，当事人的话语表现出“无力”型话语风格，大量地使用各种标记；公诉人话语中转述型据素使用频繁，主要缘于在法庭上采用证人证言的举证形式；而辩护人则多引用法律、法规来阐释和维护自己的观点；法官在法庭上基本保证了客观、中立的态度，只见少量的引证型和推断型据素。

基于认识立场表达的特性及其在法庭互动中的分布，本书认为法庭举证应该减少证言笔录的使用，强化证人出庭作证；辩护人可适当增加转述型言据，以增强庭审的互动性与对抗性；而当事人应该降低认识立场标记的使用频率，采用“有力型”话语风格，赢得法庭的信任，从而更好地保护自己的权利。

第 7 章　法庭互动中的离合立场

话语立场的建构不是静止的，而是动态的。它不是由单一的说话人独立完成的，而是由多个会话参与者共同协作完成的。正因如此，有学者明确提出，立场建构是一种交互主体性活动（Englebretson 2007）。而话语立场的交互主体性特点从根本上说是由会话的性质决定的。会话的根本性质就是交互主体性，正如 Edwards（1998：131）所言：（交互主体性）是谈话以及话轮转换机制中永恒的特征，比如领会和接收话语，我们使用的每个单词都是一个索引。而且，交互主体性的理解是谈话活动的一部分，是正在进行、完成或计划中的一段谈话的一部分。本章探讨法庭互动中话语立场建构的这种主体交互性，互动参与者如何在法庭审判中相互协作、共同完成彼此之间的话语立场建构与互动，表达对彼此之间的相合或相离立场。

7.1　离合立场的内涵

离合立场指的是互动参与者相对于其他参与者采取的一系列趋同的（convergent）或相异的（divergent）定位的立场行为，也就是“相对于你的立场，我如何建构我的立场”的行为（Haddington2007：285）。Du Bois（2007）在提出“离合（[dis]alignment）”这一概念的时候，举了如下例子：

（1）I agree.

按照 Du Bois 的观点，例中的“agree”表示与某人意见一致，某人在会话中通常指的是互动对方。这种话语表达的就是“相合（alignment）”立场，它用来衡量两个立场关系的行为，同时隐含两个立场主体之间的关系。类似于“agree”的这类动词是表达与他人立场相合的显性语言手段。除此之外，说话者还可通过立场标记如“yes”“no”或者身体手势如点头或摇头等副语言手段来表达（Du

Bois 2007）。

Keisanen（2006）则指出相合立场行为维持或帮助序列向某一方向进展，而离合为则阻碍序列的进展，所以，离合立场行为是说话人相对于先前话轮或序列所产生的行为轨迹而做出的自我定位。Rauniomaa（2008）也认为下一个话轮与先前话轮的立场一致，则意味着后一个话轮顺应前一个话轮所投射的行为过程，而这种顺应缺失时则被认为是表达相离立场。按照 Keisanen（2006）和 Rauniomaa（2008）的观点，相合与相离的区分主要在于是否满足先前话语所投射的轨迹。

在 Du Bois（2007）的研究中，立场的互动性和交互性主要体现在"相合（alignment）"和"相离（dis-alignment）"中，但该研究的主要目的是提出"立场三角"这样一种分析立场的工具，所以，他重在宏观理论层面的探讨，并未结合实际语料和语境来分析具体的立场行为。对立场的离合展开微观研究的代表性成果是 Keeisanen（2006）与 Rauniomaa（2008），前者对日常会话中的反义疑问句和否定是非疑问句的离合立场功能作了详细考察，后者则探讨了英语和芬兰语日常对话中说话者自我重复话语的离合立场功能。二者都是用自然发生的语料，充分考虑了序列和语境因素。

尽管这三位学者的定义略有差异，但在本质并不矛盾。离合立场的本质都是对先前话轮和先前话语的目的的采纳或拒绝。离合立场其实质是立场的互动，而这种互动的本质就是目的的互动。尤其是在法庭话语互动这种目的性较强的机构话语中，它主要是由问答形式构成的互动，在问话中，问话人往往赋予了其话轮一定的目的、一定的立场，并投射特定的答话行为，答话人是否采纳问话中的目的、问话中的立场，是否顺应问话所投射的话语和行为，即是否采取了相合或是相离立场。因此，本书中对离合立场采取较为宽泛的定义：立场相合指的是言语交际中当前说话人相对于他人前一话语中的目的、观点、评价、认识、行为投射等采取趋同的、顺应的立场的言语行为；而相离则是采取与他人话语相异的、拒绝的立场的言语行为。

7.2　法庭互动中离合立场的类型及其连续统

法庭话语互动中，互动参与者之间的趋同或相异立场之间并不是绝对对立的关系，无论是趋同或相异都具有不同的程度，它们位于绝对相合立场与绝对相离立场之间，从而形成立场离合的连续统。本节主要讨论法庭互动中不同程度的离合立场的类型，及其形成的连续统。

7.2.1 相合立场的类型

相合立场即是说话人表达与他人先前话语趋同的立场，顺应对方所投射的话语轨迹。根据参与者在表达相合立场时所选用的语言手段，相合立场可以进一步细分为同意、增进和推衍三种类型。

7.2.1.1 类型一：同意

同意，即对先前他人话语中的目的、观点、评价、认识等表示赞成与支持。如：

（2）辩：他派出所在地，在什么地方？

被：呃，叫什么路，我一下忘了。就是 W 公园那一条路，叫什么路我一下忘了。

辩：‖M 路。

被：明 ‖M 路吧。

辩：‖ 对。

被：‖ 对，就是那里。

辩：M 路只有一个公安机关，S 区公安分局。

被：对，那就是 S 区公安分局。

此例中，辩护人和被告人在各自的第三个话轮中分别使用语用标记“对”和“对 + 肯定话语”的形式对对方先前所表达的认识“M 路”表示肯定和赞成。被告人还在最后一个话轮中再一次使用“语用标记对 + 肯定话语”的形式对辩护人的认识表示肯定。这三处相合立场都是对对方立场的一般性肯定和赞成，属于同意型相合立场。

（3）公：你当时是指派谁去担保的，哪个经办担保的？

被：陈某某去经办的。

公：你指派陈某某去经办的？

被：对。

例（3）中，公诉人的第二个话轮是对自己的前一个问话和被告人的前一答话的概括和阐释，体现了对对方话语的理解。这种阐释行为带有一点疑问的口气，但不表示任何疑问（廖美珍 2006：4）。所以，在后一话轮中，被告人使用语用标记“对”，来表示对公诉人阐释行为的肯定和同意。同时，语用标记“对”也是对公诉人先前话语“你指派陈某某去办的”正确性和准确性的正面评价，所以，被告人在实施评价立场行为的同时实施了相合立场行为。

7.2.1.2　类型二：增进

增进，指说话人通过在先前他人话语观点、评价、认识等的基础上作进一步的阐述、说明或补充来表达相合立场。如：

（4）辩：呃，再第二个，在整个集资过程当中你得到多少钱？

被：我一分没有。

辩：一分没有？。

→被：而且帮助还了---，呃，一百多万。

上例出自一起集资诈骗案的审判活动，被告人提出在集资过程当中他没有得到一分钱，辩护人的第二个话轮“一分没有”是针对被告前一话轮而设计的回声问（echo questions）。根据音频信息得知，辩护人在说出该回声问时，使用的是平升调。这种回声问属于无疑而问，其主要功能是表示确认和强调（罗桂花 廖美珍 2012：373）。而被告人对辩护人回声问的回应不是简单地进行确认。他的回应话轮是以关联词“而且”开启，“而且”是一个典型的递进关联词，表示“以一层意思为基点，向另一层意思顺递推进”（邢福义 2002：220）。“而且”之后的话语内容“帮助还了一百多万”是对辩护人话语立场的认同及其进一步推进。

7.2.1.3　类型三：推衍

推衍，指的是说话人对先前他人话语作进一步的推理和衍变，对话语中所蕴含的观点、评价、认识等表示相合的立场行为。例如：

（5）审：林某某对公诉人宣读的这个鉴定价值情况鉴定结论有意见吗？

→被：呃，我想提一下我个人的见解，就是因为我这个是从拍卖行买的，有发票，当时就已经交给那个海关，呃，我跟他们讲就是那个发票跟我买的总共是 57000 美金，但我不知道在这里他定的那个价钱是怎么算的，我觉得有点高了，其实我没有想从这个来获取什么暴利，就我主观上没有这样想，因为确实也不是很大的利润，这个不是为了那个什么获取暴利啊来冒险走私这样的。然后数量也没有那么多，因为有一些是盖子啊，就雕刻的花瓶啊，有一些是关公啊，是一些座子啊，有一些是人物的一些组件，可能一个算起来可能数量很多，这样。

审：陈某某对鉴定有意见吗？

被：没意见，因为我自己也不懂。

审：辩护人有意见吗？

→ 辩：有意见，数量上他说是一个大件，不是单个算的。按照工艺品来说一个船嘛，什么东西，就说这东西属于或者就是一个大件。

公：审判长，公诉人可以就这 ‖ 个

审：‖ 可以解释一下。

公：首先这个被告人，动物这个制品的作价不是按市场标价来做的，是国家按照这个保护野生动物需要产生的成本来核算的价格，知道吗？这是一种政府行为，一种督法行为，就是保护野生大象需要投入多少财力。

→ 被：哦，这样算的。

辩：所以这一根象牙是⊥要⊥价值多少钱不是按市场价格来定。

此例来自于一起走私珍贵动物制品罪的审判。被告人和辩护人对公诉人举证的证据提出了不一致的意见和立场："呃，我想提一下我个人的见解"，"有意见"（详见 7.4）。对此，公诉人在其第二个话轮做出了解释说明。对于公诉人的解释说明，被告在其回应话轮中以语气词"哦"开启话轮。从语用上看，"哦"属于"改变状态标记"（参看 Heritage 1984b），它与后面的话语内容"这样算的"一起表达相合立场。随后，辩护人又对公诉人的解释做出推衍，其话轮之首的"所以"是一个推理线索标记，体现了言者话语的主观性（姚双云 2009）。在这里是辩护人对他人话语的推理，所以又体现了互动的主体交互性，表达了辩护人对公诉人解释的相合立场。

法庭互动中，说话人在多方言语互动中传递主观信息、表达话语立场，当说话人的话语是对先前说话人话轮的正向类推时，这种话语立场行为不仅仅具有交互主体性，而且表达的是相合的话语立场。

7.2.2 相离立场的类型

相离立场，则是说话人表达与他人先前话语相异的立场，没有顺应对方所投射的话语轨迹。我们将相离立场进一步区分为否定、挑战、搁置三种类型。否定，指的是对先前他人话语所表达的立场表示反对、拒绝的行为。

7.2.2.1　类型一：否定

否定，指的是对先前他人话语中的目的、观点、评价、认识等表示反对、拒绝的言语行为。例如：

（6）公：……下面我问你啊。（3s）N 县检察院（2s）以及 N 县人民法院一审判决书认定的隐瞒的 C 钨砂、黑钨三十二吨多，白钨二十二点八吨是不是事实？

上：绝对不是事实。

公：你是否定指使隐瞒的这个是事实还是说隐瞒的这个不是事实？

上：我肯定没有指使谁去隐瞒。而现在你们所谓隐瞒的这些产品本身也是不存在的。再说产品当时是清算组它没有去评估。

公：你没有指使人去⊥，‖ 没有指使人隐瞒？。

上：‖ 我绝对没有指使。

公：隐瞒的这个还是事实是吧？

上：隐瞒也没有隐瞒。

例（6）中，公诉人首先依据一审判决书询问上诉人其中关于隐瞒矿产品行为的认定是否属实，这也是公诉方在二审中对上诉人的指控。因此，虽然公诉人采用的是是非问的形式，其实质上是一种断言和陈述。传统上，是非问被认为是期待接收者决定问话中所呈现命题的真实性（Quirk et al. 1985：804），但是，基于话语的研究则反对在提供信息和寻求信息之间划一条鲜明的线。Freed（1994）通过对非正式双方会话的实验性分析重新建立了一个问句功能的分类系统，并提出问句功能构成一个从询问实际信息到表意目的（expressive purpose）的连续统，可用于实际表达信息。具体到此例中，公诉人的这一问话不是寻求信息的询问，而是表达观点的断言，所以上诉人也未对此问话做出“是”与“否”的回答，而是直接、坚决地否定了其中的命题“绝对不是事实”。认识立场标记“绝对”的使用，强调了上诉人对这种认识的肯定态度，也强调了对公诉人的相离立场和否定态度。之后，公诉人又将“隐瞒钨砂”这一事件分为指使隐瞒和隐瞒两个方面，以选择问的形式提出。关于选择问话的性质，Pomerantz（2005）在反对概念化地把“寻求信息”与“给予信息”划分为截然不同的范畴研究中提出，说话者通过在他的话轮中提供一个候选回答，为答话者提供了一个引导其提供满足问话目的的答话模式。选择问就是提供候选答案的常用问话形式。不过，法庭互动中，互动参与者因为目的和目的关系的不同，答话者并不一定采纳问话人所提供的候选回答，此例中，上诉人先是坚决地否定了选择问的前半部分，继而对后半部分做出了解释。因为上诉人没有否定选择问的后半部分，公诉人在后续话轮中，继续对后半部分进行追问“隐瞒的这个还是事实是吧？”。该话语中，“吧”字问句的使用更是凸现了提供候选答话这一点。因为，“吧”字问句常表示说话者大体上了解情况，有强烈的认同倾向（邵敬敏 2012：348）。上诉人同样也是从反面直接否定了这一观点和立场，属于否定型的相离话语立场。

7.2.2.2 类型二：挑战

挑战，是指说话人对对方前一话轮所蕴含的目的、观点、评价、认识等提出质疑，认为它有问题，对方需对此进行解释或修正。这种立场相离行为主要通过回声问和反问句（详见 7.4.3.3 和 7.4.3.4）来表达。例如：

（7）被：他说那儿有朋友，咱们一块儿玩玩去。

公：他说那儿有朋友？。

被：啊。

公：去玩玩去？。

被：嗯。

公：是玩儿去吗？

被：他 ‖ 说就是。

公：‖ 是玩儿去吗？

被：他说他玩玩儿去，他说他跟着玩玩儿去。那儿有朋友，让我去那儿看看去，就说躲着去吧。

例（7）中，针对被告人的答话“他说那儿有朋友，咱们一块儿玩玩去”，公诉人首先依据该答话的前半部分设计了一个回声问“他说那儿有朋友”，此回声问从韵律特征上来看，属于平升调，主要语用功能是要求对方确认（罗桂花 廖美珍 2012：373）。在得到被告人的确认后，公诉人没有就此话题继续发问，而是转向了被告人答话的后半部分的焦点信息“玩玩去”。公诉人同样设计了一个回声问“去玩玩去”，采用的是高升调，是对被告人答话的质疑，并在后续问话中以相近的形式“是玩儿去吗？”两次重复此回声问，来挑战“前言语行为的正确性和态度”（Koshik 2003：51）。这种问话并不是为了寻求信息和确认信息，而是传达一个相离话语立场。

我们再看一例：

（8）公：二零零年九月三十号，你在公安机关，你怎么供述的你还记得吗？

被：九月三十号（5s）

公：你还记得吗？

被：九月三十号 ---

公：嗯？。

被：九月三十号我填的捕票。

公：嗯？你怎么供述的？我问你，←就这个情节。

被：怎么供述的？就这么供述的。

公：现在我跟你宣读一下，二零零年九月三十号你的供述。

被：啊。

对于公诉人的问话“你怎么供述的？”被告人并未直接作答，而是首先使用了一个回声问，并在回声问之后追加了一个陈述句“就这么供述的”，表示了对问话的不满。这种情形多是因为说话人认为问话不相干，或者问话具有明显的敌意和刁难的含义，所以拒绝回答（参看廖美珍 2003：220），并对公诉人的问题提出挑战，以表达自己的相离话语立场。

7.2.2.3 类型三：搁置

搁置，指的是说话人知道对方的目的和立场，但是由于种种原因，既不接受也不拒绝对方的目的和立场，而是将对方的目的和立场暂时搁置起来。这种搁置从本质上来说，是说话人表达相离立场的会话策略。请看：

（9）公：就是起诉书指控你构成集资诈骗罪，你是否当庭认罪？

被：从主观上来讲，我是没有这个犯罪意图的，但是在客观上还是给自己的一些亲属、好友们造成了一定的后果。

公：‖ 周某，周某。

被：‖ 集资诈骗罪▲

公：▼周某，就是说，你的意思就是说你没有诈骗别人钱财的这样一个故意，是不是？

被：我没有，在主观上是没有这个意图的，但是在客观上还是给别人造成了一定的后果。

公：也就是你不认可起诉书指控你的集资诈骗罪，对吗？

被：呃，在审理完此案后，我相信法官会给我们一个公正的判决的。

公：你直接回答我，你认不认罪，就行了。

被：我对借钱的经过和那个事实我是不可否认的。我还是这一句话，对于罪名成不成立，我相信法官的审理方面会给它一个公正的判决的。

例（9）中，除去重叠的两个话轮之外，主要包括四个相邻对，依序分别对应为：①公诉人的是非问——被告人答话；②公诉人的阐释（附加问）——被告人的答话；③公诉人的阐释（附加问）——被告人的答话；④公诉人的指令（祈使句）——被告人的答话。在第一个相邻对中，公诉人的是非问其实质是对公诉方指控观点的陈述（你构成集资诈骗罪），被告人没有从正面来回应此问话和断言，未回答“是”或者“不是”，而是从其他角度来阐述自己的观点和态度，被告人搁置了公诉人的观点和立场，通过回避的方法表达了相离立场。第二个相邻对中，公诉人对被告人的话语进行了阐释，“你的意思就是说你没有诈骗别人钱财的这样一个故意，是不是？”，这一阐释是以附加问的形式提出，实质上也是一种断言。关于附加问的断言性，张伯江（1997）曾提出附加问句是低级语法化形式，传达轻微的征询语气，倾向于相信命题的真实性，缺少强烈的质疑色彩。Cuenca（1997）也认为从陈述句到附加问句可视为迈向意义主观化的一个过程，“陈述+附加问”不只是两部分的简单相加，而应视作一个构式。它的构式意义在于说话人对有关命题信息的主观相信程度。此例中，在对断言性的附加问的回应中，被告人重复了她在上一话轮的解释和观点，再一次搁置了公诉人的立场。第三个相邻对中，公诉人对被告人的话语和立场再一次进行了阐释“也就是你不认可起诉书指控你的集资诈骗罪，对吗？”。在这一断言性的附加问话中，公诉人将被告人的话语和立场解读为相离立场。从被告人的答话来看“在审理完此案后，我相信法官会给我们一个公正的判决的”，她又一次地搁置了公诉人关于相离立场的解读和公诉人的相离立场。第四个相邻对中，公诉人使用了祈使句直接对被告人做出指令“你直接回答我，你认不认罪，就行了”，一方面，在公诉人的理解中，被告人的先前回答都是对自己观点和立场的搁置，没有“直接回答”，另一方面，公诉人将己方的观点和立场再一次概括为“你认不认罪”，即“你是有罪的”，被告人最后还是没有正面回应公诉人的观点和立场，而是再一次表明了自己搁置的原因，即事实清楚，但具体的罪名有待法庭确定，其实质是不认同公诉方所指控的罪名，表达的是相离话语立场。

7.2.3　立场离合连续统

以上两节表明，法庭话语互动中，既存在着相离和相合立场，立场的离合性表达又存在着不同的类型。从不同类型之间的联系与区别来看，相离和相合立场之间并不是绝然对立的关系，无论是相离或相合立场都存在不同的离合程度，不同类型之间的区别主要就是离合程度的区别，从而它们可以形成一个离合性连续统。

在相合立场的三个类型当中，增进型相合立场和推衍型相合立场的相合程度高于同意型相合立场，因为前二者是以“同意”为基础。三者中以增进型相合立场的相合程度最高，因为增进型相合立场是在同意对方的观点和立场的基础上更进一步推进，而推衍型相合立场主要是同意其中的隐含意义和推理意义。在相离立场的三个类型中，搁置型相离立场的相离程度要低于否定型和挑战型相离立场，它位于离合立场的中间模糊地带。挑战性相离立场的相离程度高于否定型相离立场，前者不仅表示否定和拒绝的态度，还往往表达了不满与对抗。所以，法庭互动中离合立场的离合连续统可以表示为图 7-1：

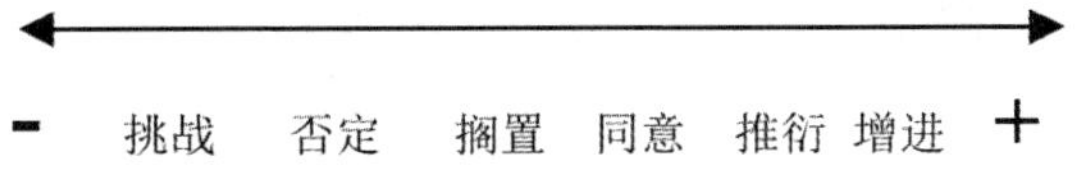

图 7-1　相合立场连续统

另外，在同一类型的离合立场中，相合程度因为表达手段和方式的不同也会有所不同。如：

（10）公：具体的不知道。你们 T 小区开发的时候资金的来源是哪里？
被：公司的自有资金，银行贷款，也有销售款。
公：自有资金，银行贷款，销售款。
被：是的。
公：你的房子做起来才能销售出去。你是以什么资金把它做起来的？

什么方式做起来的？

→被：好像不是应该房子做起来了才销售，因为我讲（---）当时的实际状况下是允许卖楼花的。

公：预售是吗？

被：是。

公：那么你的资金的来源主要就是这几个。

此例中，我们主要关注被告的相离立场表达话轮（箭头所标话轮）。在这一问话中，被告人没有直接回答公诉人的问话，而是否定了公诉人问话的前提条件，公诉人认为“房子做起来才能销售出去”，所以他的问话“你是以什么资金把它做起来的？什么方式做起来的？”是对被告人先前关于资金来源的答话的质疑。被告人通过否定公诉人话语中的前提“好像不是应该房子做起来了才销售”，从而表达对公诉人的相离话语立场。被告人在这一话轮中，使用了认识立场标记“好像”和“应该”修饰自己对后续命题的认识，并在后续扩展部分解释了原因“允许卖花楼”。相对于以下形式：

（10’）被：不是房子做起来了才销售。

例（10）与例（10’）同属于否定型相离话语立场，但例（10）中的相离程度相对较低。例（10）中被告人对自己的认识立场的修饰不是因为她对这一认识真的不确定，后面的原因解释可以说明这一点，也就是说被告人是为了表达相对委婉的否定。面对公诉人和审判员，被告人选择相对委婉的方式表达相离话语立场体现了一种积极有效的答话策略。后续话语中，公诉人较容易地接受了这一相离话语立场。

7.3 法庭互动中离合立场的表达手段

7.3.1 相合立场表达手段

法庭互动中，说话人表达与他人先前话语趋同的立场，顺应对方所投射的话语轨迹，则表达了相合立场。相合立场的表达方式主要包括语用标记语、动词、副词、重叠、重复等语言手段。

7.3.1.1 语用标记语

根据冯光武（2004：24）所定义的语用标记语的区别性特征：它们没有真值

条件意义，以说话人为取向，表达说话人的主观判断，在话语中的作用主要是语用的。本书发现语用标记语可用来表示相合立场，而且是法庭互动中最常见的相合立场表达手段。表示相合立场的语用标记语主要集中在两种类型的标记语上：第一类是表同意或确认的语用标记语，如“对”“嗯”“是”“是的”“就是”等，这类标记语由于具有对前述话语内容表示同意或者确认的功能，从而可用于表达相合立场；第二类是表推论的标记语，如“所以”“因此”“由此可见”等。这类语用标记语由于具有依据前述话语进行推演、断定的功能，顺应性推理所得出的推论有可成为相合立场。请看：

（一）同意标记语“对”

（11）被：每次我把钱拿回来以后，最多在三分钟，最少在一分钟之内，必须交给杜某某。

辩：就是当着你们这四五个人，你们都在一块呗，你交给她呗？

→被：对，几个人都知道，每个人都知道我把钱每次都交给杜某某，由她分。

辩护人对被告人的前一话轮进行了阐释，体现了他对被告人话语的理解。被告人在后一话轮中，以语用标记语“对”启动话轮，表达了对辩护人的相合立场。

（12）公：那么，参与人？

被：也是我们五个。

公：也是你们五个人？。

→被：对。

公诉人的第二话轮是对被告前一话轮的回声问。这种平升调的回声问属于无疑而问，表示确认和强调（罗桂花 廖美珍 2012：373）。被告人单独使用语用标记语“对”表示肯定，表达了对公诉人的相合立场。

（二）确认标记语“嗯”

“嗯”是现代汉语中使用频率非常高的语用标记语，具有“简单确认”等语用功能（许家金 2009：59）。“嗯”的确认功能使之能用于表达相合立场。

（13）被：在电话里通知我，就是说算命。

公：跟你说算命？。

被：嗯，嗯，当时我不知道是犯罪，我以为就是江湖艺人似的，去算命。

被告人连续使用两个语用标记语“嗯”来对公诉人的回声问表示肯定和表达

相合立场，

并在后续话轮中对自己的答话做进一步的解释，表示自己的合作态度。

（14）公：那么这第三个人，老太太平常能看见她出场吗？

被：看不到。

公：看不到？。

被：嗯。

公：她在后边跟着，听着？。

被：对，嗯。

公诉人在他的第三个话轮中对被告人的答话做了一个推理和推论。被告人在话轮起始位置使用语用标记语“对”，并在“对”之后使用了语用标记语“嗯”，二者一起对公诉人的推理和推论表示肯定和相合立场。语用标记语“嗯”与“对”的共现，充分体现了“嗯”的立场相合功能。

（三）同意标记语“是（的）”

系词“是”具有表示肯定的功能（参看肖娅曼 2003），能够用于表示相合立场。例如：

（15）被：我对起诉书上指控的总金额没有异议。

公：没有异议，是吧？

被：是。

（16）被：一直到最后都没有‖批。‖是我们办证的时候办的违章建筑的罚款手续。才拿到▲

审：‖还没有批‖▼整个属于违章的？。

被：是的。

例（15）中公诉人的话轮由回声问加附加问构成，例（16）中审判长的话轮为回声问，都是一种无疑而问，其功能是要求听话人确认、证实说话人的命题内容。被告以同意标记语“是”来回答，既肯定了问话人的观点，也顺应了其所投射的肯定答话行为，表达了相合话语立场。

（四）推论标记语“所以”

前文 7.2.1.3 在讨论推衍型相合立场的时候已经提到了“所以”的相合立场表达功能。这里再看一例：

（17）审：好，辩护人呢？

辩：呃，有一点，我认为何某某呢在某些方面呢推卸责任，推给———

别的人。

审：嗯，你具体讲。

辩：呃，具体，他刚才讲说是，在（---）过程当中，他说这个，王某某也讲了，没有发股权，印这些宣传材料，这是我那个，何某某的意思，做▲

审：▼你认为这个印刷股权材料是何某某印的不是王某某印的，是吗？

辩：是何某某组织印的。

审：何某某组织印的？。

辩：不是王某某印的。

被：他具体内容，他都是那个▲

审：▼我没要你说话。

被：对不起。

辩：是何某某本身他组织的。

审：他组织的印刷，那么王某某有没有参与其中，你认为呢？

→辩：所以我认为是有疑问。

辩护人提出发股权、印宣传资料等活动都是何某某组织的，而不是被告人王某某。审判长提出“他（何某某）组织的印刷，王某某有可能参与其中”这一观点，辩护人在审判长观点的基础上，推衍出“所以我认为是有疑问”的这一认识立场，这一认识立场不仅仅是辩护人个人的认识立场，而且是审判长话语立场的推演和认同，表达了与审判长的相合立场。

表达相合立场的语用标记语多位于话轮的始发位置，它们的立场相合作用与其所处的序列位置有很大的关系。位于话轮开头位置的话语通常对于整个话轮的塑造具有重要的意义。在这一位置，说话者投射了他所要发出的话轮的类型和模式（Sacks 1992）。于是，接受者通过这种投射来预测说话者的言语将要完成一种什么样的行为。所以，位于话轮开端的用语对于理解话轮的趋向具有重大作用。

7.3.1.2　动词

法庭互动中，动词用于表达相合立场主要是含有“一致性”意义的动词，如“同意”“支持”等。请看：

（一）动词“同意”

《现代汉语词典》（2005:1368）对动词“同意”的解释是：对某种主张表

示相同的意见；赞成；赞许。从这一释义不难看出，“同意”可用于表达相合话语立场。如：

(18)审：被告人杨某，你对刚才供述人宣读的指控你贩卖毒品犯罪的第1起，有什么意见没有，这些证据？

被：有。

审：你可以讲。哪些有意见？

被：在公安机关交代的跟事实有相悖的地方，有些出入，麻古不是我安排他们去卖的，不是我安排刘某某去卖的，仅仅只是夏某某把麻古抵押在刘某某这里，而且我们被抓的那一天晚上，也就是我们找夏某某还钱的那一天晚上，要他把这个麻古赎回去，在之前我单独找了夏某某，要夏某某把这个麻古拿走，夏某某出于不好意思，他讲钱没有还给我，麻古先放那里。完毕。

……

审：嗯。杨某的辩护人有意见没有？

→辩：有。第一个方面，本辩护人同意被告人杨某自己的辩解意见……

在举证质证阶段，被告人和辩护人就公诉方提出的证据进行质证。在这一过程中，辩护人常常通过动词“同意”来表示与被告人相一致的立场，如例（18）中，在被告人就证据发表意见以后，他的辩护人表示“同意被告人杨某自己的辩解意见”，表达了与被告人杨某对当前证据看法的相合立场。

从上例可以看出，法庭互动中因为参与人员的多样化和庭审的特定程序，相合立场并不一定发生在相邻对中（Du Bois 2007），而可能跨越多个话轮。关于这一点，Ford（2002）曾提出必须考虑互动参与者的立场行为是如何跨话轮构建单位，跨话轮转换位置以及跨说话者话轮而组织和建构的。这一跨话轮构建单位和话轮的研究途径对法庭互动的研究具有重要意义。

（二）动词“支持”

《现代汉语词典》（2005：1743）中动词“支持”有两个义项：①勉强维持；支撑。②给以鼓励或赞助。这两个义项中，义项②可用于表达相合立场。如：

（19）公：审判长，审判员，在法庭调查中，被告人肖强多次辩解说，在查处张某弘、张某新涉黑团伙案件之前，他本人已经向上级有关领导汇报过张某弘、张某新涉黑的问题。下面公诉人向法庭出示，H省公安厅刑警总队总队长孙某某的证言。

辩：反对！反对！因为在证据交换的时候已经明确说了，未经过证据展示的证据不得在法庭出示。

→被：被告人支持。

→审：支持辩护人意见。

例（19）中，公诉人提出向法庭出示新的未经证据展示的证言，导致辩护人提出强烈的不一致意见和立场（详见7.3.2.2）。在后续话轮中，被告人和审判长都对辩护人的这一反对意见和立场表示赞同和支持，都是用了动词“支持”来表达这种相合立场。

7.3.1.3　副词

相合话语立场还可通过副词来实现。近年来，副词的主观性和主观化问题是汉语研究的一个热门话题，副词被认为是主观性意义最丰富的一类词语，可以表达说话人对事实、事件的判断与评价，也可表达说话人自己的情态、意志和态度(参看张谊生2000)。根据法庭审判互动语料，具有相合立场功能的副词主要是“也”。副词“也”基本的语法功能是表示类同（张斌2001：588），在互动中可表示相合立场。请看：

（20）审：被告人杨某，你对刚才供述人宣读的指控你贩卖毒品犯罪的第1起，有什么意见没有，这些证据？

被1：有。

审：你可以讲。哪些有意见？

被1：在公安机关交代的跟事实有相悖的地方，有些出入，麻古不是我安排他们去卖的，不是我安排刘某某去卖的，仅仅只是夏某某把麻古抵押在刘某某这里，而且我们被抓的那一天晚上，也就是我们找夏某某还钱的那一天晚上，要他把这个麻古赎回去，在之前我单独找了夏某某，要夏某某把这个麻古拿走，夏某某出于不好意思，他讲钱没有还给我，麻古先放那里。完毕。

审：嗯。被告人刘某某有意见没有？

被2：有意见。

审：可以讲。

→被2：我也是。我没有要刘某某去，我只是要他把毒品藏好，等到夏某某把钱还来了，我就把毒品给他。完毕。

从行域、言域、知域三个概念域来看，例（20）中的副词“也”属于知域（参看肖治野 2011）。“知”表示主观认识，跟说话人或听话人的知识状态有关，在这里表示被告人 1 对公诉人的证据的认识。“我也是”，即“我也是（这种认识）”位于话轮起始位置，是对被告人 1 的认识的一种认可态度，表示作为类同项的一种社会认识，意在说明，他与被告人 1 有着相合的立场。

7.3.1.4　重叠

对于会话互动过程中重叠（overlap）的判断和原因，Sacks（1992）认为是由“竞争话轮”和“转换关联位置判断失误”两大因素所致。刘虹（2004: 87）则提出了三点话轮重叠原因，除上述两点之外，还包括：转换关联位置上的话轮竞争导致话轮重叠。从上述研究来看，重叠与会话中的另一类重要现象“打断（interruption）”的形成原因并无多少区别。正因如此，廖美珍（2003）认为，重叠实际上也是一种打断，只不过是被打断的人继续往下讲话。尽管在语言形式上，重叠与打断没有明显差异，但从实质上来看，本书认为二者是迥然有异的。打断是以竞争话轮为目的的话语行为，其中包括“打而不断”而出现的话语重叠的现象，而重叠的出现不是以竞争话轮为目的，更多地是以合作为出发点的话语行为，就如 Tannen（1983）所说：重叠在意图上是合作性的而不是竞争性的。从话轮中的位置来看，合作性的重叠通常发生在话语的尾端，意味着会话参与对方的积极参与，而在话轮中间打断则通常反映竞争和控制的意图。重叠也包括没有竞争意图的，对话轮转换关联位置判断失误而出现的同时发出话轮的现象。所以说，在法庭互动中，出于合作目的的重叠行为具有表达相合立场的功能。例如：

（21）公：这次没有谁？

被：没有李某某。

公：没有李某某？。

被：嗯。

公：那么在一天当中，诈骗了几起？

被：两起。

公：两起？。

被：啊。

公：啊，这两起都没有‖李某某？。

被：‖ 都没有李某某。

例（21）中，话轮重叠现象发生在公诉人和被告人之间，重叠位置为公诉人话轮的末尾。

被告陈述案件情况后，公诉人对被告人提供的信息进行确认和证实，而被告人急于配合公诉人，以示合作，从而形成了话轮的重叠，意在对公诉人的话语进行肯定，表达相合立场。

（22）辩：那么谁，到时候让你出场的？

被：啊，杜某某，‖ 每次。

辩：‖ 每，每次都是杜某 ‖ 某？。

被：‖ 每次都是杜某某安排我去，呃，跟老太太接触。

例（22）中的话轮重叠比例（21）更为复杂，共发生了两次重叠，属于典型的“乙 ‖ 甲 ‖ 乙”复式重叠（参看廖美珍 2003）。其中，第一次重叠为判断话轮转换关联位置失误，因为从合作原则的“数量准则”来看，被告人答话的前半部分“啊，杜某某”已经提供了足量的信息。它可以判断为一个话轮转换关联位置，但是被告人在此话轮的末尾位置进一步添补话轮，强调“每次”这一信息，从而与辩护人的问话发生了重叠。而第二次话轮重叠，辩护人的话语即将完成但尚未完成，而被告人在话轮转换关联位置即将到来之前发起话轮，不是为了打断辩护人的话语竞争该话轮，而是为了表现自己与辩护人的相合立场。

话语重叠行为表示相合立场在被告人和辩护人二者合作完成一个话题的序列中则更加明显。例如：

（23）审：辩护人有什么意见？

辩：呃，所得一千多元，那个，被告人张某也没得到，就是，呃，还给了谁吧，房主了是吧？给 ‖ 他做了地 ‖ 面了，

被：‖ 房 ‖ 房主做了地面，‖ 防水了

辩：‖ 做地面防水了。

此例中，被告人与自己的辩护人共同合作完成对审判长问话的回答，充分体现了被告人和辩护人之间就此话题的相合立场。

7.3.1.5　重复

法庭互动中，说话人全部重复对方的先前话语，具有表达与对方的相合立场

功能。如：

（24）辩：是讲那个盘底是那个生产部门盘底的是吧？

上：对。生产部门。

辩：不是你盘底的？

上：不是。

辩：你只负责登记是吧？

上：对。

辩：负责做账？

→上：负责做账。

此例中，辩护人根据上诉人对两个问话“不是你盘底的？”和“你只负责登记是吧？”的肯定回答，结合上诉人的身份——会计，将上诉人的话语理解成“负责做账”。上诉人的话语内容“负责做账”是对辩护人话语内容的全部重复。从功能上看，辩护人的话语内容“负责做账？”是对前述话语的进一步推理，需要听话人予以确认。而上诉人的全部重复则是对辩护人话语的确认与肯定，传递了相合立场。此处，一字不变的全部重复还暗含了一种会话含意，即上诉人意在强调“我的意思就是负责做账，这就是我要说的话”这样一种言外之意。又如：

（25）公：有没有，石某某、魏某某当场向你提出请求省民航局担保这件事情，向付某某、陈某某进行说明？

被：当时他就在，就说明了这个情况。

公：也就是说你们五个人在场。

被：是五个人在场。

例（25）中，被告人的第一个话轮由于语言表达的问题，没有清楚地回答公诉人的问题。

公诉人在下一话轮中使用解说标记“也就是说”就其答话进行了阐释。接下来的话轮中，话语信息“是五个人在场”基本上是被告人对公诉人话语的重复，“是五个人在场”，表示其上一个话轮要表达的意思就是“当时他们就在现场，五个人在现场的时候说明了这个情况”。

例（24）与例（25）也表明，当说话者通过重复对方话语的手段来表达相合立场时，他不仅仅是简单地表示同意，还强调自己在先前话语中表达的就是这样一种认识，而对方只是将自己的这种认识和意见直白、准确地表达出来了，也就是 Schegloff（1996）所谓的“谁同意谁”的问题。

7.3.2　相离立场的表达手段

7.3.2.1　语用标记语

法庭互动中，表达相离立场的语用标记语主要包括两种类型：①有转折功能的标记语，如“不是”“但是”；②有填空功能，提示说话人犹豫心理的停顿标记语，如“这个”。

（一）转折标记语“不是”

现代汉语中“不是”有以下几种基本用法：①“是”的否定形式；②名词，过失，错误；③表提醒或表确认的反问语气副词；④作为话语标记标示某种倾向和状态的前后不符（刘丽艳 2006）。本书认为“标示某种倾向和状态的前后不符”就是一种转折功能，决定它能用来表达相离话语立场。例如：

（26）公：嗯，呃接着说吧，这个，说首先怎么联系的，包括你们怎么上飞机的？之前，在当地找人这个，吴某某知道这事吗？

被：知道。

公：你跟他提到吗？

被：知道，都在饭店一起吃饭，咱们在那唠的。

公：你、你怎么唠？谁唠的？你唠的？

被：对，就是说，呃，他来到饭店，吴某某也在那，我也在那跟他说的，问他行还是不行。他说的，他们还是没有问题，等他上飞机，（---）也没唠太多，他答应我们买完▲

→ 公：▼不是，你说话别哼哼唧唧的。先这么说吧，买的时候，你们在一块买的吗，这总共 16 箱？

在此例所涉的案件中，三位被告人由津巴布韦携带象牙制品入境，涉嫌走私象牙制品罪。例中，公诉人要求被告人提供关于联系在津巴布韦过海关上飞机和国内机场过海关的信息，但被告人一直含糊其辞，没有提供有效的信息，所以，公诉人打断了被告人的陈述，并以“不是”开启话轮，暗示了公诉人对被告人话语信息和言谈方向的不满，表达了公诉人与被告人相离话语立场。

（27）公：好，呃，就是你们怎么买成，或者怎么买？是混着买，还是你们一块到市场去买、转着去买？

→ 被：不是▲

公：▼每次买，比方说吴某某在一块嘛对不对？

→ 被：不是，他们不是有加工厂嘛，在加工厂有认识的人，所以在加工厂里买的。我们商量▲

例（27）与例（26）来源于同一案件，例中公诉人就几位被告人如何购买象牙制品提出了问题，属于宽式问话，要求被告人在下一话轮中提供购买象牙制品的方式，被告人并未提供相关信息，而是以语用标记语“不是”开启话轮，表示公诉人话语中所预设的信息与被告人的原有认识不符，所以，被告人两次以“不是”开启话轮来表达相离话语立场。

（二）转折标记语“但是”

根据 Wang & Tsai（2007）对日常会话、学术报告和访谈话语的分析，“但是”可用于表达交际中观点的不一致，为澄清说话人的观点提供有力的引导作用。法庭互动中，转折标记“但是”亦可用于表达相离的话语立场。例如：

（28）公：你的菜刀是从哪来的？这个时候又是从哪里冒出一把菜刀呢？

被：我是从他手里夺过来的，是一把菜刀。

公：但是你刚才向法庭陈述的对方拿的都是长刀，没有菜刀。

此例之前的法庭审判中，被告人的案情陈述中出现的是“长刀”，而不是“菜刀”。所以，公诉人第一个话轮中的问话表示质疑与否定，投射修正答话行为。当被告人再次回答他“夺过来的是一把菜刀”的时候，公诉人使用语用标记“但是”来标记相冲突的立场和被告人话语中相矛盾之处，以及非合意应答，表达了与被告人相离立场。

（29）法：没有？。（3s）你原来在公诉机关的供述是否属实？

上：但是，这个供述，是这样写了肯定属实，但是我有几个理由要陈述一下，我这个原来在公诉机关，做的这个指使吴某某去隐藏钨砂，有原因的……

例（29）中，上诉人在话轮的一开端就抛出“但是”，暗示后面即将出现不同的意见和相离的立场。尽管在后文中，他先有条件地承认了公诉人观点的正确性，但在紧接的话语中，说话人再次使用“但是”表达相离立场，引导说话人自己的观点和认识。

（三）停顿标记语“这个”

作为语用标记语的“这个”其指示功能消失，衍生出维持话轮的功能（刘丽艳 2009），许家金（2009）称之为思索填空词，姚双云（2012）称为停顿标记，认为它们反映了说话时的思考与犹豫的心理特征。这种停顿标记语属于非合意结构（参看 Heritage 1984a），往往预示后续话语为非合意的回答，具有表达相离立场的功能。请看：

（30）公：啊，诈骗的是，是一个什么样的人？

被：这个，我，因为记不清，所以▲

公诉人提出了一个关于“什么样的人”的宽式问话，此话语行为投射的合意回答为被告人提供关于“诈骗对象”的信息，而被告人在后续话轮中未能提供这一信息（由于记忆等原因），没有顺应公诉人话语投射的话语轨迹，也就是说被告人提供的是非合意回答，也符合非合意结构的基本特征，有话轮前拖延（这个，我），解释理由（因为记不清）等（参看 Heritage 1984a）。那么在这一非合意结构中，在这相离立场的建构过程中，“这个”起了非常重要的作用，它提供了一个相离立场的框架，在话轮起始位置提示互动参与者对立场的预测和理解。类似的情况还有：

（31）公：下面一个问题，你经营的这个 X 店，它亏损的原因是什么啊？

被：这个，就是，X 店，其实，应该来说是盈利的，那为什么说▲

公诉人提出了一个关于“原因”的宽式问话，并在问话中预设“X 店”是亏损的。被告人在回应话轮中，不仅没有提供关于亏损的原因，而且从根本上否定了公诉人的这一预设，认为“是盈利的”，所以，被告人的答话也属于非合意回答，停顿标记语“这个”处于话轮起始位置框架和表达了相离立场。

7.3.2.2　动词“反对”

《现代汉语词典》（2005：377）中，“反对”的释义是：不赞成、不同意。从这个释义可以看出，“反对”一词与相离立场表达有着直接联系，这也是法庭审判中控辩双方发表不一致意见的专门词语。例如：

（32）公：审判长，首先就这个刚才啊，这个肖某的辩护人发表的质证意见，我们简单地说明一下。我们认为啊，被告人的辩护人为了自己当事人的利益在庄严的法庭上无端地指责，甚至诋毁我们的上级机关，这种做法显然是违背了辩护人的职责，更是严重地损害了啊我们领导人的形象，所以请法庭啊对这个情节予以重视，也请辩护人注意自己的言行。

→ 辩：反对！

→被：被告人也反对！

公诉人对辩护人的质证意见发表了自己的看法，做出了评价。对于公诉人所表达的观点和立场，辩护人和被告均以动词“反对”明确表达了相离话语立场。

我们再看一例：

（33）辩：‖辩护人的第二个问题，关于第一个问题第一个鉴定资格问题庭后我们会以书面的意见向法庭陈述。那么，辩护人的第二个问题，辩护人注意到鉴定人所提出的检验事项及业务疑点，也就是在你的鉴定报告的第4页到第6页，你列举的是吴某某的询问笔录的反映，是张某询问笔录的反映，是王某某询问笔录的反映，是罗某某询问笔录的反映，是胡某某询问笔录的反映。我想问的是，因为你的这个反映的是4月20号之前接受的鉴定，那么如果这些人的证词和反映的情况有变化的话，你的鉴定结论是不是有变化？

鉴：我今天的回答是对我那个2008年71号司法鉴定书进行解释和说明。

辩：是的。因为你采用的是4月20号之前这些人的案卷里面的陈述。如果这些人的陈述不一致的话，是否对你的结论▲

→公：▼反对，刚才这个问题鉴定人已回答得很清楚了，并不采信这些证词，而是她是从专业的角度，从会计凭证上得到反映结果。

此例中，公诉方通过动词“反对”提出与辩护人相离的话语立场。

7.3.2.3 重复

法庭互动中，具有相离立场功能的重复是说话人对自我话语的重复，尤其是问话人对问话的重复，“问话的重复是问话话语胁迫力的一个关键特征，因为重复问话意味着拒绝接受答话人的前一个回答”（廖美珍 2003：49）。请看：

（34）公：下车的时候都有什么东西？给⊥都给你什么东西了？

被：下车就给过一手套。

公：还有什么？

被：“天气冷，你带上点。”

公：还有什么？

被：没有什么，到现场就递我个面罩。

公：还有什么？

被：到现场递给我个面罩（之外）什么也没有了。

法庭问话大多是问话人已经知道答案的问话，公诉人连续四次重复问话“还有什么”。不是因为对方没有听清楚问话而重复，而是表示被告没有说出全部的实情，违背了合作原则中的“质量准则”，公诉人拒绝接受被告人的答话，表达了公诉人对答话的相离立场。当然，这种问话的重复是问话人权力和地位的标志。

类似情况还有：

（35）公：你们去的时候都带什么东西了？

被：我、我一概不知。

（2s）

公：都带什么东西了？

被：后来只是出事儿以后我知道 --- 带了撬棍了，带了那个汽 ‖ 油了

公：‖ 等会儿！出事以后？。

公诉人通过重复问话“都带什么东西了”来表达与被告人相离的话语立场。

7.3.2.4　回声问

回声问（echo question）指用疑问形式或语气重复对方所说的全部或部分话语（陈治安 文旭 2001：24）。法庭互动中，回声问可用于质疑对方的话语，甚至挑战对方的话语行为，表达问话人对前一答话人话语的立场相离。如：

（36）审：当时你找的时候怎么说的？

被：我说那个，在王某某他们家住不了了，我说你给我找个房子。我说我搬出去住。

→审：说给你找个房子？。包不包括王某某？包括他吗？给你还是给你们？

被：（3s）都给我们┴给我们孩子，我们三个人。

审判长的回声问“说给你找个房子？。”质疑对方话语中“我说你给我找个房子”这一命题的真实性，从而表达了审判长对被告人答话的相离话语立场。

（37）公：那张某某呢？

被：我不知道。

→公：你不知道？。

被：嗯。因为我▲

公：▼你怎么会不知道呢？你在公安机关怎么交代的？

根据公诉人的问话“你怎么会不知道呢？”，我们可以确定其回声问“你不知道？。”表示质疑。与上例中审判长的回声问质疑被告人话语命题真实性不同，此例中公诉人的回声问是对被告人表示不知情的话语行为的挑战，强烈地表达了对被告人表示不知道的认识立场的相离话语立场。

具有质疑功能的回声问一般为高升调。从以下关于回声问“你不知道？。”与前一陈述性话语“我不知道”的基频对比图可以看出，陈述性话语“我不知道”F0曲线较为平直，而回声问“你不知道？。”边界调“dao”较前一音节“zhi”曲拱位置抬高，发生了显著的F0跃升，其时长也增加了，声调为高升调。

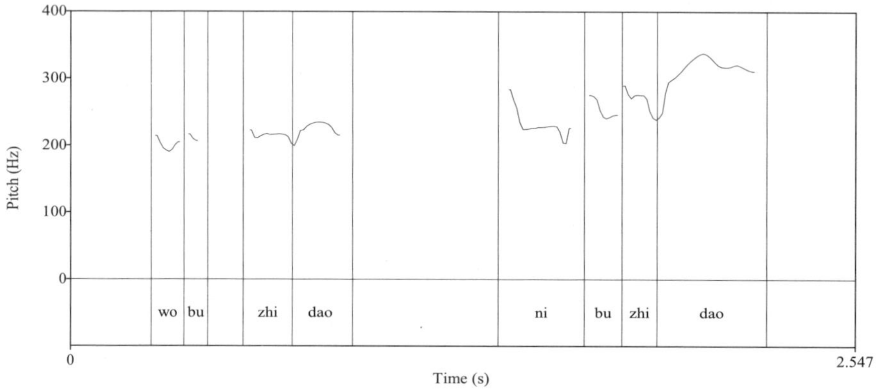

图7–2　“我不知道”与“你不知道？。”F0曲线对比图

边界调位置抬高，时长也长，疑问意味很浓（林茂灿2002：7）。回声问的这种质疑性与挑战性“基于言说者所察觉的信息或知识的不一致”（Keisanen 2007：255）。法庭问话大多是问话人已经知道答案的问话（廖美珍2003：195），当对方答话与问话人掌握的已知信息或预期答案出现偏差时，问话人利用高升调回声问来表达不同于对方的立场。

7.3.2.5 反问

反问是现代汉语一种极具表现力的表达形式，是现代汉语语法、语用研究中颇受关注的一个论题。一般认为反问的基本语法意义为“否定”，属于“无疑而问”（丁声树1961，吕叔湘1982）。并且，在“表示否定”这一基本功能之外，学者们还发现了反问的一系列语用功能，如丁声树（1961）认为，“反问句比平常的肯定句否定句更有力量”。陈振（1984）提出，它“用于反驳、责难、质问等语气”。邵敬敏（1996）主张，反问句在语用上有三个特点：①显示说话者内心的“不满”情绪；②表现说话人主观的“独到”见解；③传递说话人对对方的一种“约束”力量。于天昱（2004）认为，反问句的语用含义可分为十二种，“包括辩驳类，埋怨、责怪类，催促类，提醒类，困惑类，阻止类，确认类，调侃、讽刺类，劝解类，客套类，出乎意料类，鼓励类”。从法庭语料来看，反问句主要用于表示“反驳”“质问”“不满”等语用意义，表达了说话人与对方的相离话语立场。例如：

（38）公：你是说你有信心去还这些本金是吧？

被：因为只要X店在盈利，我就有信心还清我的欠款。

→公：你凭什么，就凭X店的盈利？

被：X店是一年比一年好，所有人都知道。为什么这么说呢？

在这起涉嫌集资诈骗的案件中，公诉方认为被告人经营的X店以“入股”的名义向他人借款，但由于经营不善，一直处于亏损，于是大肆吸收公众借款、投资款。所以，当被告人提出“因为只要X店在盈利，我就有信心还清我的欠款”时，因为与公诉人的认识和观点不一致，公诉人使用了反问句“你凭什么，就凭X店的盈利？”，它属于“凭什么类”反问句，由表示凭借、根据的介词“凭”后接疑问词“什么”构成，表示质问（于天昱2004），是对被告人话语的否定，表达了公诉人对被告人认识的相离立场。

（39）公：那第二个问题，本案中这些被害人你是否都认识？

被：都是我的亲属跟好友。

→公：每一个人都认识？

被：认识啊！

公：比如说，呃，这个周某的一些朋友这些人你都认识吗？

例（39）与例（38）来自于同一案件。公诉人的反问“每一个人都认识？”由被告人话语“都是我的亲属跟好友”所引发，公诉人的反问在意义上与引发语具有规约性关系，是引发语隐含意义的回应，对问话“本案中这些被害人你是否都认识？”的回答“都是我的亲属跟好友”隐含着“每一个人都认识”这样一种意义，公诉人的反问之“反”就是对被告人引发话语的否定，表达了公诉人对被告人这种认识的相离话语立场。

邵敬敏（1996）曾提出，反问传递说话人对对方的一种“约束”力量，这种约束力量反映了反问句对交际另一方潜在的导向性……要求对方的回答与自己的看法保持一致，既然反问“要求对方的回答与自己的看法保持一致”，那么说明“对方的回答与自己的看法”是不一致的，即话语立场的相离。刘娅琼（2010）提出，反问句的话语功能主要是表达说话人不同程度的负面事理立场，即说话人对事实、行为的不合理性做出的判断，属于评价立场。本书认为，法庭互动中，反问主要是对互动参与对方言语中的认识做出评价和表达立场，所以更多地属于交互层面的立场表达，属于相离立场。李宇凤（2010）指出，“回应性是反问最重要的语用特征之一”，并根据“言、知、行”概念三域提出反问的三类回应对象，即言语、现实形状和社会观念。本书认为，法庭互动中，反问回应的对方主要属于“知域”，即社会观念，也就是说反问的引发语表示一种认识（推测、判断等）。但是，因为法庭审判话语互动是面对面的即时话语互动，从上两例可以看出，公诉人话语中的反问所回应的不是一般意义上的“社会观念”，而是特定的互动参与对方即被告人的认识，所以，法庭互动中，反问句主要用于表达与互动参与对方认识立场的相离立场。

7.3.2.6 打断

前文在讨论重叠（见 7.3.1.4）时，涉及言语中的打断手段，指出打断是以竞争话轮为目的的话语行为，而这只是反映在会话结构上的目的。吕万英（2011）认为，话语打断是在口头互动中，与当前说话者话轮结束前，另一方没等按会话规则分配给他的话轮到来时，为取得发言权而试图与当前说话人争抢话轮而发话的现象。我们发现，法庭互动中，打断的目的并非在于抢占话轮，取得发言权，因为在庭审中，法官一定程度上是话轮的分配者，公诉人也有一定的话轮支配权力。作为话轮分配者，他们实施打断话语行为更多的是因为当事人的话语没有遵守相关的会话准则（廖美珍 2003：129），他们拒绝接受当事人的答话，是对当事人相离话语立场的表达。请看：

（40）审：法庭问你，你是以要把这笔款贷回来以后给这个某某某使用的这个名义贷这笔款呢，还是以单位⊥本单位资金紧张贷这笔款？

被：给某某某使用▲

审：▼你是怎么给张某某汇报的？

被：给某某某使用。这个前后▲

审：▼这一点你还记得清吗？

被：记得清。都一致。

审：你已经是⊥多少，出多少 --- 我没问你公司！那当然了，你贷款就属于你公司的钱。我问的是你和李某某商量这个事情的时候，你们公司准备要打算（达到）多少钱跟他们联营啊？

被：公司能出的就是 800 万，最高的▲

审：▲我没有问你公司能出，你这两个两千万不也是公司的钱吗？

被：两个两千万是公司▲

审：▲我问你在用这个宣传图册，用这笔业务当中，你公司要拿出来多少钱跟李某某合作？你们商量过吗，你跟李某某？

被：商量过啊。

此例中，审判长多次打断被告人的话语。首先是审判长提出了一个选择问，被告人的话语从问答形式上来说已经回答了审判长的问话，选择了选择问的前选项，但从会话结构特征来说，此时被告人的话轮并没有结束，话轮末尾并不以降调结束。这一点从被告人的后一话轮"给某某某使用。这个前后▲"也可以看出。在后一话轮中，被告人重复了前一话轮的话语，再次试图做进一步的解释，由此可以判断出被告人在其第一个话轮中也试图进行解释，被告人的话轮并没有完成。也就是说，审判长在其第三、第五话轮打断被告人话语，都是阻止被告人的进一步解释行为，而没有顺应被告人所透射的话轮轨迹，表达了对被告人的相离话语立场。在接下来的话语序列中，审判长又两次打断了被告人的话语，都是对被告人答话的不满意和不接受，均表达了与被告人答话的相离立场。

打断作为一种会话结构层面的话语行为，它在表达相离立场时，更多的时候是与其他言语行为一起实施相离立场功能。例如：

（41）被：……说第二份贷款合同▲

审：▼请这个，被告人就本案的事实，本案的事实讲啊，公诉人在询⊥公诉人在询问的时候（---）让你按本案的事实讲▲

被：▼这说了第一份，第二份贷款协议呢▲

审：▼让你按本案的事实讲。

被：我说的就是第二份贷款协议▲

审：▼听清了吗？被告人！

被：听清了。

例（41）中，审判长三次打断被告，在第一次打断被告人话语时，审判长使用指示语“请被告人就本案的事实讲”；第二次打断时，也是使用了指示语，“让你按本案的事实讲”比第一次打断时的指示语在语力上更强；而第三次则使用了警示语“听清楚了吗，被告人”，语力上强于前二者。三次打断行为和三次指令都表示审判长认为“被告人没有按事实讲”，体现了审判长对被告人的相离话语立场。在此例中，被告人打断了审判长一次，被告人在第一次被审判长打断后，对自己的答话进行了解释，被告人的打断加解释说明了两点：第一，体现被告人对审判长话语立场的理解，审判长的打断行为是对被告人的话语观点和立场的反对，第二，被告人也通过打断来表达他自己与审判长话语立场的不一致，即认为自己说的就是“事实”，而审判长认为他自己所说的不是“事实”，被告人以打断的方式表示抵抗、分歧、不一致的相离话语立场。

7.3.2.7 修正

会话修正（repair）包括自我修正（self-repair）和他人修正（other-repair）。其中，对“口误（error）”或“错误（mistake）”的复位（replacement）可称为纠错（correct）（Schegloff et al.1977）。法庭互动中，具有表达立场不一致功能的就是会话修正中的纠错，说话人对对方话语的纠错，即他人纠错（other-correct）。请看：

（42）公：五年以后，不到五年咯。四年多时间以后咯。最后国家仍旧以三点五几个亿回购了。你当时在 YJ 公司里面所占的股份是多少？

上：百分之十。

公：就是说你最后获得的利润是三千，三千五百多万咯？

上：三千万，因为含税嘛。它只有二点七个亿的不含税价。

例（42）中，公诉人根据上诉人所属的 YJ 公司被收购价和上诉人所占的股份，计算出上诉人最后获得利润“三千五百多万”，公诉人的这一推算，以升调陈述句的形式说出，这种升调陈述句在传统语法中往往被认为是疑问句（参看邵敬敏 1996）。Heritage（2002a）等却提出，问话与断言之间的界限是高度微妙和具有可争辩性的，这种形式的问话往往被认为、被作为一种断言策略，并不实施以寻求信息为目的的问话行为。本书非常赞成 Heritage 的这一观点，尤其是在法庭审判话语互动这种具有严格程序和规范、具有明确目的性和高度策略性的机构性话语中，升调陈述句是一种断言策略行为，是以问话形式构成话轮来实施断言行为。我们发现，上诉人并没有将公诉人的话轮视为一个是非问句，做出肯定或否定的回答，而是将之视作一个断言，就断言中的细节信息做出了纠正，将“三千五百多万”纠正为“三千万”，并解释了这一纠正的原因。也就是说，上诉人对公诉人关于“三千五百多万”这一数字的认识提出了相离话语立场。

（43）公：是，这么高的回报，你是通过什么样的资金渠道去支付的？

被：一个是从那个，X 店的盈利中，一个是从，就是那个，呃，在这种情况之下，他们有时候催得很急的时候，也有从借款中去还给他们的。

公：从你 X 店的盈利中？你刚刚说了，你刚刚说是从 06 年到 08 年都是亏损的，是吧？

被：06 年到 07 年是亏损的。

公：06 年到 07 年是亏损的，从 08 年才略有盈余，是不是？

被：从 07 年底到 10 年基本上都在盈利的！

公：都是在盈利的？

被：嗯。

公：每一年的盈利额是多少？

当被告人提出“从 X 店的盈利中”来支付借款的高回报时，公诉人对此提出了质疑“从你 X 店的盈利中？”，并提出被告人所经营的 X 店“从 06 年到 08 年都是亏损的”。类似于例（42）公诉人所用的升调陈述句用于断言，公诉人的下一个问话话轮则使用了附加问句用于断言，因为被告人在之前的问话中陈述过“从 2008 年开始（盈利）”，也就是说公诉人对这一认识是非常清楚的，对此并不具有疑问。那么，被告人的话语“06 年到 07 年是亏损的”是对公诉人的断言的修正，而不是对附加问句的回答。被告人通过将公诉人断言中的“从 06 年到 08 年都是亏损的”纠正为“06 年到 07 年是亏损的”，表示公诉人话语中的相关认识是不正确的，表达了对公诉人相关认识的相离话语立场。

7.4　法庭互动中的目的关系与离合立场建构

立场建构活动是一种主体交互性的言语活动。在这种交互性立场建构的过程中，言语以及非言语是立场建构的形式和载体，这种建构的实质是目的。目的和目的关系决定着相合和相离立场的建构和表达。所以，由于法庭互动中目的关系的多样性和复杂性，不同互动主体之间的离合话语立场的类型、形式、特征等均有着显著的差异，不同互动主体之间在立场相合程度上也存在巨大的差异。下面基于法庭中的目的关系，分别从辩护人与当事人、公诉人与当事人、法官和当事人这几对目的关系和主体关系来考察相合立场和相离立场的建构和互动。

7.4.1 辩护人与当事人/证人之间的离合立场

7.4.1.1 辩护人与当事人/证人的相合立场表达

法庭审判话语互动中,辩护人与当事人之间目的关系多属于目的一致性关系，即双方有共同的目的，说话人都知道这个目的，都为了这个目的而努力（廖美珍 2003：280）。辩护人的言语行为是为了被告人的利益，所以他自然期待被告人表达与自己一致的立场；由于被告人知道辩护人是为自己的利益辩护，所以自然尽可能表达与之相一致的立场，所以，双方之间多相合立场表达。例如：

（44）a. 辩：有。嗯。王某，我是吴某某的辩护人。有几个问题问你一下，请你如实回答。第一个，那个吴某某是什么时候回矿里面上班的你知道不？

b. 上：这个，我对他的具体时间，大概是在，二千零一年年底呀还是两千零二年年初呀，两千零一年底吧。

c. 辩：两千零一年底，是吧啊？

d. 上：两千零一年底。

e. 辩：他在那个，他回来是不是在财务部门上班？

f. 上：没有在C钨矿财务部门上班。

g. 辩：没有，在C钨矿财务部上班是吧？

h. 上：财务部上班，没有。

i. 辩：他在生产自救期间是在你那里上班是吧？

j. 上：是的，我聘他。

k. 辩：担任什么工作？

l. 上：担任财务。

m. 辩：担任财务，是吧啊。完了，他是不是破产清算组的成员？

n. 上：他不可⊥他不是的。

例（44）中的问答互动中，辩护人的目的是为了证明他所辩护的上诉人（吴某某）不是破产清算组的成员。为了证明这一总目的，他从两个方面来进行论证：①企业破产前，吴国安在生产部门黑钨部上班；②破产清算期间，他在生产自救上班，担任财务。在问答双方的共同努力之下，他们顺利完成了这一目的。在完成这一目的的过程中，被告人多次表达了与辩护人一致的意见，如第 d、f、h、j、n 话轮，遵循辩护人问话所投射的轨迹，提供合意答话。

法庭互动中，辩护人和当事人之间，辩护人主要进行问话活动，而当事人提供答话。在问答互动过程中，辩护人虽然不能直接陈述观点和断言，但其实很多时候他通过问话间接陈述了事实，表达了自己的观点，所以，大多数时候是当事人对辩护人的观点和断言表示相合立场，只有少数时候出现辩护人表达与当事人相合立场的时候。例如：

（45）审：被告人夏某某，有意见没有？

被：有意见。

审：你可以讲。

被：第一，那是 2009 年的事，根本就是没有这个事，因为严某某跟我们有债务上的纠纷，所以他当时还打电话威胁我，他说他要搞死我。所以我觉得他是诬陷我的。

审：你的意思是这个，没有卖这个毒品咯？

被：是。

审：夏某某的辩护人？

辩：同意他自己的辩护。

在举证质证过程中，辩护人通过动词“同意”表达了与被告人的相合话语立场。

辩护人和当事人的证人之间的互动，即直接询问，也多相合话语立场的表达。例如：

（46）辩：好。那张某在资产评估组主要从事些什么工作？你们的一般的报表呀是不是都要报告给他，要他签字什么的？

证：张某都不参与我们财务。

辩：不参与财务？。

证：自从清算组六月六号进场之后，C 钨矿所有矿里领导对我们财务都，包括我们财务科长，我们一切业务都是由清算组安排，所有的业务都是由清算组安排。

例（46）中，辩护人要证明的就是上诉人张强在资产评估组没有从事与财务等清算工作，不是清算组的成员。所以辩护人第一话轮中的问话所投射的是否定回答，而证人在答话话轮中虽然没有直接回答“是”还是“不是”，却对辩护人话语中的蕴涵意义做出了回答，从而满足了辩护人的这一投射轨迹，属于推衍型相合立场表达。辩护人通过回声问对此答话进行确认，被告人也不是通过简单地确认和予以肯定来提供答话，而是进一步增补了信息，提出财务都是由清算组安排，以此来表达自己与辩护人的相合立场，属于增进型相合立场。

7.4.1.2 辩护人与当事人/证人的相离立场表达

辩护人与当事人或证人的相离立场最典型的是辩护人与对方（刑事案件中的公诉方）的证人（鉴定人）之间的立场建构与互动。辩护人与公诉方的证人（鉴定人）属于目的不一致关系，指的是目的冲突，说话人都知道各自目的不一致，都为了各自的目的而努力（廖美珍 2003：280）。所以，不仅证人常表达与辩护人相离的话语立场，辩护人也常通过问话来表达对证人的相离话语立场。请看：

（47）辩：我有几个问题向鉴定人发问。缘于鉴定人是高级司法会计师，现在有几个问题向你发问，请你回答。第一个问题，YJ 公司的财产是不是全体股东共同所有的？

鉴：这个问题跟本鉴定书有关吗？

辩：作为一个高级司法会计师，对于这个案件本身的关键性的问题应该是必须回答。

鉴：我仅就本鉴定书进行解释和回答问题。

鉴定人在她的第一个答话中，就表现出与辩护人相离的话语立场，体现在两个方面：第一，她拒绝了对辩护人问话进行直接回答，有意违反了合作原则中的“相关准则”；第二，她使用的句式是一个反问句，具有“反驳、责难、质问”的语气功能（陈振 1984），是对辩护人言域引发语的回应，表达“不应该说 X”的否定意义（参看李宇凤 2010）。而辩护人面对鉴定人的否定与相离立场，强调了自己问题的关键性和合理性（“应该必须回答”），表示鉴定人的质问和否定是不合理的、不可取的，也是对鉴定人相离立场的回应，表达了自己相对于鉴定人立场的相离立场。而鉴定人再次拒绝了辩护人的问话与要求，表达了相离的话语立场。

辩护人对对方鉴定人相离立场的表达可通过设计问话来主动表达。如：

（48）辩：请如实回答。第一个白钨是在产品还是产成品。

鉴：会计资料反映，它账务处理上面是把白钨金矿列做在 --- 在产品。

辩：在产品啊。但是你的结论报告的结论是产成品。这是第一个问题。你当庭回答是在产品啊。第二，刚才这个检察员向你拿了一些资料我没看啊，就是讲那个金属平衡表也好，那些六月份生产的那些资料▲

辩护人的第二个话轮中，辩护人通过对鉴定人的问话进行重复和确认，进而指出鉴定人的回答与其鉴定报告结论的不一致性，在表达对鉴定人相离话语立场的同时，向法庭证明鉴定人及其结论的真实性和可靠性。

相离话语立场表达也出现在辩护人和当事人之间，这时多发生在涉及多名当事人的案件中，这样法庭审判互动中相应地就有多名辩护人。相离话语立场多发生在当事人和他方辩护人之间，其中又以搁置型相离话语立场为主。请看：

（49）辩：我是廖某某的辩护人，请如实回答本律师的发问。

被：好。

辩：廖某某是否认识禁毒支队的李某某等人？你清楚吗？

被：他⊥他认不认识最好是由他来回答。这方面的事呢，在我的印象当中呢，他跟李某某呢是没什么接触。

辩：没什么接触？

被：具体认不认识要问他。

辩护人的第二个话轮是是非问句，根据案情和语境，可以判断出它投射一个肯定答话。被告人的第二个话轮，开始位置的话语具有明显的迟疑和修正迹象，而后被告人也并没有给出明确的“是”与“不是”的回答，并在下一话轮中再次搁置了辩护人的问话，表达了相离话语立场。

7.4.2　公诉人与当事人之间的离合立场表达

7.4.2.1　公诉人与当事人之间的相离立场表达

公诉人与当事人之间的目的关系一般属于目的不一致关系，即目的冲突关系。

公诉人和当事人之间，问话通常对答话人不利，所以，他们之间多相离话语立场是正常的，是预期之中的。例如：

（50）公：唐某某告诉你开信用证整个的⊥取得资金的整个程序是怎么告诉你的？

被：具体情况现在我不记得了，但我记得当时他给过我一个那个像广告册一样的东西。那个广告册上面比较详细地介绍了做法。因为主要操作是他们，并不需要T公司做什么事情，所以当时我们也只是了解了一下，并没有特别的在意。

公：那就说这个开证的过程，你现在记不清楚了，是吗？

被：不是我现在记不清楚了，而是本来就是由华润开证，在当时的情况下。

公：你刚才已经说过你原来向公安机关所讲的都是真话？

被：是啊。

被告人在其第一个话轮中使用了否定表达“不记得了”，明确表示了自己的认识立场。同时，也表达了对公诉人前一话轮中认识立场的搁置型相离话语立场。公诉人的下一话轮，表面上通过附加问句对被告人的前一话轮进行阐释和确认，实质上是通过阐释的方式对被告人前一话轮中的认识立场和相离立场表示质疑和否定，也就是说，表达了与被告人前一话轮的否定型相离立场。随后，被告人使用了“元语言否定”构式“不是……而是……”，表示被告人不愿意接受公诉人的说法（参看邵敬敏、王宜广 2010），一方面否定了公诉人的阐释和认识立场，另一方面也给出了自己的解释，表达了对公诉人的否定型相离话语立场。面对被告人的这一相离立场，公诉人在下一话轮中采用了反问的句式对被告人进行警告和质疑，这一问话表面上质疑的是被告人在公安机关所讲是否属实，实际上是质疑被告人当前所说与在公安机关所述不一致，与公诉人所掌握的信息和认识不一致，所以，公诉人质疑和挑战被告人先前话语所传递信息的真实性、所表达认识立场的可靠性，属于挑战型相离立场的表达。例中双方之间相离立场的表达不仅针锋相对，而且相离的程度逐步升级。从被告人通过搁置型相离立场表达对公诉人认识立场的不一致意见，到公诉人通过否定性相离立场表达对被告人搁置型相离立场的不满，再到被告人的否定性相离立场，最后公诉人祭出挑战性相离立场。

相离立场也发生在公诉人对当事人的目的拒绝和相离立场表达。如：

（51）公：那刚才我让你陈述她们的角色你都不知道，那么对于我的提问你为什么那么肯定地就回答说有人听这个情况？为什么我能说出来这个事实？你为什么不能用你的话把这个事实说清楚啊？

被：我，我不知道。

公：那你今天，你说你这是什么态度啊？对于起诉书中指控你参与诈骗 34 起的事实，你如实地向法庭交代一遍。

法庭互动中，被告人为了逃避或减轻对自己的法律处罚，法庭审判中有时对公诉方所询问的与自己有利害关系的事情表示不知情，这时，公诉人对被告人的这种不合作态度往往会进行教育和训斥，如例中公诉人的两个话轮，都是采用反问的形式对被告人表示训斥和责难，表达了对被告人的相离话语立场。

7.4.2.2　公诉人与当事人之间的相合立场表达

法庭互动中，公诉人与当事人之间的目的追求和目的关系决定了他们之间的立场不一致是常态。但是，他们之间也出现立场相合表达。例如：

（52）公：没有想到？（2s）在当时谈这个事情的时候，省民航局是否有成立附属企业的暂行办法和一些规定？

被：（3s）这个（---3）和（---3）他们两个看了，当时我签了。就是说，当时成立公司比较多，我们呢，讨论了一个规定，成立公司等级，这个什么等级有关的规定，我们根据等级来挂钩。

公：也就是说，在当时省民航局有这样一个关于成立不同企业的暂行办法，而且是由你亲自签发的？

被：是这样，对。

公：那么这个暂行的办法你应该很清楚，是不是这样？

公：（3s）应该说过目了。

公：这个暂行办法已经规定成立附属企业必须由企管处负责管理，向分管的局长汇报，重大事项由分管局长提交一起讨论，那么，朱某某什么部门的人？

被：他是财务处的。

公：他是财务处副处长，是不是这样？

被：对。

公：你刚才当庭也说过，在事前和事后没有任何企管处的人向你提出过成立经发公司这样的事情，是不是这样？

被：是的。

公：那么对于这么一个明显违反程序的事情，违反规定的事情你当时为什么没有过问？

被：因为只是个意向，我▲

公：▼虽然只是个意向但你已经同意了。

被：（2s）我说可以考虑。

对于公诉人的问话“省民航局是否有关于成立附属企业的暂行办法和一些规定”，被告人的答话话轮具有一系列的非合意回答的特征，但基于事实，还是承认了这一规定的存在，表达了相合程度较低的相合话语立场。公诉人对被告人的这一回答做出了进一步的阐释，这时被告人做出了简单、直接的肯定回答“是这样，对”，表达了对公诉人的相合程度相对较高的同意型相合话语立场。在此基础上，公诉人在下一个话轮中进行了进一步的推演和阐释“这个暂行的办法你应该很清楚”，被告人没有直接做出肯定与否定的回答，只是肯定了对这个“规定”的了解和知情，处于相合立场的相合程度的中间状态，公诉人也没有对此再进行追问，在宣读“规定”的相关内容之后转入了另一个问话“朱某某是什么部门的人”以证明被告人违反了“规定”中的条款。这是一起涉嫌玩忽职守的案件，在这一问答序列中，公诉人的问话目的是：“对于这么一个明显违反程序的事情，违反规定的事情你当时为什么没有过问？”公诉人根据对案情的了解，提出有效问话，证明了：①对于案件所涉事件，省民航局有相关的规定；②被告人作为负责人对相关规定知情；③被告人违反了相关规定，从而顺利地达到了自己的目的。被告人虽然在话语互动过程中，多次倾向于表达相离立场，且表达的相合话语立场多属于相合程度较低的，但在公诉人有效掌握事实的基础上，只能做出相合立场的选择。

法庭互动中，即使在目的冲突关系中，由于公诉人对案件事实和法律适用的了解，他们在问话过程中能够有的放矢，让当事人不得不表达与己相一致的相合立场。这种立场的互动过程也很好地体现了法庭审判活动的性质和特征，在控、辩、审三方的目的协商、角力和妥协中最后达成一致性（王佳宇　廖美珍 2010：82）。

7.4.3　法官与当事人之间的立场离合

法官和当事人之间属于中性目的，即目的与自己无利害关系（廖美珍 2003：280）。在目的中性的情况下，即对方话语行为的目的与自己的利益无害的情况下，立场相合程度往往也趋向连续统的正极。例如：

（53）审：《起诉书》指控你和罗某某以夫妻关系同┴共同┴同居共同生活。这个基本事实 ---

被：对！

审：啊？

被：对。

审：你怎么想？是这样吗？

被：呃 --- 是。她搬来住来着。

审：《起诉书》指控你和罗某某以夫妻关系 --- 在你家，或者在钟锣庄村，你们以夫妻关系共同生活，这个事实，是否存在？

被：是。

审判长的第一个话轮中，话轮末尾出现拖音现象，问话尚未提出，被告人基于对对方话语的理解，为了表现自己合作的态度，运用同意标记“对”表达了与审判长的相合话语立场。对此，审判长有些惊讶和疑惑，以叹词“啊”表达，而被告人再次对此表示肯定。后续话语中，又使用判断动词“是”再一次表达了与审判长的相合话语立场。

下面，我们通过一组对比的例子来看被告人对于目的冲突关系的公诉人和目的中性的审判长之间的话语立场表达的区别。以下两例来自于同一案件，例中的被告是同一人。例（54）发生于例（55）之前。

（54）公：你原来在公安机关是怎么交代的？

被：也是这样说的。

公：原来交代属不属实？

被：（2s）没听清楚，请你▲

公：▼你原来的交代是否属实？

被：是事实。

（55）审：你今天在法庭上的供述，与你以前在公安机关的供述有没有不一样的地方？

被：（1.5s）有 --- 有一点。

审：啊？

被：有。

审：有哪一点？

被：就是 --- 我不是要有▲

审：▼你不是要有的责任就可以 ---（2s）可以推？

被：请法官，查明真伪事实。

例（54）中公诉人的话轮“你原来在公安机关是怎么交代的？”和例（55）

中审判长的话轮“你今天在法庭上的供述，与你以前在公安机关的供述有没有不一样的地方？”都属于警示语，往往用于他们认为被告人不合作的时候，没有提供预期的答案，与他们所掌握的事实不符的时候（廖美珍 2003：190）。不同的是，当例（54）中公诉人发出警示时，被告人仍然坚持自己的观点和立场“也是这样说的”“是事实”。而例（55）中审判长根据公诉人和被告人之间的问话发出如上警示的时候，被告人却改变了观点和立场，承认“有一点（不一样的地方）”。在法庭控、辩、审三方的互动中，审被定位和认为是中立执行审理和判决的一方，所以，被告人对于审判一方和公诉方的态度和立场往往有所区别，这一点也表现在例（55）中，被告人对审判长的请求话轮中“请法官，查明真伪事实”。

法官与当事人之间的目的中性关系并不是既定的、一成不变的，而是在互动的过程中变化、发展的。所以，法官和当事人之间也会出现目的冲突的时候，但是，我们的语料中没有发现当事人对法官的相离立场的表达，如例（55）中，当审判长对被告人进行训诫，表达与其相离立场的时候，被告人仍然使用中性的立场表达“请法官，查明真伪事实”。类似于例（55）中法官对当事人相离话语立场的表达，我们的语料中还有一些例子。例如：

（56）审：戴某某，有什么意见没有？

被：有。

审：有什么意见？

被：就是 --- 他电话给我，那个事，嗯，不是事实。

审：现在饶某某打电话给你也不是事实？

被：打电话是事实，人不是我喊的。请法官从宽发落。

例（56）中，当被告人由于表达不清，对于先前已经承认和查明的事实“饶某某打电话给他”进行了否认，审判长在下一话轮中使用反问表示对这一陈述的质疑和反驳，特别强调了“打电话”三个字，并且使用了主观性副词“也”，突出了对被告人上一话轮的话语行为的惊讶和质疑，表达的是相离话语立场。因为法庭互动中，法官的目的是查明事实，作出公正的判决，而被告人在事实上的反复和不定，不利于事实的查明和审判的效率，所以，目的冲突时，审判长使用反问、副词“也”、重音等语言手段来表达自己的相离话语立场。

7.5　本章小结

法庭互动是一种即席实时互动，它的这种特征赋予了立场建构的互动本质与交互性本质，互动参与者不断地对彼此的先前话语中的评价、认识、观点、命题等表达相离或相合的立场。本书中，相合立场和相离立场并不是绝对对立的关系，从完全一致到完全不一致之间存在着各种不同的程度和等级。我们根据语料中所表现出来的程度差异，将法庭话语互动中的相合话语立场和相离话语立场各划分为三个次类。相合话语立场包括：同意型、增进型和推衍型；相离话语立场则包括：否定型、搁置型和挑战型。六个类型基于相合程度的高低构成这一个连续统：增进＞推衍＞同意＞搁置＞否定＞挑战。

法庭互动中，互动参与者使用各种语言手段和会话结构来表达离合。其中，相合立场表达手段主要包括：①语用标记语，具体有同意标记语“对”“嗯”“是（的）”，推论标记语“所以”；②动词，主要是动词“同意”和动词“支持”；③副词，主要是副词“也”；④重叠；⑤重复，主要是对他人话语的全部重复。相离立场表达手段包括：①语用标记语，具有包括转折性语用标记语“但是”和“不是”，停顿性语用标记语“这个”；②动词“反对”；③重复，主要是问话人对自我问话的重复；④打断；⑤回声问；⑥反问；⑦修正，主要是对他人话语的纠错。

法庭互动中，相合立场和相离立场的建构是目的主导的结果。在目的和目的关系的影响下，不同诉讼主体之间的离合立场类型、相合程度等方面均存在着显著的差异。辩护人与当事人及其证人之间属于目的一致关系，双方之间的离合立场也多属于相合话语立场，相离立场多发生在对方的证人之间，也发生在当事人和其他当事人的辩护人之间；公诉人与当事人之间的目的关系是冲突性的，他们之间的离合立场表达多属于相离立场，但是屈于公诉方所掌握的案情，当事人也表达与公诉方的相合立场；法官和当事人之间属于目的中性的关系，所以当事人对法官话语的立场多属于相合立场和趋于中性的离合立场，而法官对当事人的相离话语立场表达时有发生。所以，很大程度上，法庭互动中的离合立场表达也体现了法庭互动中的权力关系。

第8章　总结

8.1　本研究的主要发现

基于对100万字的法庭审判话语语料的分析，本书整合互动语言学理论和目的原则，提出了法庭互动中的目的导向立场分析模式。在这一分析框架下，描写了法庭互动中话语立场建构的基本面貌，分析了立场建构的基本规律和一般模式，揭示了法庭互动中立场建构与目的、角色、权力之间的关系。本研究的主要发现如下：

一是，法庭互动中的评价立场是评价主体根据一定社会准则、价值标准对评价客体做出判断的立场行为，它可区分为“肯定”“否定”和“中性”三个相对的区间和类型，构成一个评价连续统。互动参与者表达评价立场的语言手段主要包括形容词、名词、动词、副词等显性手段，以及转述这种隐性手段。各种评价手段中，形容词以性质形容词为主，并多处于定语的位置；名词以抽象名词为主，特别是性状名词具有重要、独特的评价功能；动词主要包括动作动词和言说动词；副词中评注性副词和描摹性副词具有评价立场的功能；转述主要对被转述话语和被转述者做出评价，构建被转述者的积极或消极形象。法庭互动中的评价立场行为呈现出四个较为明显的特征：①预设性；②对话性；③归他性与归己性；④强化性。法庭互动参与者的评价立场表达充分体现了各自的目的追求和各方之间的目的关系，是具有明确目的性和策略性的言语行为。法官是实施评价立场行为频率最低的主体，其评价立场基本上具有中立的特点和性质；公诉人的评价立场行为出现频率最高，以对当事人的否定评价为主，且呈预设性、强化性的特点，另对辩护人做出少量否定评价，具有对话性。此外，公诉人还对当事人有极少量的肯定评价，以缓和彼此之间的冲突；辩护人也较多使用评价立场，以对当事人的肯定评价为主，对当事人的极少量否定评价多使用让步句式，对公诉人及其证据的评价以否定为主，肯定评价立场偶有出现；当事人的评价立场以对公诉方及其证据的否定评价为主，呈现强化性甚至是侮辱性的特征。

二是，法庭审判互动虽是客观、理性的人际活动，也充满了情绪和感情的表达，包括爱、同情、感激等正面情感，以及悲、惧、悔、愧、愤等负面情感。情感立场的表达以情感词汇这种直接手段为主，也包括承诺言语行为、评价言语行为和断言言语行为等间接表达手段。情感立场行为具有情感描述、情感表达和情感唤起三种元功能，三者之间具有一定的重叠性和同时性，以情感唤起为最终目的。法庭互动中的情感立场并不是完全自发的、偶然的，而是特定交际目的驱使的结果。在多方参与主体中，公诉方以描述负面情感、表达正面情感和唤起负面情感为主，以最终唤起法庭对被告人的反感和对公诉方的认可为目的；辩护方均以负面情感描述为主，辩护人的情感表达以正面见多，而当事人的情感表达以负面为主，二者均以唤起法庭的正面情感为主，求得法庭的认可和谅解；而法庭审判方则出于教育当事人的目的，有极其少量的情感立场表达。

三是，认识立场指的是互动中说话者在传递某一信息的同时表达对该信息的态度，包括信息来源类认识立场和命题评价类认识立场两种类型。法庭互动中，信息来源类认识立场包括感官型、转述型、引证型和推断型四种类型。命题评价类认识立场主要由情态词、语气词、心理动词等语言手段表达。转述言语行为是一种非常重要的认识立场表达手段，兼具表达信息来源和命题评价两种认识立场的功能，并衍生出其他话语功能。信息来源类认识立场间接反映立场主体对于信息可靠性和确定性的认识，形成“引证型＞感官型＞推断型＞转述型＞嵌套型”的信度连续统，而命题评价类认识立场标记的使用则直接反映立场主体对命题信息的确定性和可靠性的评价，根据确定性的高低可区分为高、中、低三种量值，并与信息来源类认识立场一起构成一个信度连续统。认识立场在法庭诉讼主体中的分布也呈现出一定的特征和规律，以当事人实施认识立场行为的频率最高，他们大量使用转述型据素和低量值的认识标记，因此话语总体上呈“无力型”风格；频率上仅次于当事人的是公诉人，大量转述型据素和认识立场标记嵌套使用很大程度上影响公诉人话语的可靠性；辩护人话语中的认识立场标记远远低于当事人和公诉人，并以引证型据素的使用为主；法官使用认识立场标记的频率最低，基本上没有使用命题评价类认识标记，仅使用少量信息来源类认识标记。

四是，相合立场指的是当前说话人相对于其他互动主体的话语采取趋同的、顺应的立场的言语行为，反之，采取的即是相离话语立场。法庭互动中相合话语立场的语言表达手段有：①语用标记语，具体包括同意标记语“对”“嗯”“是（的）”和推论标记语“所以”等；②动词“同意”和“支持”等；③副词“也”等；④话语重叠；⑤话语重复，主要是对他人话语的全部重复。相离话语立场的语言表达手段包括：①语用标记语，主要有转折性标记语“但是”“不是”，停顿性标记“这个”等；②动词“反对”等；③话语重复，主要是自我话语重复；④话语打断；⑤高升调回声问；⑥反问；⑦他人话语修正。相合话语立场可以区分为同意型、增进型和推衍型三种；相离话语立场可以概括为否定型、搁置型和挑战型三种类型，它们形成法庭互动中离合立场的相合连续统。在目的和目的关系的导向下，法庭互动参与者之间的离合话语立场的类型、相合程度等方面均呈现出显著的差异。辩护人与当事人之间以相合立场为主，相离立场主要发生于当事人和其他当事人的辩护人之间，且多搁置型相离立场；公诉人对当事人多相离立场表达，而由于公诉人对案情等的掌握，当事人话语中存在一定量对公诉人的相合话语立场，但相合程度偏低；当事人对法官多相合立场表达，法官的离合立场表达总体较少，对当事人多相离立场表达。

8.2 本研究的贡献

本书主要在如下几个方面作出了一定贡献：

一是系统地勾勒了法庭互动话语中的话语立场建构概貌。本研究建立在10场法庭审判录音或录像转写而成的100万字语料的基础上，从真实、自然的语料中归纳、分析法庭互动中的话语立场。本研究不仅从词汇、语法、会话结构等语言层面描述了法庭话语立场的形式，而且从互动机制、角色分布等方面分析了法庭话语立场的特征，还从目的、目的关系等因素出发探索了法庭话语立场建构的本质与理据。通过对法庭互动中评价立场、情感立场、认识立场和离合立场的手段、特征、功能、机制和制约因素的系统分析，本研究展现了法庭互动中话语立场建构的基本面貌。

二是提出了目的导向立场分析模式。本研究以互动语言学为理论背景，将目的原则引入话语立场的分析，提出了法庭互动中的目的导向立场分析模式。在目的导向立场分析模式中，立场是参与者在互动中所做的事情，所实施的行为，是互动参与者在特定交际语境中基于特定交际目的而积极运用各种语言资源进行主体间协作和互动的产物。在这一分析模式中，我们修正了 Du Bois（2007）的立场三角模式，将评价、情感、认识和离合看成是相互独立的四个立场次类，在共同表达主观性与交互性的基础上，它们具有相对独立的语用功能和表达形式。四种话语立场的表达与建构都是目的导向下的有意识的言语行为。互动主体建构话语立场的过程就是主体追求交际目的过程，就是目的互动的过程。本书的目的导向立场分析模式是在充分、真实的互动语料分析基础上提出来的，不仅充分展现了法庭互动中话语立场的特征和本质，对于其他语域中的话语立场分析也具有一定的参考价值和可适用性。

三是拓展了话语立场研究领域。话语立场研究经过十余年的发展，逐渐从书面语研究拓展到口语会话的研究，而法庭互动这一特殊功能语域中的话语立场在国内外却只有零星的相关研究。同时，从已有关于法庭话语的研究来看，它具有不同于日常会话、课堂话语、新闻访谈等话语的特征。在这一特殊的机构性话语中，目的、权力、角色等社会因素对语言具有更加显著、更为重要的导向和制约作用，其中的语言运用和言语行为具有更强的目的性和策略性，因此，对法庭互动中话语立场的系统研究不仅利于我们更加准确地认识法庭审判语言，也有助于深化我们对人类表达自我、建构立场的认识。

四是为司法实践中诉讼主体的立场建构提供启示。法庭互动中，由于诉讼目的、法庭角色、权力关系的不同，审、控、辩三方具有不同的立场。法官中立执行裁判职能，所以，应尽可能客观、理性地建构中立的立场，减少对当事人的评价，尤其是要杜绝对当事人的有罪预设性的评价；减少认识立场标记的使用；尽量避免对当事人的离合立场的表达。公诉人在法庭中应减少询问笔录这种可靠性相对较低的举证方式的使用，强化证人出庭；杜绝有罪预设性的评价立场；增强话语立场的对话性。辩护人在法庭中应在法律允许范围内，最大限度地维护当事人利益，所以应杜绝对当事人的不恰当的否定评价立场；增强与公诉人之间的立场互动和对抗。当事人在法庭互动中，应杜绝侮辱性评价立场行为，减少对公诉人个人的评价，加强对证据等的评价；减少认识立场标记的使用，尤其是低量值认识标记的使用，以形成“有力型”话语风格。

8.3 本研究的局限性及对未来研究的展望

由于时间、能力以及语料等一些客观原因，本研究尚存诸多不足之处，突出表现为：

一是语料上的局限性。本书的语料主要以刑事审判案件为主，这样案件类型集中，有利于探寻规律性的话语立场建构模式。但是，刑事案件因为含有代表国家行使指控权力的公诉人，其中控诉方与辩护方之间与民事案件审理中原告与被告之间的目的关系和权力关系略有不同，所以，话语立场建构在刑事案件中和民事案件中虽不至于有本质上的区别，但会略有不同。本研究对法庭审判互动中话语立场的描述和分析的深度、准确性和全面性还有待通过进一步对比分析予以加强。

二是研究内容上的局限性。本书对法庭互动中话语立场的分析聚焦于词汇、句法与会话结构等语言层面，对韵律和序列所涉及的立场表达考虑不足。韵律特征是说话人的立场，尤其是情感立场有力的、细致的、微妙的表达手段，而序列位置对于其他语言单位功能的考察具有特殊的意义，已有研究表明它们可以在话语立场的表达中发挥重要作用。由于时间和技术上的问题，本书在这两点研究内容上存在一定缺憾，只能留待后续研究解决。

在未来的研究中，笔者希望能够克服不足之处，一方面增加民事审判语料的收集和分析，以便对刑事和民事审判互动中的话语立场进行对比研究；另一方面，进一步梳理和精加工语料，增加语音、手势语、身势语等方面的标注与分析，为话语立场的多模态分析奠定基础。

参考文献

Aikhenvald, A. Y. Evidentiality in Typological Perspective. In A. Y. Aikhenvald & R. M. W. Dixon (eds.) *Studies In Evidentiality*. Amsterdam/Philadelphia: John Benjamins Publishing Company. 2003:1–32.

Aikhenvald, A. Y. *Evidentiality*. Oxford: Oxford University Press. 2004.

Anderson, L. B. Evidentials, Paths of Change, and Mental Maps: Typologically Regular, Asymmetries. In W. Chafe & J. Nichols (eds.) *Evidentiality: The Linguistic Coding of Epistemology*. New Jersey: Ablex Publishing Corporation. 1986:273–312.

Atkinson, J. & P. Drew. *Order in Court: The Organisation of Verbal Behavior in Judicial Settings*. London: Macmillan. 1979.

Bakhtin, M. M. *The Dialogic Imagination: Four essays*. Austin: University of Texas Press. 1981.

Baynham, M. Direct Speech: What's It Doing in Non–narrative Discourse? *Journal of Pragmatics*. 1996,25(1):61–81.

Beach, R. & C. M. Anson. Stance and Intertextuality in Written Discourse. *Linguistics and Education.* 1992, 4(3):335–357.

Bednarek, M. Epistemological Positioning and Evidentiality in English News Discourse: A Text–driven Approach. *Text & Talk.* 2006, 26(6):635–660.

Benveniste, E. & M. E. Meek. *Problems in General Linguistics*. M. E. Meek (trans.). Coral Gablres FL: University of Miami Press. 1971.

Bergmann, J. R. Veiled morality: Notes on Discretion in Psychiatry. In P. Drew & J. Heritage (eds.), *Talk at Work: Interaction in Institutional Settings.* Cambridge: Cambridge University Press. 1992:137–162.

Berk–Seligson, S. *The Bilingual Courtroom: Court Interpreters in the Judicial Process*. Chicago: University of Chicago Press. 1990.

Berman, R., H. Ragnarsdóttir & S. Stromqvist. Discourse Stance: Written and Spoken Language. *Written Language & Literacy.* 2002, 5(2):253–287.

Berman, R. A. Introduction: Developing Discourse Stance in Different Text Types and Languages. *Journal of Pragmatics.* 2005, 37(2):105–124.

Bhatia, V. K., C. Candlin. & J. Engberg. *Legal Discourse across Cultures and Systems*. Hong Kong: Hong Kong University Press. 2008.

Biber, D. & E. Finegan. Adverbial Stance Types in English. *Discourse Processes.* 1988, 11(1):1–34.

Biber, D. & E. Finegan. Styles of Stance in English: Lexical and Grammatical Marking of Evidentiality and Affect. *Text.* 1989, 9(1):93–124.

Biber, D., S. Johansson, G. Leech, S. Conrad, E. Finegan & R. Quirk. *Longman Grammar of Spoken and Written English*. Essex: Pearson Education. 1999.

Boas, F. Language. In F. Boas (eds.), *General Anthropology.* Boston/New York: D. C. Heath and Company. 1938:124–145.

Boon, A. *Advocacy.* Oxford: Routledge Cavendish. 1999.

Brentano, F. *The Origin of Our Knowledge of Right and Wrong.* R. M. Chisholm & E. H. Schneewind(trans.). London: Routledge and Kegan Paul Ltd. 1969.

Bresnahan, M. I. *Linguistic limbo: The Case of the Non-native English-speaking Defendant in the American Courtroom*. Paper Presented at the Ninth Annual Colloquium on New Ways of Analyzing Variation in English, Montreal. 1979.

Bunt, H. Conversational Principles in Question-answer Dialogues. In D. Krallmann & G. Stickel (eds.), *Zur Theorie der Frage.* Tubingen: Gunter Narr Verlag. 1981:119–141.

Bybee, J. L. *Morphology: A Study of the Relation between Meaning and Form.* Amsterdam/Philadelphia: John Benjamins Publishing Company. 1985.

Bybee, J. L. & S. Fleischman. *Modality in Grammar and Discourse.* Amsterdam/Philadelphia: John Benjamins Publishing Company. 1995.

Chafe, W. Evidentiality in English Conversation and Academic Writing. In W. Chafe & J. Nichols (eds.), *Evidentiality: The Linguistic Coding of Epistemology*. New Jersey: Ablex Publishing Corporation. 1986.

Chafe, W. & J. Nichols. *Evidentiality: The Linguistic Coding of Epistemology.* New Jersey: Ablex Publishing Corporation. 1986.

Chang, L. H. Stance Uses of the Mandarin LE Constructions in Conversational Discourse. *Journal of Pragmatics.* 2009, 41(11):2240–2256.

Chang, P. & M. Schleppegrel. Taking an Effective Authorial Stance in Academic Writing: Making the Linguistic Resources Explicit for L2 Writers in the Social Sciences. *Journal of English for Academic Purposes.* 2011, 10(3):140–151.

Charles, M. Argument or Evidence? Disciplinary Variation in the Use of the Noun that Pattern in Stance Construction. *English for Specific Purposes.* 2007, 26(2):203–218.

Charrow, V. R. & R. P. Charrow. Characteristics of the Language of Jury Instructions. In R. Kittredge & J. Lehrberger (eds.), *Studies of Language in Restricted Semantic Domains.* Berlin: Walter De Gruyter. 1979:175–190.

Clayman, S. E. Footing in the Achievement of Neutrality: The Case of News Interview Discourse. In P. Drew & J. Heritage (eds.) *Talk at Work: Interaction in Institutional Settings.* Cambridge: Cambridge University Press. 1992:163–198.

Clayman, S. E. & J. Heritage. Questioning Presidents: Journalistic Deference and Adversarialness in the Press Conferences of US Presidents Eisenhower and Reagan. *Journal of Communication.* 2002, 52(4):749–775.

Coates, J. *The Semantics of the Modal Auxiliaries.* London: Croom Helm. 1983.

Cole, M. & S. Scribner. *Culture and Thought: A Psychological Introduction.* New York: John Wiley & Sons. 1974.

Conley, J. M., W. M. O'Barr & E. A. Lind. Power of Language: Presentational Style in the Courtroom. *Duke Law Journal.* 1978, 78:1375–1399.

Conley, J. & W. O'Barr. *Just Words: Law, Language, and Power.* Chicago: University of Chicago Press.1998.

Conrad, S. & D. Biber. Adverbial Marking of Stance in Speech and Writing. In S. Hunston & G. Thompson (eds.), *Evaluation in Text: Authorial Stance and the Construction of Discourse*. Oxford: Oxford University Press. 2000:56–73.

Cook, H. M. Meanings of Non–referential Indexes: A Case Study of the Japanese Sentence–final *Particle ne. Text.* 1992, 12(4):507–540.

Cornillie, B. *Evidentiality and Epistemic Modality in Spanish (semi–)Auxiliaries: A Cognitive–functional Approach*. Berlin/New York: De Gruyter Mouton. 2007.

Cotterill, J. *Language and Power in Court: A Linguistic Analysis of the OJ Simpson Trial*. Basingstoke/New York: Palgrave Macmillan. 2003.

Coulthard, M. & A. Johnson. *An Introduction to Forensic Linguistics: Language in Evidence*. London: Routledge. 2007.

Couper–Kuhlen, E. The Prosody of Repetition: On Quoting and Mimicry. In E.

Couper-Kuhlen & M. Selting (eds.), *Prosody in Conversation: Interactional Studies*. Cambridge: Cambridge University Press.·1996:366–405.

Couper-Kuhlen, E. & C. E. Ford. *Sound Patterns in Interaction: Cross-linguistic Studies from Conversation*. Amsterdam/Philadelphia: John Benjamins Publishing Company. 2004.

Couper-Kuhlen, E. & M. Selting. *Prosody in Conversation: Interactional Studies*. Cambridge: Cambridge University Press.1996.

Crismore, A. The Rhetoric of Textbooks: Metadiscourse. *Curriculum Studies*.1984, 16(3):279–296.

Crystal, D. *A Dictionary of Linguistics and Phonetics.* Oxford: Blackwell. 2001.

Cuenca, M. J. Form-use Mappings for Tag Questions. In W.A. Liebert, G. Redeker & L. R. Waugh (eds.), *Discourse and Perspective in Cognitive Linguistics*.1997:3–20. Amsterdam/ Philadelphia: John Benjamins Publishing Company.

Dahlberg, L. Emotional Tropes in the Courtroom: On Representation of Affect and Emotion in Legal Court Proceedings. *Law and Humanities*.2009, 3(2):175–205.

Damari, R. R. Intertextual Stancetaking and the Local Negotiation of Cultural Identities by a Binational Couple. *Journal of Sociolinguistics*.2010, 14(5):609–629.

De Haan, F. The Relation between Modality and Evidentiality. *Linguistische Berichte*.2001, 9:201–216.

Donabédian, A. Towards a Semasiological account of Evidentials: An Enunciative approach of-er in Modern Western Armenian. *Journal of Pragmatics*.2001, 33(3):421–442.

Drew, P. Strategies in the Contest between Lawyer and Witness in Cross-examination. In J. N. Levi & A. G. Walker (eds.), *Language in the Judicial Process.* London: Plenum Press. 1990:39–64.

Drummond, K. & R. Hopper. Back Channels Revisited: Acknowledgment Tokens and Speakership Incipiency. *Research on Language and Social Interaction*.1993, 26(2):157–177.

Du Bois, J. W. The Stance Triangle. In R. Englebretson (eds.), *Stancetaking in Discourse: Subjectivity, Evaluation, Interaction.* Amsterdam/Philadelphia: John Benjamins Publishing Company. 2007:139–182.

Eades, D. A Case of Communicative Clash: Aboriginal English and the Legal System. In J. Gibbons (eds.), *Language and the Law.* London: Longman. 1994:234–264.

Eades, D. *Courtroom Talk and Neocolonial Control*. Berlin: De Gruyter Mouton. 2008.

Edwards, D. Shared Knowledge as a Performative and Rhetorical Category. In J.Verschueren (eds.), *Pragmatics in Selected Papers from the 6th International Pragmatics Conference.* Antwerp: International Pragmatics Association. 1998:130–141.

Englebretson, R. Stancetaking in Discourse: An Introduction. In R. Englebretson (eds.), *Stancetaking in Discourse: Subjectivity, Evaluation, Interaction.* Amsterdam/ Philadelphia: John Benjamins Publishing Company. 2007:1–26.

Englebretson, R. *Stancetaking in Discourse: Subjectivity, Evaluation, Interaction*. Amsterdam/ Philadelphia : John Benjamins Publishing Company.2007.

Fairclough, N. *Analysing Discourse: Textual Analysis for Social Research.* London: Routledge. 2003.

Field, M. The Role of Factive Predicates in the Indexicalization of Stance: A Discourse Perspective. *Journal of Pragmatics.* 1997, 27(6):799–814.

Finegan, E. Subjectivity and Subjectivisation: An Introduction. In D. Stein & S. Wright (eds.), *Subjectivity and Subjectivisation: Linguistic Perspectives.* Cambridge: Cambridge University Press.1995:1–15.

Ford, C. E. *Grammar in Interaction: Adverbial Clauses in American English Conversations.* Cambridge: Cambridge University Press.1993.

Ford, C. E., B. A. Fox & S. A. Thompson. *The Language of Turn and Sequence*. Oxford: Oxford University Press. 2002.

Ford, C. E., B. A. Fox & S. A. Thompson. Social Interaction and Grammar. In M. Tomasello (eds.), *The New Psychology of Language: Cognitive and Functional Approaches to Language Structure.* New Jersey: Lawrence Erlbaum Associates. 2003:119–143.

Fox, B. A. Evidentiality: Authority, Responsibility, and Entitlement in English Conversation. *Journal of Linguistic Anthropology*. 2001, 11(2):167–192.

Freed, A. F. The Form and Function of Questions in Informal Dyadic Conversation. *Journal of Pragmatics*. 1994, 21(6):621–644.

Freese, J. & D. W. Maynard. Prosodic Features of Bad News and Good News in Conversation. *Language in Society*. 1998, 27(2):195–219.

Günthner, S. The Prosodic Contextualization of Moral Work: an Analysis of Reproaches in 'why'–formats. In E. Couper–Kuhlen & M. Selting (eds.), *Prosody in Conversation: Interaction Studies.* Cambridge: The Cambridge University Press.

1996:271–302.

Galatolo, R. Active Voicing in Court. In E. H. R. Clift (eds.), *Reporting Talk: Reported Speech in Interaction*. Cambidge: Cambridge University Press. 2007:195–220.

Gardner, R. The Conversation Object Mm: A Weak and Variable Acknowledging Token. *Research on Language and Social Interaction.* 1997, 30(2):131–156.

Gardner, R. *When Listeners Talk: Response Tokens and Listener Stance.* Amsterdam/Philadelphia: John Benjamins Publishing Company.2001.

Gibbons, J. *Forensic Linguistics: An Introduction to Language in the Justice System*. Oxford: Blackwell.2003.

Goodwin, C. Audience Diversity, Participation and Interpretation. *Text.* 1986, 6(3):283–316.

Goodwin, M. H. Games of Stance: Conflict and Footing in Hopscotch. In S. M. Hoyle & T. C. Adger (eds.), *Kids Talk: Strategic Language Use in Later Childhood.* Oxford: Oxford University Press. 1998:23–67.

Goodwin, M. H. & C. Goodwin. Emotion within Situated Activity. In N. Budwig, I. C. Uzgiris & J. V. Wertsch (eds.), *Communication: An Arena of Development.* Stamford CT: Ablex. 2000:33–53.

Goodwin, M. H., C. Goodwin & M. Yaeger–Dror. Multi–modality in girls' game disputes. *Journal of Pragmatics.* 2002, 34(10):1621–1649.

Gordon, R. W. & W. E. Nelson. Exchange on Critical Legal Studies between Robert W. Gordon and William Nelson. *Law and History Review.* 1988 (6):139–186.

Gu, Y. Doctor–patient Interaction as Goal–directed Discourse. *Journal of Asian Pacific Communication.* 1996, 7(3):156–176.

Gu, Y. Five Ways of Handling a Bedpan–A Tripartite approach to Workplace Discourse. *Text.* 1997,17(4):457–476.

Gu, Y. Towards a Model of Situated Discourse Analysis. In K. Turner (eds.), *The Semantics and Pragmatics Interface.* Amsterdam: Elsevier Science Publisher. 1999:149–178.

Gu, Y. Guanxi: Backdoor Practice as Goal–directed Discourse. In D. C. S. Li (eds.), *Discourses in Search of Members: In Honour of Ron Scollon.* Lanham: University Press of America. 2002:273–298.

Gumperz, J. J. Fact and Inference in Courtroom Testimony. In J. J. Gumperz (eds.), *Language and Social Identity.* Cambridge: Cambridge University Press Cambridge.

1982a:163–195.

Gumperz, J. J. *Discourse Strategies*. Cambridge: Cambridge University Press.1982b.

Guo, J. From Information to Emotion: The Affective Function of Right–dislocation in Mandarin Chinese. *Journal of Pragmatics*.1999, 31(9):1103–1128.

Haddington, P. Stance Taking in News Interviews. *SKY Journal of Linguistics*.2004, 17:101–142.

Haddington, P. Identity and Stance Taking in News Interviews. In I. Lassen, J. Strunck & T. Vestergaard (eds.), *Mediating Ideology in Text and Image: Ten Critical Studies*. Amsterdam/Philadelphia: John Benjamins Publishing Company. 2006a:69–95.

Haddington, P. The Organization of Gaze and Assessments as Resources for Stance Taking. *Text & Talk*.2006b,26(3):281–328.

Haddington, P. Positioning and Alignment as Activities of Stancetaking in News Interviews. In R.Englebretson (eds.), *Stancetaking in Discourse: Subjectivity, Evaluation, Interaction*. Amsterdam /Philadephia: John Benjamins Publishing Company. 2007:283–317.

Halliday, M. A. *An Introduction to Functional Grammar*. London/New York: Edward Arnold.1994.

Harris, S. Questions as a Mode of Control in Magistrates' Courts. *International Journal of the Sociology of Language*.1984,49:5–28.

Hassler, G. Evidentiality and Reported Speech in Romance Languages. In T. Güldemann & M. V.Roncador (eds.), *Reported Discourse: A Meeting Ground for Different Linguistic Domains*. Amsterdam/Philadelphia: John Benjamins Publishing Company. 2002:143–172.

He, A. W. Exploring Modality in Institutional Interactions: Cases from Academic Counseling Encounters. *Text*.1993, 13(4):503–528.

He, A. W. The Role of Repair in Modulating Modal Stances in Chinese Discourse. *Chinese Language & Discourse*.2011, 2(1):1–22.

Heffer, C. *The Language of Jury Trial: A Corpus–aided Analysis of Legal–lay Discourse*. Basingstoke/New York: Palgrave Macmillan. 2005.

Heffer, C. Narrative in the Trial. In M. Coulthard & A. Johnson (eds.), *The Routledge Handbook of Forensic Linguistics*. London: Routledge. 2010:199–217.

Herbel–Eisenmann, B., D.Wagner & V. Cortes. Lexical Bundle Analysis in Mathematics Classroom Discourse: The Significance of Stance. *Educational Studies in*

Mathematics. 2010, 75(1):23–42.

Heritage, J. *Garfinkel and Ethnomethodology*. Cambridge: Polity Press.1984a.

Heritage, J. A change–of–state Token and Aspects of Its Sequential Placement. In J. M. Atkinson. & J. Heritage (eds.), *Structures of Social Action: Studies in Conversation Analysis.* Cambridge: Cambridge University Press. 1984b:299–345.

Heritage, J. Oh–prefaced Responses to Inquiry. *Language in Society.* 1998, 27(3): 291–334.

Heritage, J. The limits of Questioning: Negative Interrogatives and Hostile Question Content. *Journal of Pragmatics.* 2002a, 34(10):1427–1446.

Heritage, J. Oh–prefaced Responses to Assessments: A method of Modifying Agreement/disagreement. In C. E. Ford, B. A. Fox & S. A. thompson (eds.), *The language of Turn and Sequence*. New York: Oxford University Press. 2002b.

Heritage, J. Designing Questions and Setting Agendas in the News Interview. In P. Glenn, C. Lebaron & J. Mandelbaum (eds.), *Studies in Language and Social Interaction.* Mahwah: Erbaum. 2002c:57–90.

Heritage, J. & G. Raymond. The Terms of Agreement: Indexing Epistemic Authority and Subordination in Talk–in–interaction. *Social Psychology Quarterly.* 2005, 68(1):15–38.

Hill, J. H. & J. T. Irvine. Introduction. In J. H. Hill & J. T. Irvine (eds.), *Responsibility and Evidence in Oral Discourse.* Cambridge: Cambridge University Press. 1993:1–9.

Holmes, J. Modifying Illocutionary Force. *Journal of Pragmatics.* 1984, 8(3):345–365.

Holt, E. Reporting on Talk: The Use of Direct Reported Speech in Conversation. *Research on Language and Social Interaction.* 1996, 29(3):219–245.

Holt, E. Reporting and Reacting: Concurrent Responses to Reported Speech. *Research on Language and Social Interaction.* 2000, 33(4):425–454.

Hood, S. *Appraising Research: Taking a Stance in Academic Writing*. Sydney: University of Technology.2004.

Hood, S. *Appraising Research: Evaluation in Academic Writing.* Basingstoke/New York: Palgrave Macmillan. 2010.

Hopper, P. J. & S. A.Thompson. The Discourse Basis for Lexical Categories in Universal Grammar. *Language.* 1984:703–752.

Hoye, L. *Adverbs and Modality in English.* London: Longman.1997.

Hsieh, C. L. Epistemic Stance Taking in Chinese Media Discourse. *Research in*

Theoretical Linguistics. 2008, (3):1–35.

Hunston, S. *Corpus Approaches to Evaluation: Phraseology and Evaluative Language*. New York/London: Taylor & Francis.2011.

Hunston, S. & G. T. Hompson. *Evaluation in Text: Authorial Stance and the Construction of Discourse*. Oxford: Oxford University Press.2000.

Hyland, K. Persuasion and Context: The Pragmatics of Academic Metadiscourse. *Journal of Pragmatics*. 1998, 30(4):437–455.

Hyland, K. Stance and Engagement: A Model of Interaction in Academic Discourse. *Discourse Studies*. 2005a, 7(2):173–192.

Hyland, K. *Metadiscourse: Exploring Interaction in Writing*. London/New York: Continuum.2005b.

Hyland, K. Disciplinary Voices: Interactions in Research Writing. *English Text Construction*. 2008a, (1):5–22.

Hyland, K. Persuasion, Interaction and the Construction of Knowledge: Representing Self and Others in Research Writing. *International Journal of English Studies*. 2008b, 8(2):1–23.

Hyland, K. & P. Tse. Hooking the Reader: A Corpus Study of Evaluative that in Abstracts. *English for Specific Purposes*. 2005, 24(2):123–139.

Ifantidou, E. *Evidentials and Relevance*. Amsterdam/Philadelphia: John Benjamins Publishing Company. 2001.

Jacobsen, W. H. The Heterogeneity of Evidentials in Makah. In W. Chafe & J. Nichols (eds.), *Evidentiality: The Linguistic Coding of Epistemology*. New Jersey: Ablex Publishing Corporation. 1986:3–28.

Jaffe, A. *Stance: Sociolinguistic Perspectives*. Oxford: Oxford University Press.2009.

Jefferson, G. Caveat Speaker: Preliminary Notes on Recipient Topic–shift Implicature. *Research on Language and Social Interaction*. 1993, 26(1):1–30.

Jefferson, G. Is "no" an Acknowledgment Token? Comparing American and British uses of (+)/(−)tokens. *Journal of Pragmatics*. 2002, 34(10):1345–1383.

Kärkkäinen, E. *Epistemic Stance in English Conversation: A Description of Its Interactional Functions, with a Focus on I Think*. Amsterdam/Philadelphia: John Benjamins Publishing Company. 2003.

Kärkkäinen, E. The Role of I Guess in Conversational Stancetaking. In R. Englebretson (eds.), *Stancetaking in Discourse: Subjectivity, Evaluation, Interaction*. Amsterdam/

Philadelphia: John Benjamins Publishing Company. 2007:183–219.

Karlsson, S. Interactional Uses for an Epistemic Marker: The Case of "Jag Tycker" / "Tycker Jag" in Swedish. *Melbourne Papers in Linguistics and Applied Linguistics*. 2003, 3(1):5–23.

Keck, C. & D. Biber. Modal Use in Spoken and Written University Registers: A Corpus–based Study. In R. Facchinetti & F. Palmer (eds.), *English Modality in Perspective: Genre Analysis and Contrastive Studies*. New York: Peter Lang Publishing Incorporation. 2004:3–25.

Keevallik, L. *From Interaction to Grammar: Estonian Finite Verb Forms in Conversation.* PhD. Dissertation, Uppsala University. 2003.

Keisanen, T. *Patterns of Stance Taking: Negative Yes/no Interrogatives and Tag Questions in American English Conversation*. Oulu: Oulu University Press.2006.

Keisanen, T. Stancetaking as an Interactional Activity: Challenging the Prior Speaker. In R. Englebretson (eds.), *Stancetaking in Discourse: Subjectivity, Evaluation, Interaction*. Amsterdam/Philadelphia: John Benjamins Publishing Company. 2007:253–281.

Kim, K. H. WH–clefts and Left–dislocation in English Conversation. In P. Downing & M. Noonan (eds.), *Word Order in Discourse*. Amsterdam/Philadelphia: John Benjamins Publishing Company. 1995:247–296.

Kirkham, S. Personal Style and Epistemic Stance in Classroom Discussion. *Language and Literature*. 2011, 20(3):201–217.

Kopple, W. J. V. Some Exploratory Discourse on Metadiscourse. *College Composition and Communication*. 1985, 36:82–93.

Koshik, I. A Conversation Analytic Study of Yes/no Questions which Convey Reversed Polarity Assertions. *Journal of Pragmatics*. 2002, 34(12):1851–1877.

Koshik, I. Wh–questions Used as Challenges. *Discourse Studies*. 2003, 5(1):51–77.

Koshik, I. *Beyond Rhetorical Questions: Assertive Questions in Everyday Interaction* Amsterdam/Philadelphia: John Benjamins Publishing Company. 2005.

Kuhn, T. S. *The Structure of Scientific Revolutions*. Chicago: University of Chicago press.1962.

Kuvaas, B. & G. Kaufmann. Impact of Mood, Framing, and Need for Cognition on Decision makers' Recall and Confidence. *Journal of Behavioral Decision Making*. 2004, 17(1):59–74.

Labov, W. *Language in the Inner City: Studies in the Black English Vernacular.*

Philadelphia: University of Pennsylvania Press. 1972.

Labov, W. & W. A. Harris. Addressing Social Issues through Linguistic Evidence. In J. Gibbins (eds.), *Language and the Law*. London: Longman. 1994:265–305.

Lakoff, R. The Limits of Politeness: Therapeutic and Courtroom Discourse. *Multilingua*. 1989, 8(2/3):101–129.

Lang, R. Interpreters in Local Courts in Papua New Guinea. In W. M. O'Barr & J. F. O'Barr (eds.), *Language and Politics*. The Hague–Paris: Mouton. 1976:327–365.

Lee, J. W. *Repetition of Personal Pronominal Forms in Mandarin and Construction of Stance in Interaction.* PhD. Dissertation, University of California. 2010.

Leech, G. N. & Short, M. *Style in Fiction: A Linguistic Introduction to English Fictional Prose.* Harlow: Pearson Education. 1981.

Levi, J. N. & Walker, A. G. *Language in the Judicial Process.* London: Plenum Press. 1990.

Local, J. Conversational Phonetics: Some Aspects of News Receipts in Everyday Talk. In E. Couper–Kuhlen & M. Selting (eds.), *Prosody in Conversation: Interactional Studies*. Cambridge: Cambridge University Press. 1996:177–230.

Luchjenbroers, J. "In Your Own Words...": Questions and Answers in a Supreme Court trial. *Journal of Pragmatics*. 1997, 27(4):477–503.

Luke, K. K. *Utterance Particles in Cantonese Conversation.* Amsterdam/Philadelphia: John Benjamins Publishing Company. 1990.

Lyons, J. *Semantics*.Cambridge: Cambridge University Press. 1977.

Lyons, J. Subjecthood and Subjectivity. In M. Yaguello (eds.), *Subjecthood and Subjectivity:The Status of the Subject in Linguistic Theory*. Paris: Ophrys. 1994:9–17.

Müller, F. E. Affiliating and Disaffiliating with Continuers: Prosodic Aspects of Recipiency. In E. Couper–Kuhlen & M. Selting (eds.), *Prosody in Conversation: Interactional Studies*. Cambridge Cambridge University Press.1996:131–176.

Maley, Y. *The Language of the Law.* London: Longman. 1994.

Martin, J. R. & P. R. White. *The Language of Evaluation:Appraisal in English.* Basingstoke/ New York: Palgrave Macmillan. 2005.

Matoesian, G. M. *Reproducing Rape: Domination through Talk in the Courtroom.* Chicago: University of Chicago Press. 1993.

Matoesian, G. M. *Law and the Language of Identity: Discourse in the William Kennedy Smith Rape Trial.* Oxford: Oxford University Press. 2001.

Mayer, R. Abstraction, Context, and Perspectivization—Evidentials in Discourse Semantics. *Theoretical Linguistics*. 1990, 16(2–3):101–164.

Maynard, D. W. Narratives and Narrative Structure in Plea Bargaining. *Law and Society Review*. 1988:449–481.

Mead, R. *Courtroom Discourse*. Birmingham: University of Birmingham Printing Section. 1985.

Mithun, M. Evidential Diachrony in Northern Iroquoian. In W. Chafe & J. Nichols (eds.), *Evidentiality: The Linguistic Coding of Epistemology*. New Jersey: Ablex Publishing Corporation. 1986:89–112.

Mori, J. *Negotiating Agreement and Disagreement in Japanese: Connective Expressions and Turn Construction*. Amsterdam/Philadelphia: John Benjamins Publishing Company. 1999.

Mushin, I. *Evidentiality and Epistemological Stance: Narrative Retelling.* Amsterdam/Philadelphia: John Benjamins Publishing Company. 2001.

Nikula, T. *Pragmatic Force Modifiers: A Study in Interlanguage Pragmatics.* Jyväskylä: University of Jyväskylä. 1996.

Nordlinger, R. & E. C. Traugott. Scope and the Development of Epistemic Modality: Evidence from Ought to. *English Language and Linguistics*. 1997, (2):295–317.

Nuyts, J. *Epistemic Modality, Language, and Conceptualization: A Cognitive-pragmatic Perspective*. Amsterdam/Philadelphia: John Benjamins Publishing Company. 2001.

O'barr, W. M. *Linguistic Evidence: Language, Power, and Strategy in the Courtroom*. New York : Academic Press. 1982.

O'Barr, W. M. & J. M. Conley. Litigant Satisfaction Versus Legal Adequacy in Small Claims Court Narratives. *Law and Society Review.* 1985, 19(4):661–701.

Ochs, E. & B. Schieffelin. Language has a Heart. *Text*. 1989, 9(1):7–25.

Ochs, E. Linguistic Resources for Socializing Humanity. In J. J. Gumperz & S. C. Levinson (eds.), *Rethinking Linguistic Relativity*. Cambridge: Cambridge University Press. 1996:407–437.

Ochs, E., E. A. Schegloff & S. A. Thompson. *Interaction and Grammar.* Cambridge: Cambridge University Press. 1996.

Ono, T. & R. Suzuki. Word Order Variability in Japanese Conversation: Motivations and Grammaticization. *Text*. 1992 , 12(3):429–446.

Painter, C. Developing Attitude: An Ontogenetic Perspective on APPRAISAL. *Text*. 2003, 23(2):183–210.

Palmer, F. *Modality and the English Modals.* London: Longman. 1990.

Palmer, F. R. *Mood and Modality*. Cambridge: Cambridge University Press. 2001.

Parisi, D. & C. Castelfranchi. A Goal Analysis of Some Pragmatic Aspects of Language. In H. Parrett, M. Sbisa & J. Verscheuren (eds.), *Possibilities and Limitations of Pragmatics*. Amsterdam/Philadelphia: John Benjamins Publishing Company.1981:551–567.

Perkins, M. R. *Modal Expressions in English*. London: Pinter. 1983.

Philips, S. U. The Social Organization of Questions and Answers in Courtroom Discourse: A Study of Changes of Plea in an Arizona Court. In Kedar. L (eds.), *Power through Discourse*. Norwood, NJ: Ablex.1987:83–113.

Philips, S. U. *Ideology in the Language of Judges: How Judges Practice Law, Politics, and Courtroom Control*. Oxford: Oxford University Press. 1998.

Plungian, V. A. The Place of Evidentiality within the Universal Grammatical Space. *Journal of Pragmatics*. 2001, 33(3):349–357.

Pomerantz, J. A linguistic Analysis of Question Taxonomies. *Journal of the American Society for Information Science and Technology*. 2005, 56(7):715–728.

Precht, K. Stance Moods in Spoken English: Evidentiality and Affect in British and American Conversation. *Text*. 2003, 23(2):239–258.

Quirk, R., S. Greenbaum, G. Leech, J. Svartvik & D. Crystal. *A Comprehensive Grammar of the English Language.* Cambridge: Cambridge University Press. 1985.

Rauniomaa, M. Stance Markers in Spoken Finnish: Minun Mielestä and Minusta in Assessments. In R. Englebretson (eds.), *Stancetaking in Discourse: Subjectivity, Evaluation, Interaction*. Amsterdam/Philadelphia: John Benjamins Publishing Company. 2007:221–252.

Rauniomaa, M. *Recovery through Repetition: Returning to Prior Talk and Taking a Stance in American–English and Finnish Conversations.* Oulu: Oulun yliopisto. 2008.

Raymond, G. The Voice of Authority: the Local Accomplishment of Authoritative Discourse in Live News Broadcasts. *Discourse Studies*. 2000, (3):354–379.

Rescher, N. *Topics in Philosophical Logic*. Dortrecht: Reidel. 1968.

Roth, A. L. Social Epistemology in Broadcast News Interviews. *Language in Society*. 2002, 31(3):355–381.

Sacks, H. *Lectures on Conversation.* Oxford: Blackwell. 1992.

Saffrey, C., A. Summerville & N. J. Roese. Praise for Regret: People Value Regret above Other Negative Emotions. *Motivation and Emotion*. 2008, 32(1):46–54.

Schegloff, E. A. Discourse as an Interactional Achievement: Some use of "*uh-huh*" and Other Things that Come between Sentences. In D. Tannen (eds.), *Analyzing Discourse: Text and Talk*. Washington, D. C.: Georgetown University Press. 1982:71–93.

Schegloff, E. A. Reflections on Quantification in the Study of Conversation. *Research on Language and Social Interaction*. 1993, 26(1):99–128.

Schegloff, E. A. Confirming Allusions: Toward an Empirical account of Action. *American Journal of Sociology*. 1996, 102(1):161–216.

Schegloff, E. A., G. Jefferson & H. Sacks. The Preference for Self-correction in the Organization of Repair in Conversation. *Language*. 1977, 53(2):361–382.

Scherer, K. R. Emotion as a Process: Function, Origin and Regulation. *Social Science Information*. 1982, 21 (4/5):555–570.

Schiffrin, D. *Approaches to Discourse: Language as Social Interaction*. Oxford: Wiley-Blackwell. 1994.

Searle, J. R. *Speech Acts: An Essay in the Philosophy of Language.* Cambridge: Cambridge University Press. 1969.

Selting, M. Prosody as an Activity-type Distinctive Cue in Conversation: The Case of So-called 'astonished' Questions in Repair Initiation. In E. Couper-Kuhlen & M. Selting (eds.), *Prosody in Conversation: Interactional Studies*. Cambridge: Cambridge University Press.1996:231–270.

Selting, M. & E. Couper-Kuhlen. *Studies in Interactional Linguistics.* Amsterdam/ Philadelphia: John Benjamins Publishing Company. 2001.

Shi, G. An Analysis of Modality in Chinese Courtroom Discourse. *Journal of Multicultural Discourses*. 2012, 7(2):161–178.

Shiro, M. Expressions of Epistemic Modality and Construction of Narrative Stance in Venezuelan Children s Narratives. *Psychology of Language and Communication*. 2004, 8 (2):35–56.

Silver, M. The Stance of Stance: a Critical Look at Ways Stance is Expressed and Modeled in Academic Discourse. *Journal of English for Academic Purposes*. 2003, 4:359–374.

Sinclair, J. M. & Coulthard, M. *Towards an Analysis of Siscourse: The English Used by Teachers and Pupils*. Oxford: Oxford University Press. 1975.

Solan, L. M. *The Language of Judges.* Chicago: University of Chicago Press. 1993.

Sorjonen, M. L. *Responding in Conversation: A Study of Response Particles in Finnish.* Amsterdam/Philadelphia: John Benjamins Publishing Company. 2001.

Stygall, G. *Trial Language: Differential Discourse Processing and Discursive Formation.* Amsterdam/Philadelphia: John Benjamins Publishing Company. 1994.

Swales, J. M. & A. Burke. "Its Really Fascinating Work": Differences in Evaluative Adjectives across Academic Registers. *Language and Computers*. 2003, 46(1):1–18.

Sweetser, E. *From Etymology to Pragmatics: The Mind-body Metaphor in Semantic Structure and Semantic Change*. Cambridge: Cambridge University Press. 1990.

Tang, L. *Evidentiality and Chinese Modals*. PhD. dissertation, City University of Hong Kong. 2010.

Tannen, D. When is an Overlap not an Interruption? One Component of Conversational Style. In R. J. D. Pietro, W. Frawley & A. Wedel (eds.), *The First Delaware Symposium on Language Studies*. Newark: University of Delaware Press. 1983.

Thompson, G. Voices in the Text: Discourse Perspectives on Language Reports. *Applied Linguistics*. 1996, 17(4):501–530.

Thompson, G. & S. Hunston. Evaluation: An Introduction. In S. Hunston & G. Thompson (eds.), *Evaluation in Text: Authorial Stance and the Construction of Discourse*. Oxford: Oxford University Press.2000:1–27.

Thompson, S. A. & A. Mulac. A Quantitative Perspective on the Grammaticization of Epistemic Parentheticals in English. In E. C. Traugott & B. Heine (eds.), *Approaches to Grammaticalization*. Amsterdam/Philadelphia: John Benjamins Publishing Company. 1991.

Tiersma, P. M. *Legal Language.* Chicago: University of Chicago Press. 1999.

Topf, M. A. Communicating Legitimacy in US Supreme Court opinions. *Language and Communication*. 1992, 12(1):17–29.

Tracy, K. What's in a Name? Stance Markers in Oral Argument about Marriage laws. *Discourse & Communication*. 2011, 5(1):65–88.

Traugott, E. C. Subjectification in Grammaticalization. In D. Stein & S. Wright (eds.), *Subjectivity and Subjectivisation: Linguistic Perspectives*. Cambridge: Cambridge University Press. 1995:31–54.

Tsang, C. L. *A Semantic Study of Modal Auxiliary Verbs in Chinese.* California:

Stanford University. 1981.

Tsui, A. The Pragmatic Functions of I don't know. *Text.* 1991, 11(4):607–622.

Usoniene, A. On the Modality of the English Verbs of Seeming. *Belgian Journal of Linguistics*. 2000, 14(1):185–205.

Van der Auwera, J. & V. A. Plungian. Modality's Semantic Map. *Linguistic Typology*. 1998, 2(1):79–124.

Vold, E. T. Epistemic Modality Markers in Research Articles: a Cross–linguistic and Cross–disciplinary Study. *International Journal of Applied Linguistics*. 2006, 16(1):61–87.

Wagner, A. & L. Cheng. *Exploring Courtroom Discourse: The Language of Power and Control.* Surrey: Ashgate Publishing Company. 2011.

Wang, Y. F. & P. H. Tsai. Textual and Contextual contrast Connection: A Study of Chinese Contrastive Markers across Different Text Types. *Journal of Pragmatics*. 2007, 39 (10):1775–1815.

Waring, H. Z. Yes–no Questions that Convey a Critical Stance in the Language Classroom. *Language and Education*. 2012, 26(5):451–469.

Whalen, M. R. & D. H. Zimmerman. Describing Trouble: Practical Epistemology in Citizen Calls to the Police. *Language in Society*. 1990, 19(4):465–492.

White, P. R. Beyond Modality and Hedging: A Dialogic View of the Language of Intersubjective Stance. *Text.* 2003, 23(2):259–284.

Willett, T. A Cross–linguistic Survey of the Grammaticization of Evidentiality. *Studies in Language*. 1988, 12(1):51–97.

Williams, J. M. Style: *Ten Lessons in Clarity and Grace*. Glenview, IL: Scott, Foresman. 1981.

Woodbury, H. The Strategic Use of Questions in Court. *Semiotica*. 1984, 48(3–4):197–228.

Wu, R. J. *Stance in Talk: A Conversation Analysis of Mandarin Final Particles.* Amsterdam/Philadelphia: John Benjamins Publishing Company. 2004.

Wu, R. J. R. "There is More Here than Meets the Eye!" : The Use of Final Ou in Two Sequential Positions in Mandarin Chinese Conversation. *Journal of Pragmatics*. 2005, 37(7):967–995.

Zhang, L. P. Arguing with Otherness: Intertextual Construction of the Attorney Stance in the Chinese Courtroom. *Text and Talk*. 2011, 31(6):753–769.

陈少华．情绪心理学．广州：暨南大学出版社，2008.
陈颖．现代汉语传信范畴研究．北京：中国社会科学出版社，2009.
陈振．反问句和祈使句——语言美琐谈．修辞学习，1984（1）：15–19.
陈治安、文旭．论言语交际中的回声话语．解放军外国语学院学报，2001（4）：24–27.
程微．庭审语篇中“态度”对法律事实的建构．西安外国语大学学报，2011（1）：34–38.
董晓波．语言与法律——谈西方法律语言研究方法的嬗变．社会科学战线，2006（2）：205–209.
董秀芳．实际语篇中直接引语与间接引语的混用现象．语言科学，2008（4）：367–376.
丁声树．现代汉语语法讲话．北京：商务印书馆，1961.
杜金榜．庭审交际中法官对信息流动的控制．广东外语外贸大学学报，2008（2）：36–40.
杜金榜．从处置类信息的处理看法庭语篇说理的实现．现代外语，2010（4）：363–370.
房红梅．言据性研究述评．现代外语，2006（2）：191–196.
冯光武．汉语语用标记语的语义、语用分析．现代外语，2004（1）：24–31.
冯平．评价论．北京：东方出版社，1995.
顾曰国．什么是会话修辞学．外语教学与研究，1989（2）：8–15.
郭景萍．情感社会学．上海：上海三联书店，2008.
何刚．情感表达——文化语境与行为．外语学刊，2003（1）：37–42.
何自然．语用学与英语学习．上海：上海外语教育出版社，1997.
胡明扬．北京话的语气助词和叹词．中国语文，1981（5–6）：416–423.
胡文辉．语言评价理论的价值哲学研究．上海外国语大学博士学位论文，2010.
胡裕树、范晓．动词研究．郑州：河南大学出版社，1995.
胡裕树、范晓．动词研究综述．太原：山西高校联合出版社，1996.
胡壮麟．语言的可证性．外语教学与研究，1994（1）：9–15.
胡壮麟．汉语的可证性和语篇分析．湖北大学学报，1995（2）：13–22.
胡壮麟．系统功能语言学概论．北京：北京大学出版社，2005.
黄萍．语言理解之于司法体系至关重要．中国社会科学报，2011（178），第 4 版 .

Levinson, S. C. 语用学论题之一：预设 . 沈家煊 , 译 . 当代语言学，1986（1）：29–36.

乐耀 . 国内传信范畴研究综述 . 汉语学习，2011（1）：62–72.

李德顺 . 价值论：一种主体性的研究 . 北京：中国人民大学出版社，1987.

李发根 . 评价的识别、功能和参数 . 外语与外语教学，2006（11）：1–3.

李洪儒 . 言语行为间接意向的语言哲学批判 . 中国俄语教学，2009（2）：6–10.

李金凤 . 也谈转述言语与新闻语篇的对话性 . 北京第二外国语学院学报，2009（2）：8–16.

李宇凤 . 反问的回应类型与否定意义 . 中国语文，2010（2）：114–123.

李祖军 . 民事诉讼目的论 . 北京：法律出版社，2000.

李佐文 . 论元话语对语境的构建和体现 . 外国语，2001（3）：44–50.

梁式中 . 关于助动词 . 中国语文，1960（5）：213–216.

廖美珍 . 法庭问答及其互动研究 . 北京：法律出版社，2003.

廖美珍 . 国外法律语言研究综述 . 当代语言学，2004（1）：66–76.

廖美珍 . 目的原则和目的分析——语用研究新途径探索（上）. 修辞学习，2005a（3）：1–10.

廖美珍 . 目的原则和目的分析——语用研究新途径探索（下）. 修辞学习，2005b（4）：5–11.

廖美珍 . 法庭语言技巧 . 北京：法律出版社，2005.

廖美珍 . 中国法庭互动话语 formulation 现象研究，外语研究，2006（2）：1–13.

廖美珍 . 目的原则与交际模式研究 . 外语学刊，2009（4）：62–64.

林大津、谢朝群 . 互动语言学的发展历程及其前景 . 现代外语，2003（4）：410–418.

林茂灿 . 汉语韵律结构和功能语调 . 语音研究报告，2002：7–22.

刘虹 . 会话结构分析 . 北京：北京大学出版社，2004.

刘娟 . 情感语言学：一个值得关注的语言学领域 . 外语教学，2007（6）：16–19.

刘丽艳 . 作为话语标记语的“不是”. 语言教学与研究，2006（6）：23–32.

刘丽艳 . 作为话语标记的“这个”和“那个”. 语言教学与研究，2009（1）：89–96.

刘世铸 . 评价的语言学特征 . 山东外语教学，2007（3）：11–16.

刘娅琼．汉语会话中的否定反问句和特指反问句研究．复旦大学博士学位论文，2010.

刘娅琼、陶红印．汉语谈话中否定反问句的事理立场功能及类型．中国语文，2011（2）：110–120.

刘煜．自由直接引语和自由间接引语在小说中的运用．外语教学，1986（2）：9–13.

刘月华、潘文娱、故韡．实用现代汉语语法．北京：商务印书馆，2001.

龙满英、许家金．大学生英汉同题议论文中立场标记的对比研究．外语与外语教学，2010（3）：21–24.

罗桂花、廖美珍．法庭互动中的回声问研究．现代外语，2012（4）：369–376.

吕晶晶．转述事件框架与转述的多维研究．外语研究，2011（2）：20–26.。

吕叔湘．现代汉语八百词．北京：商务印书馆，1980.

吕叔湘．中国文法要略．北京：商务印书馆，1982.

吕叔湘．语法学习．上海：复旦大学出版社，2006.

吕万英．法庭话语权力研究．北京：中国社会科学出版社，2011.

马庆株．汉语语义语法范畴问题．北京：北京语言文化大学出版社，1998.

孟昭兰．情绪心理学．北京：北京大学出版社 2005.

欧卫安．对抗制模式中的公诉人角色的重塑．中国刑事法杂志，1998（2）：87–88.

彭利贞．现代汉语情态研究．北京：中国社会科学出版社，2005.

彭利贞、刘翼斌．论“应该”的两种情态与体的同现限制．语言教学与研究，2007（6）：30–37.

齐沪扬．语气词与语气系统．合肥：安徽教育出版社，2002.

屈承熹．关联理论与汉语句末虚词的语篇功能．华东师范大学学报，2008（3）：12–18.

冉永平．词汇语用信息的临时性及语境构建．外语教学，2008（6）：1–6.

邵敬敏．现代汉语疑问句研究．上海：华东师范大学出版社，1996.

邵敬敏．论语气词“啊”在疑问句中的作用暨方法论的反思．语言科学，2012（6）：596–603.

邵新光．反语的语用特征及功能．山东外语教学，2007（2）：77–82.

沈家煊．语言的“主观性”和“主观化”．外语教学与研究，2001（4）：

268–275.

盛丽春 .“大概”“也许”和“恐怕”的语义、语用分析 . 汉语学习，2008（1）：45–51.

宋英辉 . 刑事诉讼目的论 . 北京：中国人民公安大学出版社，1995.

孙懿华、周广然 . 法律语言学 . 北京：中国政法大学出版社，1997.

王佳宇、廖美珍 . 目的原则视角下法律论证的语用分析模式 . 当代修辞学，2010（5）：79–86.

王洁 . 法律语言研究 . 广州：广东教育出版社，1999.

王玉梁 . 价值哲学新探 . 西安：陕西人民教育出版社，1993.

王珏 . 现代汉语名词研究 . 上海：上海师范大学出版社，2000.

王振华 . 评价系统及其运作——系统功能语言学的新发展 . 外国语，2001（6）：13–20.

王振华 . 法庭交叉质询中的人际关系——系统功能语言学“情态”视角 . 外语学刊，2004（3）：51–59.

温锁林 . 汉语的性状义名词及相关问题 . 语言教学与研究，2010（1）：44–51.

夏甄陶 . 关于目的的哲学 . 上海：上海人民出版社，1982.

肖娅曼 . 汉语系词“是”的来源与成因研究 . 四川大学博士学位论文，2003.

肖治野 . 副词“也”的行域、知域和言域 . 浙江学刊，2011（4）：100–104.

谢佳玲 . 汉语情态词的语义界定 . 中国语文研究，2006（1）：45–63.

邢福义 . 汉语语法学 . 长春：东北师范大学出版社，1997.

邢福义 . 汉语复句研究 . 北京：商务印书馆，2001.

邢福义 . 汉语语法三百问 . 北京：商务印书馆，2002.

熊志海、刘晶 . 证人证言之证据属性研究 . 中国刑事法杂志，2009（6）：56–62.

徐宏亮 . 学术语篇中的作者立场标记语研究 . 合肥：合肥工业大学出版社，2007.

徐晶凝 . 东方现代汉语话语情态研究 . 北京：昆仑出版社，2008.

徐赳赳 . 叙述文中直接引语分析 . 语言教学与研究，1996（1）：52–66.

许家金 . 青少年汉语口语中话语标记的话语功能研究 . 北京：外语教学与研究出版社，2009.

姚双云 . 口语中“所以”的语义弱化与功能扩展 . 汉语学报，2009（3）：

16–23.

姚双云．《话语中的立场表达：主观性、评价与互动，评介．外语教学与研究，2011（1）：145–148.

姚双云．自然口语中的关联标记研究．北京：中国社会科学出版社，2012.

姚小鹏．追补性“当然”的篇章功能．语言教学与研究，2011（6）：52–58.

叶奕乾、何存道、梁宁建．普通心理学．上海：华东师范大学出版社，1991.

于天昱．典型有标记反问句研究．东北师范大学博士学位论文，2004.

张斌．现代汉语．北京：语文出版社，2000.

张斌．现代汉语虚词词典．北京：商务印书馆，2001.

张斌．现代汉语描写语法．北京：商务印书馆，2010.

张伯江．疑问句功能琐议．中国语文，1997（2）：104–110.

张家骅．“知道”与“认为”句法差异的语义、语用解释．当代语言学，2009（3）：244–258.

张文泰．疑问与判断——兼谈设问、反问与判断的关系．天津师范大学学报，1984（3）：16–20.

张谊生．名词的语义基础及功能转化与副词修饰名词．语言教学与研究，1996（4）：57–75.

张谊生．现代汉语副词研究．上海：学林出版社，2000.

周少华．法律中的语言游戏与权力分配．法制与社会发展，2006（5）：51–64.

周士宏．“吧”的意义、功能再议．语言教学与研究，2009（2）：16–22.

朱德熙．现代汉语形容词研究．语言研究，1956（1）：190–195.

朱德熙．现代汉语语法研究．北京：商务印书馆，1980.

朱德熙．朱德熙文集．北京：商务印书馆 1999.

朱永生、严世清．系统功能语言学多维思考．上海：上海外语教育出版社，2001.